DE NIEUWE STANDEN STAAT

MARTIN SOMMER

DE NIEUWE STANDEN STAAT

HOE HET GELUKKIGSTE LAND TER WERELD ZIJN GOEDE HUMEUR VERLOOR

2024 Prometheus Amsterdam

Omslagontwerp Bart van den Tooren
Omslagbeeld Danny de Jong
Foto auteur Bob Bronshoff
Opmaak binnenwerk Mat-Zet bv, Huizen
www.uitgeverijprometheus.nl
ISBN 978 90 446 5360 1

Wat blijft, komt nooit terug.

Jan Eijkelboom

Inhoud

Woord vooraf

Aan het eind van de Tweede Wereldoorlog reisde de Britse denker Isaiah Berlin van Amerika naar Londen in een vliegtuig dat geweldig veel herrie maakte en ook verder oncomfortabel was. Praten kon niet, lezen evenmin, en zoals Berlin later vertelde, was hij gedwongen iets buitengewoon onaangenaams te doen, namelijk denken. Voor de oorlog had hij filosofie gedoceerd in Oxford, in de analytische school die vragen stelde over abstracte kennis, logica en waarheid. Terwijl Berlin in dat luidruchtige vliegtuig zat, had hij een ingeving – wilde hij dat allemaal wel weten? Hij besloot de formele logica in te ruilen voor wat hijzelf 'the history of ideas' noemde, ideeëngeschiedenis, een begrip dat op dat moment nog niet bestond. Wie wilde begrijpen wat mensen dreef, moest zich bezighouden met hun opvattingen, gevoelens, mentaliteit, ideeën kortom – de goede zowel als de slechte.

De inleider van de artikelenbundel getiteld *Against the Current* heeft het over Berlins ingeving als 'kleine epifanie'.[1] Ik las het en was verkocht. Niet dat ikzelf om dit boek te schrijven in het bad eureka heb gedacht of iets dergelijks. Maar gaandeweg ben ik ervan overtuigd geraakt dat mensen zich in het leven laten leiden door gewoonten, geschiedenis en gevoelens, meer dan door harde waarheden als koopkrachtplaatjes of meetbare levensbehoeften. Om met een andere beroemde denker te spreken: niet het zijn bepaalt het bewustzijn, maar andersom, het bewustzijn bepaalt het zijn.

Ik haast mij dus om te onderstrepen waar dit verhaal níet over gaat. Ik vertelde iemand dat mijn boek *De nieuwe standenstaat* zou gaan heten. Hij knikte goedkeurend en zei, goed idee, rijken worden steeds rijker en armen steeds armer, en hij wees op de befaamde 1 procent tegenover die andere 99 procent. Kennelijk ligt hier het misverstand voor de hand dat alles om de centen draait. Terwijl ik werkte aan dit boek, bleek dat de Amerikaanse journalist Joel Kotkin een soortgelijk idee had gehad, onder de titel *The Coming of Neo-Feudalism*.[2] Hij beschreef het nieuwc feodalisme als een geprivatiseerde staat, met helemaal bovenaan puissant rijke prinsen en hertogen als Jeff Bezos of Elon Musk. Zij bestieren een stand van vazallen die Kotkin de 'clerisy' noemde, een samentrekking van clerus en aristocratie. De clerisy is een intellectuele oligarchie die de blijde boodschap van globalisering, klimaat, diversiteit en expertise verspreidt.

Maar Amerika is Nederland niet. Wij hebben weliswaar een handvol miljardairs, maar die houden zich verre van de publieke zaak. Veel meer dan in de VS gaat het in onze contreien over de dominantie van ideeën, over geschiedenis, grondrechten en gezondheid. Eertijds vochten edelman, burger en boer om voorrang en privilege, op grond van dogma's over een door God gegeven hiërarchie. Nu is dat gevecht terug, heel anders en toch opmerkelijk vergelijkbaar. Onmiskenbare karaktertrekken van de standenstaat, zowel oud als nieuw, zijn het najagen van groepsrechten, de hoogmoed van de aristocratie, de gietijzeren geheugens, de angst voor rituele onreinheid en de bemoeienis met het privéleven. Het onderscheid tussen adel en burgerij in de nieuwe standenstaat is het verschil tussen kennis en onkunde geworden. Het kan geen verbazing wekken dat de vermeende dommerdjes daar niet blij mee zijn.

Wie passages herkent uit columns die ik schreef voor *de Volkskrant* heeft gelijk. Ik heb ruimschoots aan zelfplagiaat gedaan, op grond van de zaterdagse stukken die ik in dertien jaar bij elkaar heb geschreven. De samenhang werd me pas tijdens het schrijven van dit boek helemaal duidelijk, als een foto die oplicht in een ontwikkelbad. Een aantal hoofdstukken vond zijn oorsprong in een lezing of inleiding. CDA-burgemeesters zullen zich wellicht iets van hoofdstuk 2 herinneren, omdat ik ooit een praatje hield op hun zogeheten burgemeestersdag. Hoofdstuk 3 is gebaseerd op de Willibrorduslezing 2017. Hoofdstuk 4 is een uitgebreide versie van de Loodslezing in de Haarlemse Pletterij van 2021; hoofdstuk 5 begon met een inleiding voor een gezelschap dat zich tooit met de naam 'Jonge Constitutionalisten'. Het hoofdstuk over Tata Steel heeft grotendeels in *de Volkskrant* gestaan, als laatste verhaal voor mijn afscheid van de krant.

Anders dan Isaiah Berlin heb ik geen bliksemachtige ingeving gehad. Mijn periode als politiek verslaggever in Den Haag begon jaren geleden tamelijk onbevangen, maar langzaamaan werd de vraag prangender wat wij journalisten op de perstribune eigenlijk voorgeschoteld kregen. Ik kon mijn hoofd daarover breken omdat ik lange tijd maar een enkel stuk in de week hoefde te schrijven. Ook minstens eens per week kreeg ik de langs iemands neus gestelde vraag of dat alles was wat ik voor de krant uitvoerde. Ja, dat was vaak alles, en ik geneerde me er soms voor, maar het had als voordeel dat ik met uitzicht op de bloeiende kastanjes van het Lange Voorhout nog eens kon nadenken.

Daarvoor ben ik *de Volkskrant* veel dank verschuldigd. Dat geldt evenzeer voor mijn oud-collega's van de Haagse redactie.

Zij schreven als de infanteristen van de kennisvergaring, waarvan ik als een journalistieke parasiet ruimschoots gebruik heb gemaakt. Ik bedank de al of niet anonieme politici, ambtenaren, adviseurs en lobbyisten die informatie met me wilden delen in ruil voor koffie of bier in de uitspanning De Posthoorn of de Wiener Konditorei. Paul Brill, Frans Leeuw en Chris Rutenfrans waren kritische meelezers van dit boek; Wim Voermans liet zijn deskundige oog gaan over het hoofdstuk over de rechter en de historicus. Daarvoor veel dank. Alle op- en misvattingen zijn uiteraard voor mijn rekening.

1

De nieuwe standenstaat

Een versleten systeem

De Oostenrijkse schrijver Stefan Zweig begint zijn befaamde herinneringen *De wereld van gisteren* met een beschrijving van het Wenen van voor de Eerste Wereldoorlog. Het was een stad die de onbekommerdheid koesterde en die nog niet wist wat er ging komen aan ellende. In Wenen waren de heren al op jonge leeftijd corpulent, schrijft Zweig. Niet van het bier en de snacks, zoals nu, maar omdat ze gemoedelijk leefden. 'Ze liepen langzaam, praatten afgemeten en streelden tijdens het gesprek hun goed verzorgde, vaak al grijs wordende baard.'[3] Haast was onbeschaafd en ook niet nodig, want er gebeurde nooit iets onverwachts en wat zich buiten de grenzen afspeelde aan commotie 'drong niet door de goed gecapitonneerde wand van het veilige leven'.

Jarenlang kwam ik drie of vier ochtenden per week per trein aan op het Centraal Station in Den Haag. Daarna liep ik tien minuten naar het redactiekantoor van de krant, dat zich om de hoek bij de Tweede Kamer bevond. Vaak had ik Stefan Zweig in het achterhoofd. Op het Lange Voorhout staat het beeld van de schrijver Louis Couperus, met op de sokkel zijn bekende uitspraak 'Zoo ik ièts ben, ben ik een Hagenaar'. Voor mij was Couperus een televisieserie uit mijn kindertijd, *Van oude men-*

sen, de dingen die voorbijgaan. Er komt een scène in voor van een grijze man en een even grijze vrouw die samen zaten te zwijgen in een muffe huiskamer. Het enige geluid was een tikkende klok. Op het Plein, een steenworp van het Lange Voorhout, kun je nog altijd lunchen bij sociëteit De Witte, in het zicht van hoogbejaarde oud-ministers en voormalige secretarissen-generaal. Een spijkerbroek is er taboe en de portier vist met zichtbaar misprijzen een verfomfaaide stropdas uit een kartonnen doos, als je niet van zo'n kleinood bent voorzien.

Den Haag was ogenschijnlijk een geruststellende wereld. De trein reed meestal wel degelijk op tijd, de eerste klas vol mannen en vrouwen die in de vroege ochtend met driftige gebaren hun laptops opensloegen om nog een laatste memo aan de minister te sturen. In de jaren dat ik in die trein zat, kreeg Den Haag gaandeweg een echte skyline, met solide kantoren die van afstand lieten weten dat het land serieus en secuur werd bestuurd. Soms, afhankelijk van het politieke getij, liep ik op het Plein langs cameraploegen die achter een dranghek verveelde grappen stonden te maken. Dat was voor de deur van het sombere paleis 'het logement', schuin naast De Witte. Ruim anderhalve eeuw geleden had koningin Sophie hier ongelukkig door het raam naar buiten gekeken. De cameraploegen wachtten op de informateur van een nieuw kabinet en zijn dagelijkse uitleg dat het weliswaar lang duurde, maar dat er zeker voortgang werd geboekt en dat de partijen nog altijd welwillend tegenover samenwerking stonden. Ver weg woedde de catastrofe maar in Den Haag beijverde men zich om die tikkende klok stil te zetten, in een dik boek dat regeerakkoord werd genoemd en dat meestal werd getooid met een titel over vertrouwen en gezamenlijkheid. Het was de wereld van vandaag en tegelijk die van gisteren.

Anders dan in het Wenen van toen wist men intussen wel beter, al waren er misschien weinig woorden voor en kon men niet anders. De tekenen stelden niet gerust. Midden op het Plein torende Willem van Oranje zoals altijd boven alles uit, zijn standbeeld vaak voorzien van een grote boze meeuw op zijn hoofd. Op een dag was de man die volgens een televisieprogramma de grootste Nederlander aller tijden was, versierd met een omvangrijke felgroene opblaaskraag met grote punten. Het geval werd door een ronkend aggregaat volgeblazen met lucht. Het was inderdaad opblaaskunst, blow-upart, bedacht door de Haagse kunstenares Larissa Ambachtsheer. Ze was negenentwintig en vertelde in het *Algemeen Dagblad* dat ze nooit eerder voor zoiets was gevraagd. Passanten die hun hondje uitlieten, hadden geen idee wat ze ermee aan moesten en zelf zei ze in de krant dat ze door 'haar obsessie met voedsel' was geïnspireerd.[4] Het kon, het mocht en dat was mooi, en het droeg bij aan een wereld die langzaam, stukje bij beetje, minder begrijpelijk werd.

Elke ochtend, op de dagen dat de Tweede Kamer vergaderde, stoof precies om tien voor halftien een kleine stoet van drie zwarte auto's voorbij. Zwaailichten erbovenop, de ruiten onheilspellend donker getint. Een van de drie was een SUV in de grotere maten. Daarin zou Geert Wilders zitten, de dwarsligger die sinds jaar en dag moest worden beschermd tegen radicale moslims met aanslagplannen. Van die bescherming keek allang niemand meer op, en in zekere zin maakte de stiptheid van die langsracende ministoet dat ook Wilders bij het geruststellende meubilair hoorde. Wilders haalde bij de laatste verkiezingen een klinkende overwinning, met als gebruikelijk hoofdpunt dat het kabinet op alle punten had gefaald. Bestuurders erkenden grif dat er van alles was misgegaan, om daarna in dezelfde ademtocht te onderstrepen dat we op dezelfde voet verder moesten.

Mijn favoriet in dat opzicht was de commissaris van de Koning in Zuid-Holland, Jaap Smit. Zijn kantoor keek uit op het Malieveld, waar hij de laatste jaren trekkers met boze boeren en koffiedrinkers tegen corona voorbij had zien komen. Commissaris Jaap Smit, tevens theoloog, sprak met het aplomb van de ongekozen bestuurder. Na de provinciale verkiezingen deed hij zijn verhaal in de krant. Hij meende dat de mensen 'fed up' waren met de politiek en met een overheid die van Excel-tabellen, modellen en spreadsheets aan elkaar hing.[5] Hij sprak van een 'in wezen versleten systeem', om daarna een onnavolgbare bocht te nemen. De politiek moest de oren niet naar de kiezer laten hangen, maar 'kloeke besluiten' nemen en 'met elkaar als één overheid de problemen oplossen'. Jaap Smit was een zeezeiler, zei hij. Als hij eenmaal zijn koers had uitgezet, hield hij zich daaraan. Hij belichaamde als geen ander de bestuurlijke wet van de beroemde roman *De tijgerkat*: alles moest anders, maar vooral hetzelfde blijven.

Onder het toeziend oog van Willem van Oranje waren de terrassen in de loop der jaren gegroeid, totdat vrijwel het hele Plein uit stoelen en tafels bestond. Zomer en winter ging het geroezemoes door, als het kouder werd onder grote parasols met gasverwarming. Er kwamen minder politici dan voorheen, ook omdat het hele Binnenhof intussen was verhuisd naar een naargeestig gebouw anderhalve kilometer verderop. Die verhuizing was niet de enige reden dat de politici minder zichtbaar aanwezig waren dan vroeger. Rondom de politiek was in de loop der jaren een cocon gegroeid, van jonge mannen in strakke blauwe pakken van goedkopere snit, met bruine schoenen. Ze oefenden vage beroepen uit, meestal politiek adviseur, regisseur of coördinator van een en ander, beleidsstrateeg of vertegenwoordiger in 'public matters', waarmee meestal particuliere belangen werden bedoeld. Al die onduidelijkheid was geen beletsel om het terras te overheersen met hun aanwezigheid en luide gelach.

Achter de terrassen was een schutting van drie meter hoog opgetrokken. Erboven zag je nog de gebouwen van de Tweede Kamer, waar de gangen intussen hol klonken omdat het politieke bedrijf zijn biezen had gepakt naar het voormalige pand van Buitenlandse Zaken. Het Binnenhof stond leeg en wie er symboliek in wilde zien, hoefde weinig moeite te doen. De wetgevende macht van de Tweede Kamer, de hoogste instantie in een democratie, was ingetrokken bij de uitvoerende macht van een voormalig ministerie. Eeuwenlang was het land vanaf het Binnenhof bestuurd geweest, de rode klimmende leeuw op een gouden veld van de graven van Holland kon je nog zien boven het poortje waardoor de gouden koets zich altijd moest wringen op Prinsjesdag. De gouden koets was trouwens zelf ook al verbannen naar een museum, vanwege een onbetamelijke koloniale voorstelling op de zijkant. En sinds die schutting er stond, las de koning in september zijn troonrede voor in de schouwburg om de hoek. Een fatsoenlijke roman zou zo veel tekenen van verval niet verdragen.

Het Binnenhof was een kruip-door-sluip-door van gangen, aangroeisels, voormalige ministeries en bijgebouwde huisjes. Bij elkaar was dat een mooie spiegel van de manier waarop het Nederlandse bestuur in de loop der eeuwen vorm had gekregen. De Trêveszaal heette Trêveszaal omdat daar ooit het Twaalfjarig Bestand (*trêve*) met de Spanjaarden was gesloten. Je hoefde het niet te weten, om het te voelen. In het gangetje langs de Eerste Kamer zou prins Maurits vierhonderd jaar geleden van achter de vitrage hebben bekeken hoe een andere grote staatsman, Oldenbarnevelt, op het schavot voor de deur van de Ridderzaal werd onthoofd. Het gerucht ging dat hij 'hondsvot' had gemompeld, maar dat was waarschijnlijk niet waar.[6]

Thorbecke, de man van de Grondwet van 1848, was de eerste minister geweest die het Torentje aan de Hofvijver gebruikte als politieke cockpit. Hij stuurde de ambtenaar weg die daar achter een bureau had gezeten en sprak: 'Dit is mijne kamer.'[7] Toen de beste man iets mompelde over een misverstand, herhaalde Thorbecke nog eens: 'Dit is mijne kamer.' Elke steen vertelde een verhaal, zoals men zegt. Wat het verhaal precies vertelde nu het Binnenhof voor jaren achter een schutting schuilging, bleef onduidelijk. In elk geval zei het iets over de Nederlandse gewoonte om oude schoenen van het verleden zo ver mogelijk weg te gooien, ook al was het officieel maar tijdelijk.

De oude zaal van de Tweede Kamer was een paar decennia terug al verruild voor een nieuwe antiseptische zaal met glanzende blauwe stoelen. De arbodienst was tevreden geweest over de werkomgeving, maar als er een kabinet dreigde te vallen, wilde de spanning minder in de muren kruipen dan voorheen. Die verbouwing van dertig jaar geleden was een waarschuwing geweest. Doe voorzichtig met duizend jaar geschiedenis. En nu was het hele Binnenhof verhuisd naar een zielloos pand verderop, vrucht van de jaren zeventig. De lucht van kroketten trok er tussen de middag al door de smalle gangen toen er nog diplomaten rondliepen.

Met de verhuizing voltrok zich in lijfelijke zin de verplaatsing van de macht, een fenomeen waar politicologen al decennia op wezen. Achter het nieuwe spreekgestoelte was de muur getooid met een kunstwerk van modder. De boodschap die de Rijksgebouwendienst uitdroeg, luidde dat we elkaar over vijf jaar weer zouden zien in een gerestaureerd Binnenhof. Die vijf jaar werden onofficieel er al snel tien. HISTORISCH ERFGOED! riepen grote letters met een uitroepteken op de schutting, alsof men zichzelf trachtte moed in te spreken. Maar de hele gang van zaken was een voorbeeld van verwijtbare onverschilligheid, verpakt in spaarzin. Een voorzichtige verbouwing waarbij het Binnenhof open kon blijven, zou te duur worden. En achter die zuinigheid verborg zich de angst van de politici voor een grommend volk.

De verhuizing van het Binnenhof was als de bezegeling van de verschuiving van de macht aan het Plein en omstreken die zich als een gletsjer had voltrokken, meter voor meter, in tientallen jaren, bijna ongemerkt maar onmiskenbaar, terwijl politici, ambtenaren, regisseurs met bruine schoenen en journalisten deden alsof hun neus bloedde. De samengebalde macht had zijn hielen gelicht, en daarmee ook het idee van stootkracht van de publieke zaak. Aan het Plein huisde alleen nog het ministerie van Defensie, waar op maandag de stoep werd geschrobd en bij hoog bezoek nog twee militairen hun sabel presenteerden. Wie wist wat er zich achter de monumentale gevel bevond, besefte dat defensie niet meer zoals ooit bij uitstek stond voor de verdediging van het algemeen belang. Defensie was het achtergebleven weeskind. Alle andere departementen waren vertrokken naar nieuwere, grotere en mooiere kantoortorens, defensie was gebleven, en nergens waren de kantoren zo vergeeld en slonzig als achter die voordeur met dat geschrobde stoepje.

Toen op een kwade dag bleek dat er nog altijd zoiets als een buitenlandse dreiging bestond, moest de landsverdediging halsoverkop weer ter hand worden genomen. Onze hoogste militair bij de NAVO zei dat hij er met zijn pet niet bij kon dat het grootste pensioenfonds niet langer wilde beleggen in de wapenindustrie. In de Kamer was iedereen het roerend eens dat er weer geld moest komen voor defensie. Maar niemand vroeg zich af hoe het had kunnen gebeuren dat er zo'n gewaagd voorschot op de eeuwige vrede was genomen, en waarom de rekruten pangpang hadden moeten roepen tijdens de oefeningen omdat er geen kogels waren.

Het algemeen belang was stukje bij beetje uit het bestuurshart vertrokken, naar nieuwe locaties, inclusief computers, dossiers en personeel. Wat voor de buitenkant gold, ging evenzeer op voor de binnenkant. De democratie onderging in die jaren zelf een even ingrijpende als moeilijk grijpbare verandering, want was zelf verhuisd van de voorkant naar de achterkant, serieuze mensen spraken van input naar output, van politicologie naar bestuurskunde, van frontoffice naar backoffice, van besluitvorming naar controle. De meest ingrijpende verhuizing, zeker wat betreft de stemming in het land, was die van belofte naar afrekening.[8] En in tegenspraak met de gebrekkige belangstelling voor geschiedenis, was de politieke blikrichting honderdtachtig graden gedraaid, van de toekomst naar het verleden.

De meest zichtbare vorm van afrekening met het recente verleden voltrok zich in een van de panden in een hoek van het Plein die niet mee hadden hoeven verhuizen. Het was geen groot pand, een moderne glazen pui pal naast het sombere paleis van koningin Sophie. Achter die glazen pui bevond zich een kek zaaltje dat helemaal was gebouwd op de parlementaire enquêtes over misstanden die steeds vaker tot de bodem moesten worden uitgezocht. HET IS NIET ZO, riepen kleurige neonletters achter een soort etalage tegen de passant. Ook dat was kunst, net als de opblaaskraag van Willem van Oranje, en het waren passende woorden voor de argwaan waarmee parlementariërs van de vele onderzoekscommissies hun ministers of hoge ambtenaren aan de tand voelden. Lang geleden was de eerste parlementaire enquête televisiespektakel geweest, nog in zwart-wit, met kettingrokende Kamerleden die het aandurfden ministers en prominente bedrijfsvoorzitters in het nauw te brengen.

In dat zaaltje werden reputaties gemaakt, van Kamerleden die zich ontpopten als scherprechter en daar landelijke televisieroem mee oogstten. Er werden vaker reputaties geknakt, van ministers die over het algemeen over een bewonderenswaardige dossierkennis beschikten. Nu hadden ze zich laten trainen om tot vervelens toe te herhalen dat het geheugen ze in de steek liet. Topambtenaren hakkelden en snikten dat het ze zo speet maar dat de werkdruk zo enorm was en dat er dingen waren die ze ontglipten. Het volk keek ernaar op televisie, na de zoveelste enquête murw of onverschillig. Maar zo'n keten van geblunder, moedwil en misverstand kon niet eindeloos herhaald worden als weer een nieuwe aflevering van de soap *Goede tijden, slechte tijden*, in de veronderstelling dat het vertrouwen in het bestuur onwankelbaar zou blijven. Bestuurskundige Paul 't Hart bedacht voor de georganiseerde achterdocht de mooi gevonden term inquisitiedemocratie.[9] Men keek terug en wat daar tevoorschijn kwam, was niet fraai.

De parlementaire enquête bloeide als nooit tevoren. Na het vonnis vielen kabinetten, werd diepe spijt betuigd en probeerde men met nieuwe verkiezingen de draad weer op te pakken. De enquête was niet de enige vorm van afrekening. De filosoof Kierkegaard zei ooit dat het leven achterwaarts beschouwd maar voorwaarts geleefd dient te worden. Maar de blik vooruit richten durfden politici nauwelijks meer. De woorden bestonden nog, maatschappijvisie, programma's, idealen, maar ze klonken betekenisloos, net zo hol als de gangen van het lege Binnenhof. Politieke partijen waren uitzendbureaus voor bestuurders geworden, regeren werd allengs meer reageren, op de donkere wolken die over het land bleven trekken, het opwarmende klimaat, de dreigende instorting van de munt of de niet-aflatende stroom mensen die de grens overtrokken. 'Events, dear boy,' had de Britse premier Harold Macmillan ooit gezegd op de vraag wat hij als politicus het meest vreesde. De premier en zijn ministers trachtten uit dat gezegde moed te putten. De gebeurtenissen zaten tegen en ondanks de niet-aflatende kritiek hielden ze vol dat ze op de juiste weg waren.

Er waren zeker nog politieke partijen en verkiezingsprogramma's, vingeroefeningen voor hoogleraren die ondanks alles wel minister wilden worden. Vervolgens kwamen de officiële rekenmeesters die de programma's met ernstige gezichten vergeleken om vast te stellen dat er heus iets te kiezen viel. Maar de verschillen tussen de middenpartijen moesten geweldig worden aangedikt om nog iets van koersverandering te suggereren. Behalve de hoogleraren met ambitie en de rekenmeesters, las geen mens meer een verkiezingsprogramma. De kiezers hadden steeds minder reden om over een gedroomde toekomst te stemmen, en stemden daarom over het verleden.

Sinds de Franse Revolutie sprak men over verkiezingen als het feest van de democratie, het plechtig vieren van de gezamenlijke wil van het volk. Maar het bier was verschaald en het feest in het stemhokje werd een particuliere bezigheid die meestal uitpakte als een strafexpeditie tegen de regering. Zo was allang een eind gekomen aan de bestuurder die het met zichzelf had getroffen. Ministers schreden niet langzaam door de Lange Poten, zoals in het Wenen van eertijds, en konden zich zeker geen corpulentie veroorloven. Ze moesten permanent op hun tenen lopen en zeer gedisciplineerd leven om zich staande te houden.

In de vroege ochtend gingen de bewindslieden gezamenlijk sporten en dat werd ook uitgedragen als een vrolijk samenzijn van de bestuurders. Maar soms zakte er een minister achter het spreekgestoelte in elkaar, overspannen van de tomeloze verwijten uit de Kamerbankjes en de loodgieterstassen met stukken die in de late avond nog moesten worden doorgenomen. Een minister vertelde ooit dat hij een keer griep had. Zijn chauffeur had de huissleutel en terwijl hij in bed lag te zweten, hoorde hij elke avond hoe de voordeur opengíng. Er werd weer een loodgieterstas vol stukken in de gang gezet, wist hij, en na een week stond de hele gang vol stukken die gelezen, beoordeeld en getekend moesten worden. Je kon wel in bed liggen met griep maar het bestuur sliep niet. Het was een bestuur dat amechtig probeerde de werkelijkheid bij te houden. En na weer een gevallen kabinet haastte de ene na de andere demissionaire minister zich om Den Haag de rug toe te keren, verongelijkt omdat haar kwaliteiten niet waren gewaardeerd, of als een dief in de nacht met een onduidelijke baan in het buitenland. De democratie mocht een feest zijn, het ministerschap was dat niet.

Natuurlijk werd er nog geregeerd, meer dan ooit tevoren zelfs. Toen hij begon, had de minister-president als ambitie uitgesproken dat het aantal ambtenaren moest verminderen. Tien jaar later waren er kantoortorens bij gekomen, en er waren niet minder maar meer ambtenaren die achter hun computers zaten. De toekomst was zwanger van dreiging en om die reden keken de ambtelijke nota's verder dan ooit vooruit. Er werden blauwdrukken gemaakt van het Nederland van 2050 of 2060 of tot het einde van de eeuw. Maar wie eerlijk was, zag dat de sleet erop zat en de topambtenaar die op zekere dag op zijn eigen site vertelde 'dat de Nederlandse overheid deze eeuw nog niets substantieels tot stand heeft gebracht', kreeg stapels instemmende reacties.[10]

Rondom het Binnenhof krioelde het van de instellingen die de gedane zaken van het kabinet onder de loep namen. Daar had je de Algemene Rekenkamer. De president gaf jaarlijks een interview waarin hij liet weten dat niet alleen hijzelf de financiële gangen van de ministeries niet meer begreep, maar dat er eigenlijk niemand meer was die het wel kon volgen. Aan de overkant van het Lange Voorhout zetelde de Onderzoeksraad voor Veiligheid, in een pand dat qua marmeren uitstraling alles zei over de tijdgeest – die was kortweg onveilig. Rapport na rapport liet geen misverstand bestaan over ernstige tekortkomingen van allerlei aard. De Nationale Ombudsman en het filiaal daarvan, de Kinderombudsman, zetelden weliswaar niet in de vierkante kilometer rondom de Hofvijver, maar waren in de geest zeer aanwezig met hun klachten en veroordelingen. Hoe kon het gebeuren dat in een land als Nederland de mensenrechten werden geschonden, van mensen die eigenlijk recht hadden op een toeslag, of erger nog, van kinderen die uit huis werden geplaatst?

En dan waren er Autoriteiten of Toezichthouders in soorten en maten, die zich beklaagden over de privacy die werd geschonden of de consument die werd bedot. Door de overheid, uiteraard. De instellingen werden aan de top bevolkt door voormalige politici die merkwaardig snel een kritische toon hadden gevonden voor het landsbestuur dat ze tot kort voordien nog vol overgave dienden. Op de hoek van het Lange

Voorhout, in een voormalig paleisje van de Oranjes, zetelde de Raad van State, een eerbiedwaardig instituut met de glans van eeuwen, dat pepermuntjes met eigen opdruk serveerde. Al had het even geduurd, na de zogeheten toeslagenaffaire hadden ook de hoogste bestuursrechters de verontwaardigde bewoordingen gevonden voor de kwaliteit van de wetgeving en de falende politiek. Zo was het verleden een zee van goed gedocumenteerde onvrede geworden, en wat nog moest komen niet langer een belofte maar de bron van onveiligheid en zorg.

De verdampte vooruitgang

Niet alleen in de Haagse politiek maar in het hele openbaar bestuur deed zich de omkering voor van de klok die niet langer vooruit maar achteruit draaide. Het streven naar een gedeelde toekomst waarin iedereen zijn kleine persoonlijke besognes oversteeg, was door de Franse historicus Marcel Gauchet een godsdienst zonder God genoemd. In de kerk streefde alles omhoog, naar het heil dat niet van deze wereld was. De kerkblaadjes van vroeger heetten 'Samen op weg' of 'De harten omhoog'.[11] Het christelijke leven bestond uit verwachting, van de dag des oordeels en het hemelse koninkrijk. De Franse Revolutie had God op aarde gebracht. Een halve eeuw nadien, in 1848, was dat zelfs in het bedaarde Nederland gebeurd, maar het gezamenlijk omhoogstreven was gebleven.

In plaats van het eerbetoon aan God kwam de verheerlijking van de politiek, 'met een aantrekkingskracht die de mensen nog in een baan om het goddelijke hield', aldus Gauchet. De grote Thorbecke (1798-1872) schreef de Nederlandse Grondwet van 1848 met precies dat doel, een hoger streven, en als opdracht aan de 'staatsburger' dat hij door zijn stem niet zichzelf maar het land zou dienen, zoals hij dat ook ging doen als dienstplichtig militair. Thorbecke richtte de hbs op, de hogereburgerschool, die niet bedoeld was als een school voor hogere burgers maar vooral een school die naar het hogere reikte. Thorbecke ontwierp niet alleen het openbaar bestuur in gemeente, provincie en Rijk. Hij wees hoogstpersoonlijk aan waar het nieuwe Centraal Station in Amsterdam en het Noordzeekanaal zouden komen.

Thorbecke had de wetgeving en landsinrichting bedacht die pasten bij het vooruitgangsgevoel dat al leefde voordat zijn Grondwet was geschreven. In het boek *Camera Obscura* (1839) hield Nicolaas Beets een uiteenzetting over modernisering, en modernisering was versnelling. De verteller besprak de voordelen van de trein ten opzichte van de bedompte trekschuit. De treinverbinding van Amsterdam naar Haarlem was net geopend, koeien langs het spoor sloegen op hol van de herrie en de stoom. In de trekschuit werd gedommeld, maar niet in de trein. 'Op u zal niet geslapen worden, want daar is geen rust!' En later zouden dichters zingen: 'De spoorweg kwam, de spoorweg kwam!'[12]

Fotograaf Pieter Oosterhuis (1816-1885) heeft in een schitterende collectie vastgelegd hoe het Nederland van die tijd bijna over zijn benen struikelde om zich naar de toekomst te haasten. Kanalen en havens werden gegraven, sluizen gemetseld, bruggen geklonken. En alles met de hand. Polderjongens liepen in ganzenpas met houten kruiwagens over de nog droge bedding van een kanaal. Na de verkommering van jansalie zag je hier, foto na foto, verzameld in het prachtige boek *Reuzenarbeid* hoe een land bezig was op stoom te komen.[13] En steeds weer stonden die mannen glimmend van zelfbewustzijn te poseren. Het was de fierheid over een toekomst waarin iedereen naar zijn mogelijkheden een bijdrage leverde aan het nieuwe Nederland van de publieke werken.

De politiek als viering van gedeelde vooruitgang heeft het nog lang uitgehouden. Na de Tweede Wereldoorlog lag Nederland aan scherven, maar al snel werd er gebouwd en kon je in het hele land wakker worden van het gestamp van de heimachine. In 1953 was er weliswaar een watersnood geweest, maar de Deltawerken werden de betonnen overwinning op het water. Landschapsarchitecten ontwierpen nieuwe steden in de polder, de KLM vloog namens ons de wereld rond en Shell sprak voor Nederland overal een woordje mee. Zelfs het weer was in de jaren vijftig en zestig beter dan nu.

Minister Marga Klompé bedacht de bijstand en vond dat je daarvan ook een bloemetje op tafel moest kunnen zetten. De sociaaldemocratische leider Den Uyl werd weliswaar door menigeen verafschuwd, maar voor zijn aanhang was hij weinig minder dan een profeet. En zelfs zijn tegenstanders begrepen dat Den Uyl woorden vond voor het levensgevoel van welvaart, vernieuwing en een autootje voor elke arbeider. Het verheffingsideaal van de sociaaldemocratie was in wezen niet anders dan het omhoogreiken van Thorbecke, ook al stond die laatste bekend als liberaal.

Zonder visie komt het volk om, had Den Uyl gezegd, want hij kende zijn Bijbel, en die uitspraak werd een halve eeuw later nog aangehaald. Uit de mond van Den Uyl kwam een visie dicht bij een visioen. Er hoorde gepaste verontwaardiging bij over regimes in verre landen die ooit zoals wij zouden worden. Nederland was een klein maar dapper gidsland, en minister van Ontwikkelingshulp Jan Pronk ontwierp een hele nieuwe wereldorde. Sommigen wezen naar hun voorhoofd maar niemand keek ervan op.

Intussen was God allang bezig zijn koffers te pakken. Het gebruikelijke idee over de kerkverlating die al in de jaren vijftig van de vorige eeuw inzette, in Nederland ontzuiling genoemd, was dat van een bevrijding uit de kluisters van het voorgeschreven leven en denken. *De Volkskrant* had nog een hoofdredactioneel commentaar dat 'Ten Geleide' heette, aangezien het denken niet zonder begeleiding kon. Ontkerkelijking was bevrijding en beschikking over je eigen pil, je eigen leven en je eigen lot. De burgerij maakte zich los van een juk van buiten, op weg naar vrijheid en vrolijkheid.

Wat altijd wordt vergeten is dat bevrijding ook verlies meebrengt, van geborgenheid en zingeving. Wie een moment wilde aanwijzen voor een definitieve breuk met het hogere kwam uit bij de val van de Berlijnse Muur in 1989. Al decennia eerder was de heilsverwachting van het communisme als een lekke ballon leeggelopen. Toen de slagboom bij de Brandenburger Tor openging, kon niemand er meer omheen: wij zagen op televisie dat Oost-Duitsers in hun Trabants naar het Westen wilden. Niemand had de ambitie om naar het Oosten te gaan. Er was geen heilstaat op aarde.

Nauwelijks vijf jaar later leed in Nederland bij de Kamerverkiezingen van 1994 zowel de sociaaldemocratische als de christendemocratische partij dramatisch verlies. Allebei de partijen koesterden nog een zweem van verlossing, al was het ideaal inmiddels verschrompeld tot 'een stip aan de horizon'. De kiezer had ze inmiddels gewogen en ermee afgerekend. Sindsdien leden de middenpartijen verlies op verlies, niet alleen in Nederland maar in heel West-Europa.

Politicologen en politici waren boos, in de krant en in hun wetenschappelijke artikelen. De kiezer was 'stuifzand' geworden,[14] hij deed maar wat in het stemhokje, onberekenbaar en onvoorspelbaar. Zij zagen niet wat er gaande was, in hun verontwaardiging omdat hun eigen partijen van de kalme vooruitgang in de steek waren gelaten. Daarachter ging schuil dat het geloof in een gedeeld perspectief was vervlogen, en dat was niet zonder gevolgen. Het wegvallen van een gezamenlijk streven was na de val van de Muur door de Amerikaanse politicoloog Fukuyama het einde van de geschiedenis genoemd. Dat was geen ideaal maar een vaststelling. Een aards paradijs of een klasseloze samenleving zou niet langer het verschiet zijn, want het doel was bereikt. Iedereen was vrij om het leven in te richten zoals hij of zij dat wilde, en afgezien van een paar achterbuurten van onderdrukkende regimes betekende dat in de hele wereld democratie en de vrijheid om te ondernemen.

Maar de blijdschap over het einde van een onderdrukkend communistisch systeem was van merkwaardig korte duur. Al snel maakte de opgewekte stemming plaats voor boosheid. Politici van de gevestigde partijen werden boos omdat ze in de steek gelaten waren door hun kiezers en ze niet begrepen waarom. Het volk was boos op de politici en begreep evenmin waarom. De leiders konden niet langer inspireren, dat stond wel vast. De positieve draai daaraan was dat de burgerij volwassen was geworden en dus niet langer gebonden aan ideologieën. Somberder woorden voor hetzelfde waren dat als de bevolking niet langer wilde volgen, ze het dan maar zelf moest uitzoeken in het leven.

Als leidinggeven van bovenaf niet meer lukte, dan moest het maar van onderop. De uitwerking daarvan was dat burgers als klanten overheidsdiensten gingen afnemen. Dat werd marktwerking genoemd en door de tegenstanders neoliberalisme. Zo ontstond ook het idee dat het neoliberalisme de bron was van alle kwaad; God was intussen weliswaar overleden, maar de duivel had hem in de vorm van marktwerking overleefd.

De samenleving was verpest door het neoliberalisme, de overheid voorop. In de krant verscheen geen meningenpagina, er was geen denkstuk van een wetenschappelijk bureau van een politieke partij of het neoliberalisme kreeg ergens de schuld van. Van de tekorten in de jeugdzorg, waar commerciële zorgbureautjes voor kinderen die zich niet lekker voelden cursussen paarden voeren of geiten aaien aanboden. Van het toeslagendrama, dat was ontstaan toen ouders die kinderopvang hadden aangevraagd voor een paar verkeerd geplaatste kruisjes als fraudeurs werden gebrandmerkt. En meer in het algemeen was het idee dat er zo hartstochtelijk was bezuinigd dat de hele overheid er als een kasplant bijstond.

Misstanden waren er zeker. Maar dat er dramatisch was bezuinigd klopte niet, zoals zichtbaar was aan die Haagse kantoortorens vol ambtenaren. Er moest een oorzaak worden aangewezen voor het zeurende onbehagen en Marx was weliswaar net als God allang dood, maar de economische invalshoek vertroebelde nog altijd de blik. Politici, journalisten en uiteraard economen waren geneigd om het hele leven uit het loonzakje te verklaren. In werkelijkheid was het niet de economie die verordonneerde hoe het land erbij lag, maar de geestelijke gesteldheid van de bevolking, met haar ervaringen, opvattingen en vooral verwachtingen.

De overheid groeide als kool en er was minder armoede dan ooit. Maar de boosheid liet zich niet door de feiten ontmoedigen. De woede zit niet in de dingen, maar in onszelf, had ooit de Franse filosoof Rousseau geschreven. In Den Haag bepaalde niet de economische onderbouw de bovenbouw. Het was het onuitgesproken gevoel dat er een belofte was gebroken: de gevierde gezamenlijkheid die bij een kerk hoort, was verdampt. Pieter Omtzigt, een politicus die in korte tijd tot grote hoogten was gestegen door zijn permanente aanklacht tegen het landsbestuur, sprak van een verbroken sociaal contract.

Hij was een nazaat van de eerste die had gezien, of eerder aangevoeld, waaraan het schortte. Een buitenbeentje, een kale rare man die spreekbeurten gaf, openlijk homoseksueel was, en schreef over de verweesde samenleving. Pim Fortuyn wilde een eind maken aan het onbehagen van een maatschappij zonder richting of kompas. Hij ageerde tegen de islam, wilde de landsgrenzen terug en ook het algemeen belang. Hij raakte een snaar maar werd door de weldenkenden van de middenpartijen als een Mussolini in de hoek gezet. Men sprak van populisme en net als neoliberalisme betekende dat niet veel goeds; nog het meest positief was dat populisten misschien wel problemen op de agenda zetten, maar geen oplossingen hadden.

Maar toen Fortuyn was doodgeschoten, had er een begin van opstand gebroeid op het Plein, of eigenlijk eronder want in de parkeergarage werden auto's in brand gestoken. De politici keken met grote angstogen van achter de ramen van het Binnenhof toe. Zij begrepen nog altijd niet wat er gaande was. Het sleutelwoord was eenzaamheid en Fortuyn had het misschien evenmin begrepen maar wel aangeraakt. Toen hij dood was, stonden er huilende menigten langs de weg die bloemen wierpen op de rouwstoet. In hun ogen was niet minder dan een messias gestorven. Hij was de man die het allemaal goed zou maken. De weldenkenden zagen alleen een gevaarlijke paljas. En zo hing jaren later de vlag er nog altijd bij toen ik die dagelijkse wandeling maakte, van het Haagse station CS naar het redactielokaal, en weer terug.

Thorbecke had ergens in mijn Haagse jaren ook zijn standbeeld gekregen, aan de overkant van de Hofvijver met uitzicht op het Torentje van de premier. Het was een herkenbare Thorbecke geworden, gemaakt in de korte tijd dat kunstcommissies toegeeflijk wilden zijn aan de veronderstelde smaak van gewone mensen. In een kinderlijk realistische stijl werden historische figuren vereeuwigd. Een marmeren Thorbecke keek van boven zijn stijve boord streng naar zijn verre nazaat in het Torentje. De aartsvader van de democratie zat achter een ouderwets bureau. Ernaast stond een moderne tafel waarop een eigentijds geklede vrouw ontspannen met één bil had plaatsgenomen.

In de Haagse volksmond heette het ensemble in verband met de inkijk onder haar rok al snel *Basic Instinct*. Dat was een ophefmakende film geweest waarin de actrice Sharon Stone zich onder de rok liet kijken. Het was een merkwaardig standbeeld, dat klaarblijkelijk poogde een verband te leggen tussen 1848 en het heden. In persoonlijke zin kon je er een diep onbegrip voor Thorbecke uit opmaken. Aan Thorbecke was niets ontspannen. Men vreesde zijn 'tuchtroede' en hij had een uitgesproken hekel aan 'ondraaglijk geleuter en oudewijvengebabbel'. Een vrouw die zomaar met een bil op het aanpalende bureau zou gaan zitten, was ondenkbaar. Maar als je in de twee figuren het symbolische einde van de standenstaat wilde zien, dan was het raak, want dat was de grote verworvenheid die het land dankte aan zijn grondwetgever. Voor Thorbecke was het streven naar gelijkheid 'de beweegoorzaak van onzen vormdriftigen tijd'.[15] Je zag de drijfstangen van de sissende stoommachine die de moderne tijd aankondigde helemaal voor je.

Voor wie zich een voorstelling wilde maken van de standenstaat, was er de anekdote over Mme du Châtelet, beroemd Frans natuurkundige uit de achttiende eeuw. Zij was als eerste vrouwelijke natuurkundige zeer bij de tijd en bezag de wereld met een wetenschappelijke blik. Daarbij was ze de muze van de beroemde Franse filosoof Voltaire. Maar ze was ook van adel en de secretaris van Voltaire wist te vertellen dat Mme du Châtelet zich zonder enige gêne uitkleedde in aanwezigheid van haar bedienden, 'omdat ze niet voldoende bewezen achtte dat bedienden mensen waren'.[16] Juist omdat zij de modernste vrouw van haar tijd was, demonstreerde ze de onpeilbare kloof tussen de adel en de rest van de bevolking. De Franse Revolutie zette die wereld daadwerkelijk op zijn kop, en ook Thorbecke sprak een halve eeuw nadien nog van een omwenteling.

In de standenstaat was niet gelijkheid het streven, maar ieder het zijne. En hoe ieder het zijne zou krijgen, lag vast in oude rechten, gewoonten en privileges. Bloed en afkomst, dat was de rechtvaardiging van de standen. Gelijkheid voor de wet betekende het uitwissen van de geschiedenis, dat hadden de Franse filosofen al gezien. 'Geschiedenis is ons wetboek niet,' schreef de revolutionair Saint-Étienne. De standenstaat keek terug, democratie keek vooruit.

Adel wás geschiedenis. 'Rien appris, rien oublié', luidde in de negentiende eeuw het meesmuilende verwijt aan de adellijke royalisten die terugverlangden naar de koning en de goede oude tijd. Niets vergeten, niets geleerd. De adel wilde de geschiedenis van vóór de Revolutie terug, met andere woorden hun vrijheid die meestal in meervoud werd geschreven, hun vrijheden. Die vrijheden waren meestal vrijstellingen. De belangrijkste waren geen belasting hoeven betalen, gunsten van de koning, een wapenschild voeren, in een kasteel wonen, duiven houden en bovenal de jacht.

Het idee van vooruitgang gaat terug op de achttiende eeuw en was een van de drijfstangen van de Franse Revolutie. De standenstaat van voordien was een stilstaand water. Er gebeurde natuurlijk van alles en iedereen streefde uiteraard naar zijn eigen verbetering en vooral die van zijn familie. Maar de verwachting van verlossing was aan God en niet van deze wereld, vandaar dat ieder het zijne kreeg en de standen waren zoals ze waren. Wie een dubbeltje was, werd inderdaad geen kwartje. Men kende zijn plaats en dat was een deugd. Dat wil niet zeggen dat er geen rivaliteit bestond, zoals wel wordt beweerd. Integendeel, juist waar ongelijkheid de regel is, worden de standsgrenzen strikt en met grote jaloezie bewaakt en de voorrang, 'préséance', was een positie die telkens opnieuw zwaar moest worden bevochten.

Alexis de Tocqueville schreef in zijn geniale boek *Het ancien régime en de revolutie* (1856) over de gevoelens die men koesterde in de standenstaat. Verschillen die voor ons nauwelijks zichtbaar zijn en in elk geval onbegrijpelijk, werden geweldig aangedikt. Tocqueville beschreef hoe de pikorde beschermd werd door groepjes die in het bewaken van hun zuiverheid kleiner en kleiner werden. In een larmoyante correspondentie eiste de baljuw dat hij als eerste het wijwater mocht gebruiken. De pruikenmakers voelden zich reuze gekwetst omdat de bakkers voorgingen, en er werd furieus bezwaar gemaakt tegen het feit dat een notaris wethouder mocht worden, want 'notarissen zijn mensen zonder afkomst'.[17] En elk van die kleine groepjes, broederschappen of gilden hield zich alleen met zijn eigen achterstelling of privileges bezig. De kleinste overtredingen waren de grootste beledigingen die moesten worden uitgewist.

In onze tijd zouden we spreken van grensoverschrijdend gedrag. In het Frankrijk van de zeventiende eeuw had de toneelschrijver Molière (1622-1673) zich toegelegd op dat thema, met onder andere een komedie over de burger die voorwendde dat hij een edelman was. Waar grenzen worden overschreden, strijden jaloezie en hypocrisie om de hoofdrol. En precies daar raakten de oude en de nieuwe standenstaat elkaar. De schrijver W.F. Hermans debiteerde ooit dat socialisme niets anders was dan georganiseerde jaloezie. Maar dan had hij toch weinig benul van de oude standenstaat, waar gemeen werd gevochten om het geringste privilege.

De standensamenleving was een transactiemodel: wat er bij jou bij komt, gaat er bij mij af. Bij elkaar opgeteld, kwam men niet verder dan nul. Dat paste bij een maatschappij waar geen idee van vooruitgang bestond. Bij tijden lijkt het erop dat we terug zijn op dat punt. Het gezamenlijk vooruitstreven heeft plaatsgemaakt voor wat tegenwoordig een *zero-sum game* wordt genoemd. Als we er niet gezamenlijk beter op worden, dan is jouw voordeel ineens mijn nadeel geworden.

Wie erop lette zag het overal om zich heen, in de nare briefjes in de krant, het getwitter en de jaloerse blikken aan de talkshowtafels. Dat was niet het gevolg van de radicale ongelijkheid maar integendeel, van de radicale gelijkheid die Nederland kenmerkte. Naarmate de gelijkheid groter wordt, worden de geringste verschillen ondraaglijker. Wat jij hebt, gaat ten koste van mij, was het dominante gevoelen, net als pakweg tweehonderd jaar geleden. Dat gold niet alleen voor het inkomen of het spaargeld. Ineens was de open haard van de ene buurman de oorzaak van het astma van de andere, de vliegreis van de een ging ten koste van de toekomst van de kinderen van de ander. Nederland mocht dan wel het gelukkigste land ter wereld zijn, maar dan toch wel met een zeer slecht humeur. Met mij gaat het goed, met ons gaat het slecht, werd een populair gezegde.

En in de lijstjes over de nationale bekommernissen stonden de omgangsvormen altijd ergens bovenaan.

Ineens was ook het woord privilege terug, bij uitstek het begrip van de standenstaat. Destijds werden voorrechten gevierd, gekoesterd en nauwlettend bewaakt. In de nieuwe standenstaat was de waardering van privilege precies omgekeerd, een reden voor afkeuring en gebogen hoofden. Het voorrecht van de afkomst, ooit iets om te vuur en te zwaard te bevechten, was een bron van schaamte en openbare boetedoening geworden. Een journalist, Joris Luyendijk, schreef een boek over zijn eigen 'zeven vinkjes', en gaf interviews op televisie over de manier waarop hij en zijn bevoorrechte soortgenoten 'door het leven gleden en de hoogste posities bemachtigden'.[18] De nieuwe onaanraakbaren, 'zevenvinkers' geheten, waren man, wit, hetero, met in Nederland geboren ouders en een universitaire opleiding.

Thorbecke draaide zich om in zijn graf. Hij had gewild dat iedereen in aanmerking kwam voor het openbaar bestuur, op grond van bewezen bekwaamheid. Nu werd er weer met een schuin oog gekeken naar afkomst. Vooral onverteerbaar was dat terugkwam waaraan Thorbecke zo resoluut een einde had gemaakt. De gelijkheid die een gezamenlijk verschiet had moeten opleveren, was verkeerd in zijn tegendeel, een afgunstige obsessie op grond van uiterlijke verschillen. En de vrijheid werd veelzeggend steeds vaker in meervoud geschreven, de vrijheden, net als de adel dat ooit had gedaan.

Geschiedenis was terug van weggeweest, maar het was beslist niet de geschiedenis die ons leerde over het gedeelde verleden en dus gemeenschappelijk lot. Verleden en afkomst waren weer net als tijdens de standenstaat de bron van aanspraken, niet op grond van privilege en goede familie, juist niet, maar op grond van gevoelde achterstelling. Er werd geen snipper meer vergeten, net als destijds door de oude adel. Zoals de aristocratie ooit het adelsboekje binnen handbereik had gehad om de stamboom van het bezoek te taxeren, herinnerde men zich als de dag van gisteren welk onrecht tweehonderd, driehonderd jaar geleden was voorgevallen en waarop claims werden gebaseerd.

In het eerste grondwetsartikel was het thorbeckiaanse streven vastgelegd, dat de staat al zijn burgers gelijk moest behandelen. Het was de fiere neerslag van de afschaffing van rang en stand geweest. De ironie wilde dat hetzelfde eerste artikel bij de herziening van de Grondwet in 1983 onbedoeld de blauwdruk werd voor de nieuwe na-ijver. In de herziene versie van de Grondwet moest de staat niet alleen zijn burgers gelijk behandelen. De staat moest voortaan gaan bewaken dat de burgers onderling elkaar evenmin zouden discrimineren. Nederland was het enige land ter wereld waar de staat de burgerij al in het eerste grondwetsartikel bestraffend toesprak. Niet discrimineren! Thorbecke had van de Grondwet een 'nationale kracht' willen maken, een motor van vooruitgang.[19] De nationale kracht was met de beste bedoelingen een nationale splijtzwam geworden.

Aan de Hofplaats, het andere plein dat raakte aan het gebouw van de Tweede Kamer, was een langgerekte marmeren richel aangebracht waarop je kon zitten, de zogenoemde Grondwetbank.[20] In de richel was de tekst van artikel 1 van de Grondwet uitgehakt. 'Allen die zich in Nederland bevinden, worden in gelijke gevallen gelijk behandeld. Discriminatie wegens godsdienst, levensovertuiging, politieke gezindheid, ras, geslacht of op welke grond dan ook, is niet toegestaan.' Architect Pi de Bruijn had zich in 1992 van het kunstwerk gekweten.

Gezien de lengte van artikel 1 strekte de grondwetbank zich over 45 meter uit. Voordat de schutting in verband met de grote verbouwing van de Kamer ook hier was opgetrokken, had de marmeren bank voor de Haagse jeugd dienst gedaan als skatebaan.

De tekst van artikel 1 was een hele mond vol, waarover bij de herziening van de Grondwet lang was gedelibereerd. Welke mogelijke discriminatiegrond moest per se worden genoemd, welke moest helaas sneven? Men kwam er niet uit, en het was de communistische parlementariër Marcus Bakker geweest die de verlossende formule 'op welke grond dan ook' bedacht. Zoals juristen destijds al voorzagen, bleven er ongenoemde groepen ontevreden en veertig jaar later, alweer na lang vergaderen, kwam er een aanvulling waarin stond dat ook handicap of seksuele geaardheid beslist geen aanleiding mochten zijn voor achterstelling. Het was twijfelachtig of ook de grondwetbank langer zou worden gemaakt, want dan zou de nieuwe tekst in de gevel van de Tweede Kamer uitkomen.

Het herziene grondwetsartikel, nu met gehandicapten en seksuele afkortingen, was nog maar net aangenomen in de Eerste Kamer of de eerste pleidooien verschenen waarin werd gewezen op de juridische achterstelling van dieren. In de strijd om te worden genoemd en erkend, schemerde de rivaliteit tussen de bakkers, de pruikenmakers en het baljuwschap, die zich allemaal naar voren elleboogden voor een plaats aan de tafel waar vrijheden, gunsten en voorrechten werden verdeeld. Ineens ging het niet langer over wat iemand zei, maar wie het zei. Zo leidde het discriminatieverbod zelf tot nieuwe discriminatie. De standenstaat was terug, niet langer gekleed in livrei of slobkousen maar in spijkerbroek en op sportschoenen. En het was geen genoegen.

2

De nieuwe aristocratie

Als burgemeesters regeren

In de oude zaal van de Tweede Kamer zaten een stuk of vijftig burgemeesters van de christendemocratische partij op klapstoeltjes. Ik herkende de omvangrijke burgemeester Hubert Bruls van Nijmegen, het was nog voordat hij voorzitter van het Veiligheidsberaad was geworden. Voor het overige waren burgemeesters van het CDA nauwelijks te onderscheiden van hun collega's uit andere partijen, hooguit staken ze net iets grijzer in het pak. Burgemeesters in Nederland zijn door de bank genomen tevreden, met het landsbestuur en met zichzelf. Ze zijn nog altijd niet gekozen, waarop de Russische president Vladimir Poetin fijntjes wees toen hij op bezoek was bij premier Mark Rutte die hem aansprak op de mensenrechten in Rusland. Veel politici zijn voorstander van de gekozen burgemeester, tot de ambtsketen om hun eigen schouders hangt. Dan zijn ze bestuurders, ongeacht hun partijachtergrond. En dan vallen de verschillen tussen een CDA-burgemeester en een van groene of linkse snit weg.

De burgemeesters zaten in blijde verwachting in die mooie zaal op hun klapstoeltjes. De christendemocratie had een 'burgemeestersdag' georganiseerd en ik mocht een praatje houden. Wie een praatje houdt, moet ervoor zorgen dat het publiek niet in slaap valt, en dus had ik het christendemocratische publiek voorgehouden dat zij net zo goed burgemeesters van GroenLinks hadden kunnen zijn. Waren duurzaamheid en diversiteit niet de strevingen van het openbaar bestuur en gedeeld door elke bestuurder tussen Wuustwezel en Roodeschool? Van linkse of rechtse komaf, ze waren allemaal bestuurders, en bestuurders vonden ruwweg allemaal hetzelfde, en verbaasden zich daar zelden over.

Het was 2016, niet lang nadat Donald Trump de Amerikaanse verkiezingen had gewonnen. De Britten hadden voor de Brexit gestemd. Nederland had zijn steentje bijgedragen aan de verwarring met een referendum over een associatieverdrag met Oekraïne, dat was weggestemd. De atmosfeer in het land was somber, maar ik had niet de indruk dat de burgemeesters zich uit het veld lieten slaan. Nederland lag er goed bij, en buigen voor geblondeerde of andere populisten waren ze niet van plan. Niet veel later werd het referendum weer afgeschaft. Ik heb het de burgemeesters niet gevraagd, maar ook ongevraagd wist ik zeker dat zij dat een uitstekende zaak vonden.

Niet alleen de Nederlandse burgemeesters waren tevreden met zichzelf. Dat gold voor hun collega's in de grote steden van heel West-Europa en Amerika. Overal had zich hetzelfde patroon voorgedaan. Het bestuur van de grote steden was progressief geworden, het platteland en de suburbs gingen naar rechts tot heel erg rechts. De overwinning van Trump was de overwinning van de periferie. Geert Wilders was een man uit het zuiden, BBB-voorvrouw Caroline van der Plas woonde in Deventer. Pieter Omtzigt, telg van het CDA, wortelde in Enschede.

In Amerika stemden alle grote steden op Hillary Clinton, en bij de jongste verkiezingen op Joe Biden. Soms voor meer dan 90 procent, zoals in Washington, of bijna 80 procent, zoals in New York. Londen stemde massief tegen de Brexit, en later bij de parlementsverkiezingen voor Labour. Bij een referendum in Ierland over het schrappen van de rol van het traditionele gezin in de Grondwet, stemde alleen het welvarende zuidelijke deel van Dublin vóór – de rest van het land was een zee van neezeggers. Bijna alle metropolen in het Westen werden de afgelopen decennia progressief, of ze waren het al, terwijl de omgeving rechts, conservatief of populistisch stemde. Rechts en links wisselden ruwweg stuivertje en dat was een van de meest verwarrende politieke fenomenen van de tijd.

Zelf was ik begin van de eeuw correspondent in Parijs geweest. De stad was voordien altijd stevig gaullistisch, dat wil zeggen behoorlijk rechts. De gaullist Jacques Chirac had de stad voordat hij president werd met vaste hand geregeerd. Daarna veroverden de socialisten de Franse hoofdstad, om niet meer los te laten. Anne Hidalgo werd er burgemeester, nog altijd links, ook al haalden de socialisten landelijk niet meer dan een paar armzalige procenten. Madrid was rechts, daarna links. Wenen, ooit het toneel van de *gutbürgerliche* burgerij van Stefan Zweig, nu links. Amsterdam was al links en bleef links. Wel verschoof de macht van sociaaldemocratisch links naar D66-links en GroenLinks-links. Dat was ooit een wezenlijk verschil. Bij de laatste verkiezingen in Berlijn stemde het stadscentrum massaal op Die Grünen. De wijde omgeving ging naar de christendemocraten of Die radicaalrechtse AfD.

Ook in Nederland kon de verschuiving niemand ontgaan. De Randstad werd progressiever, het ommeland keerde zich af van de middenpartijen. De republiek Amsterdam wilde zich afscheiden als de macht aan premier Wilders zou toevallen. De rest van Nederland stak de nationale vlag ondersteboven uit, als een wapperende middelvinger. Dat was aanvankelijk een boerenprotest tegen de Haagse regelzucht, maar werd gaandeweg het signaal van algemeen ongenoegen over het gevoelde grootsteedse dedain waarmee overig Nederland werd bejegend.

'Wie zijn die mensen?' had minister Kaag gezegd in een documentaire, over de aanhang van een van de populisten. Het werd de Nederlandse pendant van Hillary Clintons typering van de Republikeinse kiezers als een 'basket of deplorables'. Een betreurenswaardig zwikje. Dat was de nieuwe verdeling, niet meer tussen links en rechts, maar tussen verstandige en onverstandige mensen. Churchill zei naar verluidt: wie jong is en niet links, heeft geen hart, en wie oud is en niet rechts, heeft geen verstand. Nu was niet alleen het hart maar ook het verstand links geworden.

Voorheen was de toplaag rijk, burgerlijk en behoudend. De grote ommekeer was dat de elite progressief werd, afgezien van de bovenste 1 procent met echt heel veel geld. De miljardairs laten we hier terzijde, die speelden in Nederland – anders dan in Amerika – in politiek opzicht een marginale rol. Om te begrijpen wat zich de afgelopen decennia heeft afgespeeld, is Benjamin Barber behulpzaam. Deze bekende Amerikaanse politicoloog was ook in Nederland populair bij burgemeesters en andere bestuurders, zowel links als rechts. De titel van zijn boek, *Als burgemeesters zouden regeren*, sprak boekdelen.[21] Alles zou beter gaan, als burgemeesters het voor het zeggen zouden hebben. Burgemeesters doen wat gewoon gedaan moet worden. Burgemeesters zorgen ervoor dat kinderen naar school kunnen, dat er bussen rijden, dat boeven worden gepakt en dat honderdjarigen een bloemetje krijgen. Zij repareren het riool. Rechtse of linkse burgemeesters bestaan niet, zou de befaamde burgemeester Teddy Kollek van Jeruzalem ooit gezegd hebben. Rechtse en linkse riolen of lantaarnpalen bestaan immers ook niet. Bij burgemeesters vielen hart en verstand helemaal samen.

Nederlandse burgemeesters repareren het riool niet, en gaan evenmin over de stadsbussen. Want dat doen bij ons de wethouders. Desondanks paste het sentiment dat Barber uitdroeg als een handschoen. De Haagse burgemeester Van Aartsen ontving de Wereldconferentie van burgemeesters in het Vredespaleis en was opgetogen. Burgemeesters uit Afrika en het Midden-Oosten stortten zich op een nieuw thema: de wereldvrede. Burgemeesters vonden dat handhavers een islamitische hoofddoek moesten kunnen dragen, in weerwil van de lijn van de landelijke politiek. De burgemeester van Utrecht wees op de bestaanszekerheid als grondrecht. Burgemeesters wilden weg van het gehakketak van nationale partijen, net als Benjamin Barber. Eigenlijk meende Barber dat het tijd was om de hele natie overboord te gooien. De nationale staat was ouderwets, de problemen dienden zich op een heel andere schaal aan. En niet alleen was de natie ouderwets, het was erger, de natie was egoïstisch en xenofoob.

De grote steden daarentegen hadden een geschiedenis van progressief protest, van de Bastille tot het Tiananmenplein in Peking. De Arabische Lente was begonnen op het Tahrirplein in Caïro en in Amsterdam – alles op schaal – hadden we *Het Lieverdje* waar ooit Provo begon. De progressieve politicoloog Herman van Gunsteren schreef over 'pleinburgers' met dezelfde strekking. Pleinburgers symboliseerden de grote stad, open, kosmopolitisch en democratisch en zij bekommerden zich om de echte vraagstukken. Net als de burgemeesters. De echte vraagstukken waren bijvoorbeeld hoe multicultureel samenleven zou kunnen werken, en hoe het klimaatprobleem moest worden opgelost. Niet om ruzie over te maken maar gewoon als praktische kwesties. In de allerkortste samenvatting zei Barber eigenlijk: er zijn geen meningsverschillen meer. Weg met de ouderwetse nationale politiek.

De belichaming daarvan in Nederland was burgemeester Bruls, voorzitter van het Veiligheidsberaad van burgemeesters. Hij was een tijd lang bijna onontkoombaar op de televisie. Corona was onder zijn leiding nauwelijks onder de duim, of daar was hij alweer over de komst van steeds meer vluchtelingen. Het zou heel heftig worden, zei hij, en een forse uitdaging. Het kabinet had een Handreiking Gemeentelijke Opvang Oekraïners geschreven van zestig vel, en daarin de voorzitters van de veiligheidsregio's aangewezen voor de coördinatie.

De veiligheidsregio onder leiding van de burgemeester greep om zich heen en ging zich met steeds meer bemoeien. Het gebeurde bijna ongemerkt en afgezien van de monkelaars op Twitter waren er weinig bezwaren. Desondanks was het een dubbele democratische sof. Burgemeester Bruls stond als ongekozen functionaris aan het hoofd van 25 regio's zonder gekozen bestuur. De enige die voor zover ik weet democratische nattigheid voelde toen de burgemeesters alweer voor de vijftigste keer bij elkaar kwamen, was de Amsterdamse burgemeester Femke Halsema.

Precies als bij corona moesten er na de komst van duizenden Oekraïners allerlei politieke noten worden gekraakt. Later gebeurde nog eens hetzelfde met de zogeheten Spreidingswet, waarmee gemeenten werden verplicht asielzoekers op te nemen. Hoge kosten, schaarse middelen, lastige verdeelkeuzes, opwinding onder de bevolking – daar had je vroeger gekozen politici voor. Maar zodra het penibel werd, barstte het geprevel op televisie los dat we de klus helemaal samen gingen klaren en gaf men de voorkeur aan technische teksten en de ongekozen Bruls als zegsman.

Die liet zich dat zichtbaar graag welgevallen, en het kwam ook mooi uit want met de traditionele politieke partijen ging het toch al slecht. Pragmatische partijen die net als de burgemeesters domweg deden wat moest gebeuren, bestonden natuurlijk al langer. D66 was ervoor opgericht en wilde de sclerotische, vastgelopen verzuilde politiek laten ontploffen. Van ontploffen kwam het niet, maar de partij veroverde wel de dominantie in het denken. De sociaaldemocratische leider Wim Kok nam afscheid van zijn rode veren. In Engeland had premier Tony Blair gezegd dat hij eigenlijk een antipolitieke politicus was en niets wilde weten van dat ouderwetse linksrechtsgedoe. Van de Franse president Macron wist niemand of hij eigenlijk links of rechts was. Premier Mark Rutte was op de keper beschouwd van de onpolitieke politiek het meest markante voorbeeld. Benjamin Barber was zelf adviseur geweest van president Clinton.

Rutte deed wat de hand te doen vond, net als de burgemeesters van Barber. Hij was uiteraard gekozen maar eigenlijk een man zonder programma. Rutte regeerde net zo makkelijk met de populist Wilders als met de sociaaldemocraat Asscher of de links-liberaal Kaag. Rutte was de houdini van het voortschrijdend inzicht, de meester van de aanpassing. Dat kon uiteraard moeilijk anders als je zo lang aan het roer stond als hij. Rutte moest meerderheden vinden in een verdeeld parlement en ook dat kon alleen met een buigzaam gemoed.

Maar bij Rutte sprong de lenigheid wel erg in het oog. Bij Rutte kon het roer altijd weer om. Radicaal wisselende inzichten waren zijn geestesmerk. Rutte gaf voortdurend blijk van nieuwe ideeën en maakte vlot excuses voor zijn vergissingen. Hij maakte een draai van honderdtachtig graden in zijn opvattingen over de slavernij. Ook de bouw van windmolens en de klimaatpolitiek noopten tot nieuwe inzichten. Rutte was een paar jaar geleden een stramme bezuiniger geweest, daarna een gulle gever. Hij droeg eerst uit dat hij niet van Grieken hield, maar ook dat werd anders. Hij was de vriend van Poetin omwille van het Russische gas dat door de pijp van Nord Stream zou gaan stromen. Later stond Rutte vooraan in de strijd tegen de Russische tiran.

Eigenlijk was er geen hangijzer waar Rutte zijn standpunt niet diametraal had herzien. Behalve onrust in verband met de onvoorspelbaarheid van de minister-president gaf deze bestuursstijl blijk van een nieuwe opvatting, of niet eens zozeer een uitgesproken opvatting als wel een gevoel bij de bestuurders zelf: besturen werd steeds minder het praktisch vormgeven aan de richting die de burgerij bij de verkiezingen – hoe vaag ook – had aangegeven. Democratisch bestuur werd doen wat er domweg moest gebeuren, helemaal volgens het idee van Benjamin Barber. Bestuurders moesten het riool repareren en ideologie zat daarbij alleen maar in de weg.

Weg van de politiek

De verandering van politieke cultuur had zijn wortels al een dikke halve eeuw eerder. De opkomst van D66 viel samen met grote veranderingen in Amsterdam. De havens en fabrieken verdwenen. De arbeiders gingen met pensioen, verhuisden naar Purmerend en Almere, werden ontevreden en gingen rechts stemmen. Daarna werden de havens volgebouwd, hip en duur. Maar ook behoudender steden als Den Haag veranderden. Ouderwetse administratie werd weggeautomatiseerd. Er kwam ander werk en er kwamen nieuwe mensen, en heel veel expats die minder ophadden met de plaatselijke opwinding. Ze spraken Engels en zorgden ervoor dat de huizenprijzen stegen. Zelfs het Den Haag van Louis Couperus kreeg koffietenten voorzien van mannen met knotjes en duimringen.

Er kwamen vooral veel nieuwe instellingen, in Haagse kantoortorens of op de Amsterdamse Zuidas. Met als gemene deler dat zij zich bezighielden met het openbaar bestuur, maar anders dan de danig versleten politieke partijen. Die laatste waren er uiteraard nog, bijna allemaal noodlijdend. Het partijkantoor van de Partij van de Arbeid, ooit een bastion van arbeiderstrots aan de Herengracht, verhuisde naar een treurige betonkolos bij Sloterdijk. Wel toegankelijk voor rolstoelers natuurlijk. De tijd van de massapartij was net zo voorbij als die van de Amsterdamsche Droogdok Maatschappij of de zondagse kerkgang.

De enige partij die er qua kantoor op vooruitging was D66, dat een grotere behuizing kreeg, een paar honderd meter dichter bij het Torentje van de minister-president dan voorheen. Verhuizingen onthullen wel vaker grote verwachtingen. Vervolgens kwamen de onvermijdelijke teleurstellingen, zeker bij D66. Voor die partij betekende regeren na de volgende verkiezingen vaak halveren. Maar aan de rotsvaste overtuiging dat politiek 'het juiste doen' was, het evangelie van Benjamin Barber, deed ook de slechtste uitslag niets af.

Om te weten wat er voor de ouderwetse partijen in de plaats kwam, was een blik op de ruime omgeving van het regeringscentrum in Den Haag leerzaam. We moeten ook Amsterdam niet vergeten, aangezien besturen niet langer gebonden is aan een machtscentrum. Hoogleraren deden hun dagelijkse duit in het zakje op radio en televisie, er waren de immense accountancykantoren die meer en meer de functie van de departementen overnamen, de KPMG's, Berenschotten, EY's, PWC's. Dan de rechtbanken, de pressiegroepen als Greenpeace, Amnesty, Vluchtelingenwerk en Milieudefensie. Advocaten vertelden in talkshows hoe het zat. Allemaal waren ze op de een of andere manier betrokken bij de bewaking van de publieke zaak. Ze vroegen verantwoording, dirigeerden, controleerden en inspecteerden.[22] Wat ze ook deelden: weinig nieuwsgierigheid naar wat kiezers ervan vonden.

De verschuiving die daarmee gelijk opging werd onder woorden gebracht door de staatsrechtgeleerde en voormalig senator Joop van den Berg, die een advies gaf aan een staatscommissie die de kwaliteit van het democratisch bestel onderzocht. Zo veel onafhankelijke toezichthouders, zo veel onafhankelijke beoordelaars, zo veel commissies, zo veel gedemonstreerde goede wil en zo veel ongekozen bestuurders die wezen op riolen die gerepareerd moesten worden. Van den Berg verzuchtte: waar is eigenlijk het ouderwetse politieke oordeel gebleven?[23]

En het opmerkelijke was opnieuw dat al die instellingen progressief waren. Dat gold zelfs voor het bedrijfsleven. Mijn oog viel op een advertentie van ABN Amro. 'Komt u op voor de mensenrechten of vecht u voor het klimaat?' Met een plaatje van een jongeman met een baard. Er stond nog een tekstje naast, over iets goeds doen voor de wereld. Voor de een was dat milieu, voor de ander meer rechtvaardigheid. ABN Amro helpt u daarbij graag. 'Wat is jouw verhaal?' Een autoverzekeraar wilde blijkens de radioreclame zijn product liefst verkopen aan eerlijke mensen. Een tijd geleden stond de toenmalige topman van Apple, Tim Cook, op een start-upcongres in Amsterdam. Bescheiden, spijkerbroek en gekleurd hemd. Een gewone man die de technologische revolutie predikte. Niet om geld te verdienen, stel je voor. 'Technologie moet gebruikt worden om de mensheid vooruit te helpen.' Ontspannen, kosmopolitisch, begaan met het klimaat, diversiteit, vrijheid, de planeet.

Oud-EU-commissaris Neelie Kroes bood haar diensten aan bij de omstreden taxibemiddelaar Uber. Ofschoon het haar expliciet was verboden te lobbyen, wist ze premier Rutte voor haar karretje te spannen. Zelf zag ze enkel hoge idealen. Ook de IKEA-catalogus had een moreel sausje gekregen, met foto's van donkere jongens met knotjes en bont samengestelde gezinnen. Zelfs het omstreden bedrijf Tata Steel in IJmuiden had de trap die toegang gaf tot het hoofdkantoor geschilderd in de regenboogkleuren van lhbti. Boven de stoffige fabrieken wapperde de diversiteitsvlag. Dit was het nieuwe bedrijfslinks, voorzien van CEO's die stuk voor stuk het hart op de juiste plaats hadden.

Ook de adviesindustrie zag brood in de ideeën van Benjamin Barber. Boom Training en Consultancy ('meerwaarde bij verandertrajecten door de combinatie van breed conceptueel inzicht en ruime praktijkervaring') schreef op de bedrijfssite: 'Burgemeesters grijp je kans en ga aan de slag, kunnen we met Barber zeggen. Zij hebben de persoonskenmerken die Barber op basis van zijn onderzoek presenteert: krachtige personen die hoogmoed (!) aan humor koppelen, een pragmatische en ondernemende bestuursinstelling, toegewijd aan de stad en haar burgers en relaxed want vaak een functie als carrière-einde.'

De merkwaardige verdwijning van de politiek was de belangrijkste tendens van de laatste decennia. De macht kwam voortaan voort uit de zaak zelf, ongeveer zoals bij Voltaires *Candide* de neus er was om een bril te dragen. Bij bestuurders was de neiging om liefst politiek te bedrijven zonder politiek bijna ingebakken. Een mogelijkheid was het uitplaatsen van lastige kwesties, naar veiligheidsregio's, samenwerkingsverbanden, tafels, autoriteiten of zbo's. Daar had je ook geen last van de media. Niet alleen begrepen die meestal niet wat zich daar precies afspeelde, belangrijker was dat het spektakel van het politieke meningsverschil ontbrak en daarmee de aantrekkingskracht voor het kijkende, luisterende of lezende publiek.

De dwarse parlementariër Pieter Omtzigt vertelde in een lezing over wat hij de Ollongren-doctrine noemde.[24] De gelijknamige minister had in de ministerraad gesuggereerd dat de Dienst Toeslagen beter op afstand kon worden gezet, dan was het geen ambtelijke dienst meer en hoefden de bewindslieden niet om de haverklap naar de Kamer te komen om verantwoording af te leggen. De Dienst Toeslagen was het omstreden onderdeel van de Belastingdienst dat ten onrechte enorme boetes had opgelegd aan ouders die een fout hadden gemaakt bij het aanvragen van kinderopvang. Het was een geweldig schandaal geworden en een kabinet was erom afgetreden. In het buitenland kon zo'n dienst ook uit de ambtenarij worden gehaald, aldus de minister. Dus waarom hier niet?

Sinds het dramatische verval van de klassieke partijen en de spiegelbeeldige opkomst van populisten en lokale lijsten, was de waardering van bestuurders voor het parlement en de parlementaire procedures danig afgekalfd. Er werd veel gepraat en geschreven over de kloof en de sores van de lager opgeleiden. En tegelijk werd er driftig aan bypasses gesleuteld om hun vertegenwoordigers buiten de deur te houden. Rechtsgeleerde Wim Voermans schreef met historicus Geerten Waling het boek *Gemeente in de genen.*[25] Daarin vertelde hij hoe hij van de gemeentelijke belangenvereniging VNG de opdracht kreeg om onderzoek te doen naar 'de crisis in de gemeenteraad'. Met een zware commissie en een flinke zak geld.

Op zeker moment dreigde de commissie te concluderen dat er helemaal geen crisis in de gemeenteraad was. Het probleem zat bij het gemeente*bestuur* (burgemeester en wethouders) dat zich steeds meer van de gekozen raad afkeerde. Dat was niet de gewenste uitkomst en de VNG, vooral de club van burgemeesters en wethouders, meldde zich met zachte drang. Of Voermans niet meer tijd nodig had voor zijn onderzoek, en o ja, er was inmiddels een tweede onderzoekscommissie ingesteld, nog zwaarder, onder leiding van een heuse commissaris van de Koning, Wim van de Donk. Voermans werd zachtjes naar de zijlijn geduwd.

Op het volgende VNG-congres presenteerde de commissie van Van de Donk haar bevindingen. De gemeenteraad verkeerde in doodsnood, was een ruziemakende instantie geworden waardoor het professionele bestuur van B en W in het gedrang kwam. Veel beter dan besturen met de raad was het om informele initiatieven te nemen, samen met geëngageerde burgers. Driemaal raden wie daar voordeel bij hadden, schreven Voermans en Waling: de bestuurders van de zieltogende middenpartijen, die eindelijk met welwillende mensen aan tafel zaten. Die waren weliswaar niet gekozen, maar hadden wel de goede ideeën en deden mee aan allerlei nieuwe meepraatvormen, onder de noemer doedemocratie, Code Oranje, G-1000, burgerforum, burgerjury of burgerberaad. De gemene deler van deze praatgroepen was dat ze onhelder tot stand kwamen, de gemeenteraad passeerden en tonnen gemeenschapsgeld kostten. En uiteraard waren de betrekkingen met burgemeester en wethouders mooi.

Bestuurders vonden dat ze in de weg gezeten werden door volksvertegenwoordigers. Het schoot niet op, en wethouders wilden meters maken. Dat was niet anders in de Kamer, waar oppositie voeren door premier Rutte verantwoordelijkheidsvakantie werd genoemd. Dat klonk als een aardige vondst, maar als de gewenste uitkomst maatgevend werd voor de beoordeling van de gekozen politici, dan was het gauw over en uit met de democratie. Lokale lijsten kregen vaak schamper commentaar van de oude middenpartijen. Een rommeltje, niet bekwaam, maken ruzie. Maar de vraag naar de bekwaamheid van volksvertegenwoordigers leidde direct naar de bekwaamheid van kiezers. Zouden we in het landsbelang niet liever overleggen met verstandige mensen?

Van de democratie is nu juist de portee dat de bekwaamheid van kiezers niet telt. Aangezien iedereen met de gevolgen van het openbaar bestuur te maken krijgt, mag iedereen zich ermee bemoeien. Juist dat idee was aan sleet onderhevig. De klimaattafels van voormalig VVD-leider Ed Nijpels waren een soort doedemocratie in het groot, en dus een directe aantasting van het gezag van de Tweede Kamer, ook al mocht die op de uitkomst 'een klap geven'. Niet de democratische gang van zaken maar het eindresultaat telde. En dat lag onwrikbaar vast.

Klimaattsaar Ed Nijpels sprak eens in Groningen een zaaltje burgers toe. Zij waren boos vanwege de windmolens in hun achtertuin. Waarom mocht hun organisatie niet meedoen aan de klimaattafels? Jullie zijn negatief, zei Nijpels, jullie zijn tegen windenergie, jullie onderschrijven 'de doelen' niet. Daar stond een vertegenwoordiger van de publieke zaak die opgewekt zei dat hij met vervelend volk geen zaken wilde doen. Ouderen onder ons die nog zwart-wittelevisie hebben gekeken, denken bij de standenstaat aan Swiebertje, Saartje en de burgemeester. Maar zo veel verschil was er ook weer niet met de moderne bestuurders die vonden dat de kiezers er een potje van maakten en geen twijfel kenden over de voortreffelijkheid van de eigen opvattingen.

De nieuwe standspartij

Hoe kon het gebeuren dat uitgerekend D66, ooit de partij van de vernieuwing, de standspartij bij uitstek werd? Hans van Mierlo stond in 1966 voor de zwart-witcamera in de beroemdste regenjas van Nederland en sprak met die bronzen stem over 'ons plan voor een nieuw kiesstelsel', 'over de verwarring en ondoorzichtigheid, over de tanende invloed van de kiezers, over de verouderde politieke spelregels; over altijd hetzelfde gezeur en hetzelfde geharrewar in regering en Tweede Kamer; we wilden er zo graag wat aan doen maar we wisten niet hoe'. Van Mierlo kon het van meet af aan schitterend zeggen, maar meteen was ook duidelijk dat hij weliswaar iets wilde doen maar zelf ook niet precies wist hoe of wat.

Van Mierlo wilde het versteende regenteske stelsel 'opblazen', en 'kanalen graven naar de macht'. Op het eerste gezicht was democratisering het uitgangspunt van de vernieuwing die D66 nastreefde. Voor Van Mierlo was de kabinetsformatie altijd hét voorbeeld geweest van de achterkamertjespolitiek van de fossiele zuilen, die onderling zaten te kwartetten om de macht. Geen wonder dat hij in 1994, in aanloop van het paarse kabinet, ruzie kreeg met koningin Beatrix. Zij wilde geen afscheid nemen van regeringsdeelname van haar geliefde CDA, dat al sinds mensenheugenis de macht in handen had.

Zoveel jaar later deed de koning niet meer mee aan de kabinetsformatie, mede door toedoen van D66. Van Mierlo's verre opvolgster Sigrid Kaag was een hartstochtelijk aanhanger van een 'nieuwe bestuurscultuur'. Maar het kwam er niet van, de achterkamertjespolitiek en de formatie als zwarte doos zijn gebleven en D66 toonde zich in het kwartetten om de macht even bekwaam als de andere partijen. En op de keper beschouwd veranderde ook de partij die het helemaal anders wilde aan de oude bestuurscultuur weinig tot niets.

Het taaie ongerief van het Nederlandse gepolder zat het streven van de Democraten oorspronkelijk in de weg. Maar als je beter keek, was democratisering voor D66 nooit de kern van de zaak. In 2016 publiceerde de partij ter gelegenheid van het halve eeuwfeest een bundel die *Redelijk radicaal* heette.[26] Partijcoryfee Thom de Graaf behandelde in de inleiding hoe het in 1966 ging over de gekozen burgemeester, het districtenstelsel en de gekozen minister-president. Voor het referendum was destijds al minder belangstelling, maar die andere kroonjuwelen lagen te glimmen in de etalage. Desondanks waren die veranderingen aan het stelsel nooit de drijfkracht van de partij. Dat was de macht voor de nieuwe burgerij, die een eind zou maken aan de versteende verhoudingen. 'Men struikelt over de grote en kleine regenten die de burger de doorgang beletten,' zei Hans Gruijters, een van de oprichters van wat in 1966 nog D'66 heette, met apostrof.[27]

Een nieuwe generatie bonkte op de poort, een nieuwe sociale klasse ook, van juristen, journalisten, vrije beroepen, universitair geschoolden, mensen die niet langer sjouwden of kneedden of aan een machine stonden. Met stand of kerk wilden ze niets te maken hebben. Het was de meritocratie, die haar machtsaanspraken alleen baseerde op bekwaamheid en verstand. Meer nog dan de aaibare aarzelaar Van Mierlo was Hans Gruijters (1931-2005) van die nieuwe generatie de belichaming. Kleurrijk was voor hem een fletse typering.

Gruijters was medeoprichter van de partij, later minister van Volkshuisvesting in het mythische kabinet-Den Uyl, vervolgens zestien jaar burgemeester van Lelystad. Kleurrijk en desondanks vergeten, behalve door de lezers van het prachtige boek *Lelystad* van Joris van Casteren. Lelystad was het toonbeeld van de mislukte rationalisering van het wonen, een stenen getuige die liet zien dat bekwaamheid en verstand niet per se de weg zijn naar het goede leven voor iedereen. Lelystad was een oord waaruit alle energie was weggetrokken en waar een nurkse, onbenaderbare burgemeester Gruijters als een zombie ronddoolde, als hij al niet beneveld was.

Gruijters was narrig, schiep er een genoegen in mindere geesten op hun nummer te zetten, bestuurde Lelystad 'voor de ochtendsherry' om daarna leuke dingen te gaan doen, een boek lezen of zo snel mogelijk naar zijn geliefde Amsterdam trekken. Hij had weinig aanleg voor inspraak en streefde ernaar de raadsvergaderingen zo kort mogelijk te laten duren. Het record was acht minuten. Gruijters was tegelijk een buitenbeentje en het prototype van de D66'er. Hij aardde niet in de partij, noch had hij kunnen functioneren in de latere politiek. Jan Terlouw, de opvolger van Van Mierlo als partijleider, noemde hem indertijd al 'eigendunkelijk'.

Eigendunkelijk, dat bleef ook in de eenentwintigste eeuw een uitstekende typering voor D66-politici. Zij wisten het beter. Frits Bolkestein, voormalig leider van de typische middenklassepartij VVD, had zijn leven lang een hekel aan D66, dat hij 'CDA zonder God' of ook wel een 'standspartij' noemde. Gruijters was de vertegenwoordiger van een nieuwe stand, afkerig van het spinrag van de jaren vijftig en alles wat met zuilen te maken had. Ook de weerzin tegen het koninklijk huis hoorde bij D66. Gruijters zei ooit dat hij prins Bernhard helaas niet op het stadhuis kon ontvangen omdat hij naar Breda moest. Iemand die even later over de gang liep, zag dat de burgemeester in zijn kamer een boek zat te lezen.

Hij had het gelijkhebberige dat D66 een halve eeuw later nog altijd kenmerkte: democratisering als dragend thema voor de nieuwe partij was beslist niet door Gruijters bedacht. Het was reclameman Martin Veltman die inzag dat D66 een groot idee aan de man moest brengen, de vastgelopen democratie. Maar de kroonjuwelen werden onder de latere partijleider Pechtold met opvallend gemak opgeborgen in het schuurtje, na een referendum over de Europese Grondwet dat niet de gewenste uitkomst had.

Onder een andere nazaat, Rob Jetten, beijverde D66 zich voor het burgerforum als jongste loot aan de stam van de volksinspraak. Die nieuwe tak bood het voordeel dat het gepalaver in de Tweede Kamer kon worden gepasseerd. Belangrijker was nog dat één onderwerp tot prioriteit werd verheven, zodat de bij uitstek politieke weging met andere onderwerpen achter de horizon verdween. De Tweede Kamer had bij de instelling van de klimaattafels al laten zien de eigen rol niet meer te begrijpen. Nu stemde ze in met het inrichten van een burgerforum, opnieuw over het klimaat. De radicale klimaatbeweging Extinction Rebellion had hartstochtelijk voor de instelling van het burgerforum gepleit. Een beter bewijs dat men al wist wat de uitkomst zou worden, kon je niet bedenken. De belangstelling voor hetgeen de burgerij werkelijk beroerde, was alleen geveinsd.

D66 noemde zichzelf redelijk én radicaal. De partij zag zich als de partij van de Verlichting. Geen dogma's maar pragmatisme, net als de burgemeesters van Benjamin Barber. De partij deed domweg wat moest gebeuren en was daarbij altijd bereid tot het compromis. Partijleider Pechtold kreeg applaus voor zijn zogeheten constructieve oppositie, Van Mierlo bleef tot zijn dood de aarzelende knuffelbeer en ook de aantredende Sigrid Kaag bleek bereid om haar veto – 'hier scheiden onze wegen' – opzij te zetten en met Mark Rutte samen te werken.

Lange tijd ontsnapte aan de aandacht dat D66 ook een minder aardige en toegeeflijke kant had, de Gruijters-kant van de partij. Dat hing samen met de Verlichting met een grote V, die vanaf de achttiende eeuw altijd een januskop had gehad. Enerzijds was het afgelopen met de rangen en standen, oude vormen en gedachten, en mocht iedereen om die reden meepraten. Maar de Rede was tegelijk het bestuur van de verstandigsten, en daar kwam geen volk aan te pas. Auguste Comte (1798-1857) vond de sociologie uit, die in zijn optiek bestond uit het beschrijven van de natuurwetten van het menselijk samenleven. Hij was wars van zelfbeschikking van zijn onderzoeksobject. In de wetmatigheden van de scheikunde of de biologie bestond toch ook geen inspraak? Het was zoveel jaar later geen toeval dat prominente politici die hun sporen hadden verdiend in bètawetenschappen als wiskunde of kernfysica, zich minder druk maakten om de roerselen van het grote publiek.

De beste bestuurders moesten de beste beslissingen nemen. Zij deden wat verstandig was. In het voorwoord van de bundel *Redelijk radicaal* schreven Thom de Graaf, vicevoorzitter van de Raad van State, en voormalig senator Alexander Rinnooy

Kan 'dat D66'ers vaak als "redelijke mensen" worden bestempeld, waarmee de een bedoelt dat zij in het debat een verstandige toon aanslaan en de ander dat ze wellicht wat minder ophebben met het harde machtsspel in de Haagse politiek'.

Als D66 een abonnement had op de Rede, dan hadden anderen dat helaas niet. Dat was de minder verdraagzame kant van de partij. Het gelijk houdt niet van het ongelijk. 'De kiezers doen maar wat,' zei Van Mierlo tegen het weekblad *Vrij Nederland*. Van Mierlo hield van compromissen maar hij hield niet van tegenspraak. Hetzelfde gold voor Pechtold, die een boekje schreef waarin hij in gesprek ging met 'Henk en Ingrid', de kiezers van de PVV, de partij van Geert Wilders.[28] De D66-leider bleek beter in zenden dan in luisteren. Hij was minder geboeid door de noden en gevoelens van Henk en Ingrid, en legde in elk gesprek geduldig uit dat zij het bij het verkeerde eind hadden. 'We moeten het juiste doen,' zei Sigrid Kaag bij de Abel Herzberglezing onder de toejuichingen van het publiek.[29]

Dat klinkt anders dan het streven naar meer zelfbeschikking als ideaal, zoals reclameman Veltman had bedacht. In een politiek van de Rede is er maar één juiste oplossing. Andere oplossingen zijn dwalingen. Dat zag je terug in alle omstreden kwesties van de tijd: Europa, migratie en klimaat. Steevast was de boodschap dat er geen alternatief bestond. En steevast was D66 de meest enthousiaste boodschapper van de alternatiefloze politiek. Volkssoevereiniteit had in Nederland altijd al een nare klank, en bij D66 hadden ze op zeker moment gedacht dat er nu wel genoeg was geëmancipeerd. De partij verruilde het thema democratisering ogenschijnlijk moeiteloos voor de bestrijding van het populisme, waarmee de partijleiders Pechtold en Kaag electoraal succes oogstten.

Goed beschouwd had D66 aanvankelijk wel succes maar

geen eigen verhaal, zoals in het beroemde filmpje al door Van Mierlo werd verwoord met zijn 'we wisten niet hoe'. Het ontbrak aan een ideologisch profiel. Er was in de partij weinig belangstelling voor de sociale economie. Van Mierlo zocht naar wat hij zelf 'een nieuwe antithese' noemde,[30] maar dan niet arbeid tegen kapitaal of het weerstreven van de ideeën van de Franse Revolutie, zoals de confessionelen hadden gedaan. Van Mierlo noemde zijn eigen antithese progressief versus conservatief; de tegenstander was wel duidelijk, de behoudzucht, maar in de mist bleef intussen wat precies een progressieve koers inhield.

Tot begin jaren zeventig de oplossing als een geschenk uit de hemel kwam. Dat was het rapport van de Club van Rome, met een radicale boodschap. *Grenzen aan de groei* leest alsof het vandaag geschreven is.[31] Nergens sloeg het rapport zo in als in Nederland, en de grijze Aula-pocket moet nog altijd in honderdduizenden boekenkasten staan. 'Ramp bedreigt wereld', kopte NRC *Handelsblad* over de hele voorpagina, toen *Grenzen aan de groei* werd gepresenteerd.[32] 'Een toekomst bedreigd door vernietigingswapens, een toenemende kloof tussen arme en rijke landen, gevaar van milieurampen door groei van de bevolking en industriële productie op een "eindige" aarde.' Om deze wereldomspannende bedreiging te keren, moest er niets minder komen dan een andere wereldorde. Meteen daarop volgde voor D66 de vraag of ons bestuurlijke bestel wel tegen dit vraagstuk was opgewassen.

Het groeiprobleem oversteeg de oude tegenstelling tussen links en rechts en paste zodoende D66 als een handschoen. Dat gold evenzeer voor het idee dat dit vraagstuk niet aan de grillen van de volksgunst kon worden overgelaten. De verstandigsten, *the best and the brightest*, moesten het roer stevig in handen houden. De wetenschap had dit probleem aangetoond en het was aan de wetenschap om het op te lossen. Dat het milieu, en later het klimaat, zich slecht verdroeg met democratie bleek zonneklaar toen de Amerikaanse ecoloog Garrett Hardin in 1968 zijn beroemde artikel 'The Tragedy of the Commons' publiceerde, in vertaling 'de tragedie van de meent'.[33] Dat artikel werd veel later nog steeds aangehaald, bijvoorbeeld in de memorie van toelichting op de Klimaatwet die in 2016 werd opgesteld door de leiders van GroenLinks en de Partij van de Arbeid, Jesse Klaver en Diederik Samsom.[34]

In 1968 werd de overbelasting van de aarde, toen nog niet de Aarde met een hoofdletter en ook nog niet 'de planeet', vooral beschouwd als een noodlottig gevolg van overbevolking. Hardin bracht de problematiek in beeld met een gelijkenis, de parabel van de gedeelde dorpswei: de meent, in het Engels 'the commons'. Elke boer had van oudsher het recht om zijn koe te laten grazen op de gezamenlijke weidegrond. Er waren altijd wel boeren die dachten dat ze niet één, maar twee of drie koeien op die wei konden laten lopen, dat verschil merkte toch niemand. Tot de dorpswei overbelast werd en er te weinig gras was zodat alle koeien honger kregen. De tragedie van de meent was een klassiek voorbeeld van zogeheten freeriders, ofwel het meeliften van de eenling op de inspanning van de gezamenlijkheid.

Hardin trok twee conclusies over de vrijheid van de enkeling en het collectieve belang die nog altijd leerzaam zijn. Ten eerste kon de 'tragedie' alleen worden opgelost door een verbod om meer dan één koe te laten weiden – wat hij noemde 'mutually agreed upon coercion' – dwang met gezamenlijke instemming. Overheidsdwang is op zichzelf niet iets om van op te kijken, aangezien er voortdurend dingen worden verboden die het algemeen belang schaden. Het vraagstuk van free-riders veronderstelt inderdaad stevig ingrijpen, denk aan de bankencrisis van 2010. De tweede conclusie was onthullender, want wat moest er precies worden verboden en wie bepaalde wanneer de dorpswei overbelast was?

Aangezien Hardin nog in de geest van Malthus meende dat overbevolking de wortel van de milieuproblematiek was, bepleitte hij een soort Chinese eenkindpolitiek.[35] Hier wordt het interessant, aangezien vijftig jaar later de milieu- en klimaatproblematiek dominanter is dan ooit, maar niemand het in zijn hoofd haalt om voor te stellen dat er een verbod op kinderen krijgen zou moeten komen. Dat idee is zelfs een taboe geworden, juist bij de VN waar het woord gezinsplanning niet mag worden gebezigd, als een veel te ver gaande inbreuk op de vrijheid, niet van het individu maar van de (Afrikaanse) lidstaten.

Een dikke halve eeuw na het artikel van Hardin weten we dat dankzij de groene revolutie en de pil het voeden van tien miljard mensen op aarde in beginsel geen probleem is. In de optiek van Hardin was er geen vooruitgang geweest. Zijn zinnebeeld, de 'meent', was een zero-sum game, waarbij het voordeel van de een wel ten koste moest gaan van de ander. Dat deed denken aan het transactiemodel van de oude standensamenleving dat we in het vorige hoofdstuk tegenkwamen, en dat gepaard ging met na-ijver en het elkaar beloeren om elk voordeeltje.

De wetenschap bleek de toekomst verkeerd te hebben voorspeld. Niet alleen zou dat tot bestuurlijke bescheidenheid moeten leiden, maar ook wierp het verhaal van de meent een ander licht op het zelfbeeld van the best and the brightest, een nieuwe aristocratie die zich onderscheidde door bekwaamheid en verstand. Ook de nieuwe adel kon in een fuik zwemmen, de fuik van de hoogmoed, zoals het gelijknamige en briljante boek van David Halberstam had laten zien over de mislukte Cubapolitiek van president Kennedy. De eenkindpolitiek werd in China een misser, aangezien het land inmiddels kampt met een geweldig vergrijzingsprobleem. Klaver en Samsom haalden 'de tragedie van de meent' voor hun klimaatwet uit de mottenballen. Maar over Hardins verkeerd voorspelde toekomst viel in hun memorie van toelichting niets te lezen.

De heerschappij van de Rede

'Eigenlijk bent u ook een D66'er', zo luidde ooit de campagneslogan van Alexander Pechtold. Dat was in 2006, toen de partij in de peilingen ergens tussen de nul en drie zetels zweefde. Het was een passende slogan, die onthulde dat men zich ook op de bodem van de put nauwelijks kon voorstellen dat mensen niet voor een partij kozen die de waarheid als kroongetuige en de Rede als leidraad had. Hoe zou je iets anders kunnen zijn dan een D66'er? Al twee decennia valt elke keer als de stembussen weer geleegd worden, het peilloze onbegrip op wanneer opnieuw de verkeerde partijen hebben gewonnen. De verbijstering daarover gold uiteraard niet exclusief voor D66. Maar die partij was het meest uitgesproken, zowel in het zelfvertrouwen als in de demonstratieve afkeer van wat populisme werd genoemd.

Na Fortuyn, Wilders, Baudet, haalde de BBB-vrouw Caroline van der Plas bij de provinciale verkiezingen van 2023 een klinkende overwinning. Hoe was dat mogelijk, zo'n vrouw op platte schoenen, onverzorgd bovendien en die op een trekker het Binnenhof was komen binnenrijden? Na het eerste succes van Wilders verschenen er kaartjes in de krant, waaruit bleek dat er in zijn Limburgse omgeving nauwelijks migranten te vinden waren. De keuze voor Wilders was derhalve irrationeel, met zijn anti-immigratieprogramma. Bij de opkomst van BBB was het niet anders. Zo veel boeren waren er helemaal niet, en daarbij waren ze niet armlastig maar beduvelden ze de boel sinds jaar en dag met hun mest. Aardige vrouw, luidde het meest welwillende oordeel, jammer alleen dat ze naar een gedroomd verleden keek in plaats van naar de toekomst, en dus als een soort Dik Trom omgekeerd op haar ezel zat. Het was niet zozeer dan men het oneens was met Van der Plas, ze bepleitte dingen die onwaar waren.

Het internationale patroon was niet anders. Hoe kon de Duitse AfD zo veel aanhang verwerven, terwijl er in het voormalige Oost-Duitsland ook al nauwelijks moslims waren? Grote schrik toen Merkel de verkiezingen verloor, toen Cameron het referendum over de Brexit verloor, toen Hillary Clinton het in de VS aflegde tegen Donald Trump. Zij hadden de feiten, de moraal en de Rede in hun ransel. Zij wilden immers het beste, en toch dachten kiezers er anders over. Dat kon eigenlijk niet bestaan.

Ik schreef eens in de krant dat D66 een abonnement had op de Rede, zoals ooit het CDA vaste klant was bij God. Dat schoot in het verkeerde keelgat. Twee prominente D66'ers stuurden een boze brief naar de krant.[36] Dat ik het voor elkaar had gekregen D66'ers boos te maken, was op zichzelf al een prestatie. D66 was bij uitstek de partij die het nieuwe type leiders produceerde, zoals de banken en het advieswezen ze ook kende, ogenschijnlijk zachtaardig, nooit opgewonden of emotioneel, altijd koel en gecontroleerd, en inderdaad op het oog buitengewoon redelijk. En net als de banken en het advieswezen stond ook de partij voor wat 'de kernwaarden' werd genoemd, diversiteit en duurzaamheid.

De auteurs van het ingezonden stuk wezen op 'de grote tradities die ons tegen macht en willekeur moeten beschermen'. Die had ik met voeten getreden door de Rede zo achteloos bij het grofvuil te zetten. Een van de twee auteurs heette Alexander Rinnooy Kan, en het was nogal geestig dat uitgerekend hij zich opwierp als degene die zich keerde tegen macht en willekeur – de man die zelf decennia aan de top van zowel bedrijfsleven, de banken, de universiteiten en de informele macht van de Nederlandse polder had gestaan. Jarenlang voerde Rinnooy Kan het *Volkskrant*-lijstje aan van de machtigste Nederlanders. De boze brief illustreerde niet alleen de boeiende betrekking tussen macht en Rede, maar vooral dat de nieuwe aristocratie van zichzelf niet wilde weten dat zij de macht in handen had.

In hun krantenstuk beschreven de twee auteurs de nieuwe tegenstelling in de politiek. Die was niet langer links tegen rechts, maar kortweg verstandig tegen dom. Ze beriepen zich op de Rede, tegenover het sentiment, de intuïtie en het vooroordeel. Ze plaatsten het betere tegenover het slechtere argument, tegenover het geschreeuw, de onderbuik en tegenover het idee dat wetenschappelijke kennis 'ook maar een mening' is. En ofschoon de boze scribenten zelf meenden dat D66 het in zo'n luidruchtige omgeving altijd moeilijk heeft, juist omdat de feiten het ook moeilijk hebben, steeg uit hun bijdrage precies de geur van pedanterie op die ik in mijn stukje had willen aanwijzen. Als het nieuwe antagonisme in de politiek verstandig tegenover dom was, moest je niet raar opkijken wanneer de dommerdjes daar niet blij mee waren.

Rinnooy Kan schreef nog een tweede stuk in de krant, aan

de vooravond van de verkiezingen voor de Tweede Kamer.[37] Ditmaal met twee andere vooraanstaanden die uit hetzelfde leiderschapshout gesneden waren, Herman Wijffels en Pieter Winsemius. Met zijn drieën betoogden ze dat de regering weliswaar was gevallen (over het asielvraagstuk), maar desondanks vooral moest doorgaan met regeren. De problemen, en dan doelden ze vooral op de opwarming van het klimaat en de achteruithollende natuur, konden niet het uitstel verdragen van een maandenlange verkiezingscampagne en een slepende kabinetsformatie.

Ook hier was de ogenschijnlijke redelijkheid onthullend: in het betoog van de drie beste premiers die Nederland nooit heeft gehad, sprak vanzelf dat iedereen het wel eens was over 'de problemen'. Terwijl verkiezingen nu juist tot doel hebben om richting te geven aan wat de bevolking denkt dat de problemen zijn. Het juiste doen, zo luidde kortweg de opdracht van het drietal aan de publieke zaak, en dat was iets heel anders dan de klassieke opvatting van democratie: de vreedzame beslechting van het eeuwige meningsverschil over de inrichting van de samenleving.

Dat verstandig bestuur beter is dan dom bestuur, daarover was iedereen het wel eens. Riolen moeten worden gemaakt als ze kapot zijn. Maar ook riolen kunnen heel erg politiek zijn. Vraag maar in Amsterdam, waar de riolering en de bruggen decennia werden verwaarloosd omdat het stadsbestuur meende dat er urgentere en vooral politiek gezien leukere dingen voor de mensen waren. De geschoktheid van Rinnooy Kan over mijn stukje vond zijn oorsprong in het idee dat de waarheid iets buiten onszelf is, en dat er overeenstemming bestaat over de regels om tot waarheid te komen. En inderdaad, de harde waarheid van de bètawetenschap was hier niet in het geding. Ook Donald Trump gooide liever benzine in zijn tank dan Coca-Cola. Dat het klimaat opwarmt, is een wetenschappelijk vastgesteld feit. Maar dat zegt nog niets over een eventuele oplossing.

Wetenschap is niet zomaar een mening, leerde elke eerstejaarsstudent. Maar diezelfde student leerde de maand daarop dat waarheid zelfs in de harde natuurwetenschappelijke praktijk vooral is wat werkt, altijd voorlopig is en wordt verruild zodra er iets beters voor in de plaats komt. Ik ben geen cultuurrelativist en heb me keurig laten inenten tegen corona. Maar de waarheid is ook een glibberig ding en 'de feiten' zijn om te spreken met de befaamde socioloog A.N.J. den Hollander 'een zak, die pas overeind blijft staan als je er wat in stopt'[38] – je eigen veronderstellingen, je selectie, de blik van de onderzoeker zelf en niet in de laatste plaats de invloed van je omgeving die tegenwoordig bubbel wordt genoemd. De Rede is de slaaf van de passies, sprak de filosoof David Hume al een paar eeuwen geleden. Er zijn slechtere getuigen dan David Hume.

Laat ik een voorbeeld geven, aangezien dit ongeveer het heetste hangijzer is uit de hedendaagse politiek. Dat bleek toen de toenmalige PvdA-leider Lodewijk Asscher geschokt reageerde nadat ik had gezegd dat politici niet de waarheid najagen maar willen overtuigen. De natuur is bij uitstek een voorbeeld van een overtuiging die zich voordoet als een waarheid. Natuur is geen feit of waarheid die losstaat van de wandelaar of vogelaar. Natuur is een beleving, een appreciatie, een waarde. Voor de een is de wolf het summum van natuur, voor de ander een madeliefje en voor de derde een wei vol koeien. Daarover spreekt nummer een weer schande want die ziet in een wei met koeien alleen maar afkeurenswaardige voedselindustrie. Vroeger betekende natuur niets anders dan wildernis, de vijand van de mens, of de plek waar de beschaving ophield. Er is kortom geen objectieve maatstaf, en dus ook geen natuur die ons boodschappen stuurt, zoals je wel hoort of leest.

Toch is op zeker moment afgesproken wat natuur was, om 'beleid' te kunnen maken en voor het hele land een regel te stellen. Zonder regel geen politiek immers en zeker geen ambtenarij. Daarvan werd afgeleid dat de natuur 'geen dag' kon wachten, waarmee was verdwenen dat die dag wachten niet over de natuur ging maar over de afspraak. De natuur kon uiteraard best een dag wachten en langer ook nog, en zeker in het dichtst bevolkte land ter wereld dat óók als ambitie had om nog meer mensen te herbergen. Zo werd van een dominante overtuiging een feit gemaakt, waarna de laatste stap was om tegenstanders 'feitenvrije politiek' in te wrijven.

Als politici beginnen over 'de feiten', boer pas op je kippen. PvdA-prominent Jan Pronk zei ooit dat feiten rechts waren, toen er kritiek op zijn ideeën over een nieuwe wereldorde kwam. Niet zo zeuren, bedoelde hij, mijn doelen zijn toch goed en mooi? Het debat over waarheid en feiten in de politiek is zo oud als er politiek bestaat. Het begrip waarheid heeft twee wortels. De oude Grieken spraken van *alétheia*, met een uitgesproken religieuze connotatie, de waarheid die verbonden was aan het metier van priesters, waarzeggers en koningen. Het tweede begrip voor waarheid, *logos*, kreeg zijn betekenis na de militaire revolutie van de zogeheten hoplietenfalanx, en verwijst naar de vergadering van burgersoldaten om als gelijken te bespreken wat de beste strategie zou zijn om de vijand te verslaan.[39]

De huidige strijd om waarheid in de politiek en de rol van deskundigen zie je hier gemakkelijk in terug. De Amerikaanse journalist Joel Kotkin, die net als ik een nieuwe standenstaat zag gloren, bedacht de samentrekking van clerus en aristocratie, 'the clerisy', voor een nieuwe kaste die zijn invloed baseerde op een waarheidsclaim.[40] Voor degenen die het absolute gelijk opeisen, valt politiek samen met wetenschappelijke regels. Als dat zo is, hebben we geen politiek meer nodig. In werkelijkheid willen politici overtuigen, en veel middelen zijn goed. Daarom haatte Plato politiek. Hij vond de sofisten leugenaars, vier eeuwen voor Christus al. Maar elke politicus die zijn collega 'feitenvrije politiek' aanwrijft, voelde zijn eigen neus groeien. Hij meet zich een wetenschappelijke statuur aan die hem niet toekomt. In werkelijkheid wil hij niet zozeer waarheid spreken, hij wil winnen voor zijn standpunt.

Aan waarheid en feiten zit onmiskenbaar óók een element van macht. Ware kennis in politiek en omstreken is vooral datgene waarover grosso modo overeenstemming bestaat. Vooral in Nederland met zijn consensuscultuur was de hang naar gedeelde opvattingen groot, en bevond zich rondom het gekrakeel van het Binnenhof in de woorden van dwarsdenker René Cuperus 'een kuisheidsgordel' van adviesraden, planbureaus en rekenkamers. Zij produceerden steekkarretjes vol rapporten juiste en ware kennis, die soms wenselijk was en soms ook niet. Ik herinner me de PvdA-minister die langs haar neus weg vertelde over de rapporten ten tijde van de aanleg van de hogesnelheidslijn (hsl) naar Brussel en Parijs. De stapel rapporten was zo hoog, dat zij er precies de versie uit kon vissen die van haar politieke gading was.

De politiek boog in ieder geval ogenschijnlijk nederig voor de kennis van adviesraden en rekenkamers. Maar in het land van de laaghangende bewolking betekende consensus niet alleen gezamenlijkheid en overeenstemming, maar ook dat afwijkelingen snel als ketters werden bestempeld. Het populisme was niet zelf de baarlijke duivel, zoals de gevestigde partijen het graag zagen. Het populisme was een symptoom. De politieke eenstemmigheid bestond niet meer, en in dat zinkgat was de waarheid gevallen. De roep om waarheid en wetenschap te respecteren, was een waarschuwing om de rode lijn van ketterij en afvalligheid niet te overschrijden.

Eten is ook weten

De afwijzing van de irrationaliteit van kiezers drukte het gelijk uit van een nieuwe adel, die zich daarin minder onderscheidde van de oude adel dan hem lief was. De Amerikaanse sociologe Elizabeth Currid-Halkett schreef over een nieuwe 'streefklasse' die zich afzette tegen hoi polloi door het betere leven te demonstreren. Haar boek heette *The Sum of Small Things* en het was inderdaad de optelsom van kleine dingen die het verschil maakten.[41] Zij sprak van 'moreel hoogstaande consumptie'. Dat was de tegenhanger van de befaamde 'opzichtige consumptie', *conspicuous consumption*, waarmee de econoom Thorstein Veblen een ruime eeuw geleden in zijn boek *De theorie van de nietsdoende klasse* furore maakte. De nieuwe rijken van toen lieten het breed hangen om hun maatschappelijke geslaagdheid uit te venten. Donald Trump was daarvan een late echo en zowel zijn succes als de haat die hij ontmoette, liet zich in elk geval deels verklaren door zijn uitbundige levenswandel.

De nieuwe spraakmakende klasse had volgens Currid-Halkett een radicaal andere levensstijl. Spullen waren niet langer schaars en duur, en dus ook niet langer geschikt om je te onderscheiden van de massa. Dat werd het goede leven. Een recensent van het boek sprak in zijn bespreking snedig over de 'quinoaklasse', die gezond at, goede doelen nastreefde, zich inzette voor het klimaat, lid was van Amnesty International en zich het lot van vluchtelingen aantrok. Een elite die haar best deed om 'het juiste' te doen, wat wil je nog meer? De recensent had het maar moeilijk met het idee dat hij quinoa zou eten om zich demonstratief af te zetten tegen de mensen die het minder hadden getroffen. Integendeel, hij at gezond 'om de wereld niet verder naar de klote te helpen'. Hij vond het bizar om het verwijt te krijgen dat hij zijn neus zou ophalen voor de rest, terwijl hijzelf meende dat hij zijn beste beentje voorzette.[42]

Hetzelfde bezwaar trof Veblens vertelling over de opzichtige consumptie een eeuw geleden al. Daarover schreef een criticus destijds: 'Neem ik een bad omdat John Smith het niet kan betalen, of omdat ik graag schoon wil zijn?' Ook Currid-Halkett kwam er niet uit en meende dat de streefklasse zich geïnformeerd voelt en legitieme besluiten neemt, in overeenstemming met de feiten, D66-ideeën kortom. Zij moest haar toevlucht nemen tot de economie om de onderklasse te verdedigen. Niet iedereen kon zich de aanschaf van biologische tomaten of een abonnement op de yogaschool veroorloven. 'Het is een luxe om een beter mens te zijn,' zei ze in een vraaggesprek. En ze gaf als voorbeeld dat het uiteraard beter is om gezond te eten, maar de McDonald's is goedkoper en dan weet je tenminste dat je kinderen hun bord leegeten. 'Dat zijn geen irrationele overwegingen.'[43]

Dat was eerlijk gezegd geen sterk verhaal. Currid-Halkett moest de werkelijkheid geweld aandoen om haar stelling overeind te houden dat mensen naar het goede streven om zichzelf op de borst te slaan. Iedereen die kan koken, weet dat andijviestamppot niet alleen gezonder maar ook goedkoper is dan een Happy Meal bij McDonald's. Daarover zijn veldslagen gevoerd op de opiniepagina's, aangezien er steeds weer welwillende zielen zijn die het net als Currid-Halkett opnemen voor 'de armen' die mededogen verdienden, en dus ook het rationaliseren van een hoofdmaaltijd van patat en hamburgers.

Laten we vooral bij de feiten blijven – maar zoals ik hierboven schreef: feiten doen niet uit zichzelf hun zegje, je moet er wat in stoppen om ze te laten spreken. Natuurlijk was het niet zo dat de streefklasse alleen quinoa at om anderen op hun plaats te zetten. Maar dat nam de boodschap niet weg: in een democratie mocht iedereen zijn leven inrichten zoals hij dat zelf wilde, mits hij de juiste keuzes maakte. Dat spijs en drank bij uitstek geschikt zijn om het verschil te onderstrepen tussen de verstandigen en de dommen, bewees een boze *Volkskrant*-columnist die zich keerde tegen de ergernissen over de zogeheten havermelkelite. Die kreeg het verwijt rare koffie te drinken, niet vanwege het klimaat of het dierenwelzijn, maar om zijn deugdzaamheid uit te venten. Volgens de geërgerde columnist was dat onzin. In werkelijkheid was het omgekeerde het geval: omdat er legitieme redenen zijn om havermelk te drinken, voelen anderen zich moreel inferieur. Zij denken dan, aldus de columnist, als volgt: 'Wat een hoogdravende lul dat hij ons een kutgevoel geeft over onze entrecote.' En: 'Als troost mogen ze eindeloos clichématig haten op (sic) deze elite.' Hoe het afliep met dat haten, laat ik in het midden. Maar de columnist toonde met zijn omkering precies aan wat hij wilde ontkrachten, namelijk dat spijs en drank bij uitstek geschikt zijn om sociaal verschil uit te drukken.[44]

Bedoeld of onbedoeld, symbolen bestaan, drukken verhoudingen uit, zijn een vorm van taal. Zo werkt het menselijk verkeer. *Man ist was man ißt*, zeggen de Duitsers. Fransen hebben zoals bekend een mooie eetcultuur, en de Franse denker Claude Lévi-Strauss schreef lang geleden al dat voedsel niet alleen *bon à manger*, maar ook *bon à penser* was. Zijn collega Roland Barthes wees erop dat de steak frites die men bestelt in de Parijse brasserie niet alleen bestaat uit een stukje vlees met patat, maar dat je ook de diepere betekenis bestelt van het gevoel om Fransman te zijn. Dingen hebben naast hun gebruikswaarde ook een ruilwaarde, zou Marx zeggen. Of je het wilt of niet, wat je eet, drinkt, draagt, zegt of doet, alles heeft óók een sociale betekenis. U leest dit boek en om die reden kan ik veilig voorspellen dat u deel uitmaakt van de klasse die zelden of nooit onbeperkt spareribs gaat eten.

Symbolen vertellen bij welke groep je hoort, zoals de krant waarmee iemand op een terras zit, vertelt wie hij of zij is. Ze zijn ook een vorm van het zogeheten sociaal kapitaal, ze drukken uit of je toegang hebt tot de kringen die ertoe doen.[45] Goede smaak 'geeft toegang tot de adel', schreef de beroemde socioloog Pierre Bourdieu. De juiste woorden op het juiste moment vertellen of je bij de macht hoort, om met H.J. Schoo te spreken de *Sprachherrschaft* – de woorden van het goede, het schone en het ware. Het gaat er niet om het juiste te doen met de boze bedoeling anderen weg te zetten, het gaat om de stellige overtuiging dat wat jij doet het juiste ís. Het wezen van de adel, oud net zo goed als nieuw, is niet de afstamming maar het rustige zelfvertrouwen het bij het rechte eind te hebben. De nieuwe adel lijkt daarin sprekend op de oude – de oude adel die, zoals Plato al wist, de waarheid in pacht had.

Iedereen wil gezond zijn, van laag tot hoog. Tegelijkertijd is gezondheid bij uitstek dienstig om anderen de juiste opvattingen op te leggen. De dwang nam aantoonbaar toe. Je kon nauwelijks een krant opslaan, of in verband met de bedreiging van het gezonde leven drong de schrijver aan op overheidsingrijpen. Zo stelde het Nibud, de instelling die zich bezighoudt met 'budgetvoorlichting', jaarlijks een overdrachtelijk mandje samen met alle producten die noodzakelijk werden geacht voor een minimaal menswaardig bestaan. In dat mandje had voorheen altijd 'een rokertje' gezeten, aangezien juist aan de onderkant flink werd gerookt. Maar recentelijk was het pakje sigaretten uit het mandje verdwenen, aangezien roken niet langer deel uitmaakt van een menswaardig bestaan, eerder het tegendeel.

Terwijl ongelijkheid steeds minder aanvaardbaar werd, nam het paternalisme almaar toe. Een hoofdartikel in *de Volkskrant* over de levensverwachting stelde vast dat de onderklasse zeven jaar minder te leven heeft dan de top, een onrecht dat boven aan de agenda moest komen. De overheid had al een Nationaal Preventieakkoord gesloten met zeventien (!) organisaties, met als doel minder overgewicht, minder rokers en minder alcoholgebruik, om zo 'miljoenen levens te verlengen en gezonder te maken'. Het had geen zoden aan de dijk gezet en dus meende de krant dat het de hoogste tijd was voor drastischer maatregelen. Minder tabakszaken, een suikertaks en 'dwingender normen' voor junkfood.

Aan de betrokkenen was intussen niets gevraagd, en het ongezonde eten werd de inzet van een ware cultuurstrijd. De krant *De Telegraaf* voerde de troepen aan omdat 'ons' de gehaktbal dreigde te worden ontnomen. De gehaktbal, groot afgebeeld op de voorpagina, met een vork erin geprikt, werd het symbool van bedreigde vrijheid en traditie. Het ontmoedigde de *Volkskrant*-commentator niet. 'Zolang gezondheidszorg een collectieve kostenpost is, mag ook ongezonde consumptie als collectief probleem worden gezien. Nog los van het onrecht.'[46] De ware vrijheid was niet een gehaktbal eten, maar het juiste doen. In hun eigen belang mochten mensen worden 'genegeerd, gekoeioneerd en onderdrukt', zoals de liberale ideeenhistoricus Isaiah Berlin het in een beroemde redevoering over vrijheid had gezegd.

Ook de oude adel had zich laten voorstaan op een beter leven en een hoger streven. Als correspondent in Frankrijk bezocht ik een kwarteeuw geleden de gravin van Parijs, erfgename van de laatste Franse koning, Louis-Philippe, die tijdens de revolutie van 1848 het hazenpad koos. Zij vertelde in haar appartement in de Rue de Miromesnil dat ze zich zorgen maakte over het morele verval van het volk, *le peuple*, zoals ze zei. Iedereen hulde zich maar in een spijkerbroek. Zijzelf moest het goede voorbeeld geven, adel verplicht immers. 'De mensen zijn niet meer in elkaar geïnteresseerd, geld is tegenwoordig het enige wat telt.' Waar de nieuwe adel rotsvast overtuigd was dat havermelk beter is dan Friesche Vlag, kon de oude zich opwinden over een spijkerbroek, een slecht gedekte tafel, een ongepoetste knoop of een verkeerde aanspreektitel, in de diepe overtuiging dat goede manieren ook hoorden bij de ethiek – een kleine ethiek weliswaar, etiquette – maar toch ethiek; het juiste doen dus. Alles begon met respect voor de vormen, bij uitstek de manier om verschil uit te drukken.

De oude adel had de waarheid en de redelijkheid al in pacht – in theorie een hoger streven, in de praktijk vaak om met Huizinga te spreken gestileerde hoogmoed – *superbia*, de belangrijkste christelijke ondeugd waaruit alle andere ondeugden voortsproten. Latijn kennen we niet meer, en de superbia van tegenwoordig heet deugpronken. De betere mensen riepen de meest voor de hand liggende kritiek over zich af die hoort bij moralisme als zadelpijn bij het fietsen: hypocrisie. Mikpunt waren de filmsterren die niet meer konden slapen van de opwarming van de aarde, maar geen afscheid konden nemen van hun frequente vliegerspas. Ze leefden niet naar de deugden die ze zelf predikten, met het slappe excuus dat het weinig uitmaakte wat je zelf deed, zolang 'het systeem' niet op de schop ging.

Het grote verschil tussen vroeger en nu was dat eertijds de hiërarchie ingebakken was, van God gegeven en onverbrekelijk, terwijl de nieuwe adel zich juist voorstond op de radicale gelijkheid. De nieuwe bovenlaag had ogenschijnlijk niets met de oude te maken. De oude adel werd gehaat, met zijn nergens op gebaseerde voorrecht, betekenisloze vormen en opgedirkte kleding, zijn verdienste, 'merite', die geen andere was dan een toevallige familiebetrekking.

De nieuwe adel demonstreerde juist nadrukkelijk dat ze níet van adel was, en liep bij voorkeur in de spijkerbroek die door de gravin van Parijs zo werd veracht. Sommigen hadden zelfs een tatoeage op arm of bovenbil, alles om maar de 'kloof' demonstratief te overbruggen. Daarom konden ze ook niet begrijpen waar de volkswoede vandaan kwam – zij zetten zich immers in voor de grondrechten, voor bestaanszekerheid, én ze namen de juiste besluiten. Ze vergaten dat democratie wat anders is dan het beste, het snelste of het goedkoopste bestuur. Democratie gaat niet over de juiste feiten maar over het organiseren van gezamenlijkheid op basis van instemming van burgers. Precies daar werd het verraad gevoeld. De nieuwe adel wees onophoudelijk op zijn Rede ofwel alternatiefloze gelijk. Daarop ontstonden prompt in heel Europa alternatieve partijen, met meestal als belangrijkste of zelfs enige programmapunt: zo doen we het in elk geval niet.

De verliezers van de meritocratie

Sinds de Franse Revolutie werd gelijkheid als kernwaarde gevierd, en bij wijze van spreken vanaf dag één was de kwestie hoe die gelijkheid zich verhield tot de voorhoede. De hele geschiedenis van het socialisme kun je naar de vorm terugvoeren op een debat over typen leiderschap, leninistische voorhoede versus vakbonderige belangenbehartiging. Het socialisme, schreef de socioloog J.A.A. van Doorn in zijn boek over het Duitse socialisme, is 'niet door maar voor het proletariaat geconcipieerd. De doctrines zijn de schepping geweest van generaties dromers en denkers, overwegend van burgerlijken huize.' De intellectuelen fungeerden als 'clerus van het proletariaat'.[47]

Van het socialisme is niet veel over, maar de spanning tussen gelijkheid en leiderschap is gebleven. De tegenspraak werd gladgestreken met het dogma dat iedereen de voorhoede kon bereiken. Iedereen kon deelhebben aan de macht, als hij of zij maar bekwaam was. Vandaar het streven naar 'onderwijs, onderwijs, onderwijs', waarvoor vooral D66 zich inzette. In plaats van het vreedzaam beslechten van belangenstrijd werd intelligentie het kenmerk van goed bestuur. Als iedereen nu maar verstandig zou worden, zou dat vanzelf leiden tot verstandige machtsuitoefening, en een samenleving aangedreven door kennis en kunde. Zo werd politicologie, de studie van de politieke strijd, gaandeweg overgenomen door bestuurskunde, de studie van het intelligente management.

Het stopwoord van de Amerikaanse president Obama was 'smart',[48] en zijn bestuurlijke motto luidde 'don't do stupid things'. De Nederlandse premier Mark Rutte droeg uit dat het land tijdens de uitbraak van corona verkeerde in een 'intelligente lockdown' – wat impliceerde dat anderen er een dommere lockdown op na hielden. Ook op de redactie van de krant was de ambitie het schrijven van 'slimme stukken'. Geen domme artikelen graag. Na de dood van de ideologieën werden slim en verstandig de sleutel tot de oplossing van veel problemen tegelijk. En tegelijk waren als bij toverslag de conflicten verdwenen.

Hieronder lag de veronderstelling dat een beter opgeleide bevolking ook tot een betere democratie zou leiden. Maar meer onderwijs leidde helemaal niet vanzelf tot meer inspraak of betrokkenheid. Integendeel. Als het land geleid wordt door de wetenschap, dan kon de burger alleen maar nederig buigen voor het verstand. Slim bestuur betekende bestuur dat is voorbehouden aan de slimmen, degenen met het hoogste IQ. De wetenschap loog niet, en de burger moest zich onderwerpen, volgens het beginsel van Auguste Comte dat er in de scheikunde of de biologie ook geen inspraak was. Verstandig bestuur was de wet van de wereld begrijpen, ernaar luisteren en handelen. Daar kwam geen inspraak aan te pas.

Het was evident dat de opvatting over het beste bestuur zou botsen met het uitgangspunt van gelijkheid zelf. Terwijl de kennismaatschappij gebaseerd heette te zijn op waarheid en Rede, was de gelijkheidsgedachte een breed gedeelde passie, een dogma dat het aristocratische uitgangspunt 'de besten voor' pontificaal tegensprak. Gelijkheid was niet het product van wetenschappelijk bewijs en redelijkheid, maar zoals al stond geschreven in de Amerikaanse Onafhankelijkheidsverklaring van 1776 een 'self-evident truth, that all men are created equal'. Gelijkheid was een geopenbaarde waarheid, die geen toetsing behoefde. En de nieuwe aristocratie droeg zowel het bestuur op grond van de ware kennis als de gelijkheidsgedachte uit.

Die tegenstelling leidde tot ingewikkelde manoeuvres, waarvan het boek *The Rise of the Meritocracy* van de Britse socioloog Michael Young het briljante voorbeeld was. Hij schreef zijn boek al in 1958. Het was een pastiche op een overheidsrapport over de kennisheerschappij dat hij had geprojecteerd in de destijds verre toekomst van het jaar 2034. Die datum is nu niet ver meer en Young toonde zich in een aantal opzichten een verbazend accurate ziener. Hij was degene die het woord meritocratie had bedacht en zelf was hij een uitgesproken aanhanger van het platoonse idee dat de besten het land moesten regeren. Daarvoor bedacht hij de geestige formule 'IQ + effort = merit'. Intelligentie plus je best doen leidt tot verdienste ofwel bekwaamheid.

De spanning tussen expertise en gelijkheid kwam tot uiting in wat later de diplomademocratie zou gaan heten.[49] Een hogere opleiding werd beschouwd als de sleutel voor succes, en in de praktijk was dat ook zo. In de Tweede Kamer zaten vrijwel alleen volksvertegenwoordigers met een universitaire graad en de bijbehorende opvattingen. Het succes heeft altijd de glans van het gelijk, en dat was bij de diplomademocratie niet anders. Wat gold voor de Kamer, ging in iets mindere mate op voor het hele land. Gaandeweg had 35 procent van de volwassenen een hbo- dan wel een universitaire opleiding, wat aardig in de buurt kwam van de Europese ambitie om in 2030 een bevolking te hebben die voor 45 procent uit hoger opgeleiden zou bestaan.[50]

Zelden kwam ter sprake of dat eigenlijk wel kon, bijna de helft van de bevolking met een hogere opleiding, en of de nationale slimheid ook zo was verdeeld. Evenmin werd de vraag gesteld of het land zat te wachten op zo veel hooggeschoolden, die daaraan ook hooggeschoolde verwachtingen ontleenden. En al helemaal niet kwam de belangrijkste vraag aan de orde: hoe zat het met het liberale beginsel dat gelijkheid bovenal vrijheid betekende, met andere woorden de vertegenwoordiging van die andere 65 procent, de mensen die géén hoger onderwijs hadden genoten en die met de regelmaat van de klok te horen kregen dat hun ideeën en verlangens niet strookten met de waarheid en de werkelijkheid?

Waar Michael Young in elk geval gelijk kreeg, en dat aspect bleef in de discussie over de diplomademocratie nogal onderbelicht, was dat de wrijving tussen onderwijsideaal en gelijkheidsstreven maar tot één ding kon leiden: de daling van het onderwijspeil. Het idee dat talent was weggelegd voor weinigen, was onverdraaglijk, en zodoende heerste er een onwerkelijk geloof in het niet-aflatende onderwijzen van de grote meerderheid. Dat idee kon alleen maar worden gerealiseerd door de lat te laten zakken. Young noemde de nieuwe adel 'intellectual egalitarians', intellectuele gelijkheidsapostelen, die 'zo bang (waren) voor afgunst dat ze zichzelf met de underdogs gingen identificeren, en voor hen gingen spreken. Zij eisten dat gelijkheid meer zou zijn dan gelijke kansen: ze eisten machtsgelijkheid, onderwijsgelijkheid, en inkomensgelijkheid; ze eisten dat gelijkheid het overheersende beginsel zou zijn in de sociale orde; ze eisten dat ongelijken zouden worden behandeld alsof ze gelijk waren.'[51]

Om ervoor te zorgen dat de helft van de bevolking naar de universiteit zou kunnen, moesten diploma's worden afgewaardeerd. Universiteiten barstten uit hun voegen en dat was niet alleen omdat ook studenten uit het buitenland zich massaal aanmeldden. Voor de buitenlandse studenten was de Nederlandse universiteit aantrekkelijk, mede omdat ze hier een beurs kregen als ze vijf of zes uur per week over de boeken zaten gebogen. Het judicium cum laude werd afgeschaft want dat leidde maar tot prestatiestress. De bonden van studenten ijverden maar voor één ding: de zogeheten toegankelijkheid van het onderwijs. Dat betekende in de praktijk: niet te moeilijk graag. Het laatste nieuws luidde dat de minister besloot de drempel van de toegang tot het tweede jaar te verlagen, omdat velen er niet in slaagden de helft van de benodigde studiepunten te halen.

Vanouds hoorde onderwijs bij de idealen van de sociaaldemocratie, als voertuig van gezamenlijke groei naar een gedeelde standaard. Dat was de verheffing van de beroemde onderwijzer en schrijver Theo Thijssen. Zijn idee van de gelukkige klas was dat de kinderen samen in kennis en kunde zouden stijgen, als bootjes in de haven die allemaal omhooggaan met de vloed. In de jaren dertig was er een ander onderwijsideaal ontstaan, dat vooral onder de hogere burgerij furore maakte. Daarin was de sociaaldemocratische gedeelde verheffing verruild voor de individuele ontplooiing. Het idee kwam van onderwijzeres Maria Montessori. Haar lesmethode speelde decennialang een marginale rol, en werd vooral aangehangen door een kleine bovenlaag.

De sociaaldemocratische minister van Onderwijs, Jos van Kemenade, de man van de beroemde nota 'Meer mensen mondig maken' uit het kabinet-Den Uyl, moest niets hebben van wat hij noemde 'de zelfontplooierij'. Maar het montessori-idee van individuele ontplooiing paste als een handschoen op de nieuwe betekenis van gelijkheid, jezelf worden, en ook de Partij van de Arbeid ging tijdens de paarse jaren negentig die kant op. D66 was de partij die het paarse kabinet mogelijk had gemaakt. Het sleutelwoord van die jaren was tegelijk meritocratie, eerlijke concurrentie op grond van kennis en kunde én gelijke kansen op grond van zelfontplooiing. Dat die twee op gespannen voet stonden, werd nauwelijks gezien en zeker niet openlijk besproken.

Zo bleef het ook later voor D66. Onderwijs was en bleef het middel tegen alle kwalen. Miljarden gingen er al heen, terwijl het onderwijspeil gelijktijdig schrikbarend daalde. Gaandeweg kon een kwart van de kinderen op hun vijftiende niet meer fatsoenlijk lezen of rekenen. Niemand in de partij die twijfelde aan het medicijn. Voor het wegzakkende onderwijs waren creatieve verklaringen beschikbaar, die deels ook hout sneden. Het lag aan de schoolbesturen, die liever mooie nieuwe gebouwen lieten neerzetten dan zich sappel te maken om de resultaten. Het lag aan de inspectie, die zich liet koeioneren door diezelfde bestuurders, net als het ministerie. Het lag aan de lage salarissen, zodat leraren liever gingen managen in een hogere schaal dan voor de klas te blijven staan.

Inmiddels waren de salarissen wel flink opgetrokken en verdienden de leraren vaak beter dan hun leeftijdgenoten in de bedrijven.[52] Hetzelfde vraagstuk van het dramatische dalen van het onderwijspeil speelde in de landen om ons heen, ofschoon ze daar geen vrijheid van onderwijs kenden en dus ook geen schoolbesturen die liever aan hun prachtige gebouw dachten dan aan goed onderwijs. Niemand die opperde dat de gelijkheidsgedachte zelf de oorzaak was – het idee dat de school ervoor moest zorgen dat leerlingen zichzelf werden, wat slecht rijmde met de noodzaak om huiswerk te maken of zelfs maar een beurt voor de klas. Scholen werden huiverig om rapportcijfers te geven, en er waren al scholieren die zich 'onveilig' voelden bij het verlangen van de leraar dat er een prestatie werd geleverd.

Omdat het idee van de meritocratie breed werd gedeeld, door zowel hoog als laag, werd er over de diplomademocratie nogal besmuikt gedaan en ook hier werd driftig naar nieuwe woorden gezocht. 'Praktisch opgeleiden' kregen applaus en er waren altijd enthousiaste woorden over het belang van ambachtelijke kennis. Er was bewondering als mensen die van onderop kwamen, hun kind konden laten studeren. Maar de andere kant van die medaille werd zelden belicht. De minister die zijn zoon of dochter naar het beroepsonderwijs stuurde, moest nog worden geboren, en menig politicus die zich hartstochtelijk keerde tegen het bestaan van zwarte en witte scholen, fietste zelf een halfuur om zijn kinderen naar de betere school te brengen. Mobiliteit omlaag was heel wat moeilijker te slikken dan mobiliteit omhoog, en welgestelde ouders zouden een moord doen om te voorkomen dat hun kind naar het vmbo zou gaan.

Ook in het land van de Rede bleek het hemd nader dan de rok. Eén eeuwenoud sentiment had alle revoluties overleefd: eigen kinderen eerst. Gelijkheid was een breed gedeeld ideaal, en iedereen meende dat andermans kroost beslist niet mocht worden voorgetrokken. Maar dat gold niet voor het eigen gezin, en het ouderlijk huis bleef 'een haard van de behoudzucht', zoals Michael Young het noemde in zijn boek. Het brede onderwijs, dat officieel gelijke kansen bood aan elke jongere die zich meldde aan de poort, leidde ertoe dat het gevecht om topposities steeds feller werd. Met zo veel gestudeerden werd de spoeling alleen maar dunner. Dat had het communistische Kamerlid Marcus Bakker haarfijn aangevoeld, toen hij zei 'kunnen de arbeiderskinderen eindelijk naar het gymnasium, schaffen ze het gymnasium af'. Als iedereen beschikte over een diploma, ging de selectie vanzelf op een andere, informele manier gebeuren.

In 2007 leerde ik de socioloog Jaap Dronkers kennen, die toen getuigde voor de parlementaire enquêtecommissie over onderwijs, onder leiding van PvdA-Kamerlid Jeroen Dijsselbloem. Dronkers (1945-2016) wees onvermoeibaar op de macht van de 'zelfontplooiingslobby', die ten koste ging van gelijke kansen voor kinderen. De opmars van zachtere onderwijsvormen en de afkeer van toetsen en meetbare prestaties was onstuitbaar. Montessoriachtig reformonderwijs domineerde, in het voordeel van kinderen met zogeheten cultureel en sociaal kapitaal.

Zij beschikten over de discipline, de kennis en vaardigheden die in het latere leven wel degelijk werden geëist. Kinderen uit zwakke milieus en allochtone kinderen waren de klos. Zo bleek in diezelfde tijd dat veel kinderen uit Amsterdam-West niet hoefden meedoen aan de Cito-test, omdat het vervelend voor de kwetsbare jongeren was om met een lage score te worden geconfronteerd. Onvermijdelijk zouden ze na hun schooltijd het echte leven tegenkomen, waarin een sollicitatiebrief vol spelfouten weinig zou helpen. En zonder de beginselen van optellen en aftrekken bleek het aanzienlijk moeilijker omgaan met geld.

Dronkers verweet de politiek dat ze het onderwijs uit handen had gegeven aan deelbelangen zoals de onderwijswerkgevers, die zich altijd voordeden als onderwijs-'raden', dienaren van het algemeen belang. Tegelijkertijd werd het ene na het andere onderwijsinitiatief genomen, onder de titel 'natuurlijk onderwijs', 'iederwijs', 'agora' of 'het nieuwe leren'. Allemaal hadden ze gemeen dat het leren van binnenuit moest komen, in overeenstemming met de talenten en de identiteit van het kind. Dronkers' onbarmhartige opinie hierover was dat het Nederlandse onderwijsbestel 'in dienst staat van de leidende groeperingen en alleen hun belangen behartigt'.[53]

Tien jaar voordien was Dronkers begonnen met het in de krant publiceren van de prestaties van middelbare scholen. Dat was voor het ministerie zo onverdraaglijk geweest, dat hem de toegang tot het departement werd ontzegd. Het zat hem tijdens zijn ondervraging door de enquêtecommissie van

Dijsselbloem nog altijd dwars. Hij mocht niet bij het ministerie binnen komen, 'bis zum heutigen Tag!', riep hij de commissieleden toe. De enquêtecommissie velde een vernietigend oordeel over alle vormen van onderwijsvernieuwing, helemaal volgens de opvattingen van Dronkers.[54] Maar de jaren erna veranderde er weinig tot niets aan de zegetocht van de onderwijskundige 'zelfontplooierij'.

Zo werd in een sfeer van felle concurrentie de ladder opgetrokken voor de achterblijvers. De overerving van functies, het kwaadste element van de oude adel, kroop door de kieren weer naar binnen. Michael Young haalde de beroemde schrijver T.S. Eliot aan, die schreef: 'Een regerende elite heeft de natuurlijke neiging om zowel de macht als prestige over te dragen aan zijn nazaten, en als hij niet in toom wordt gehouden, wordt hij vanzelf een klasse. [...] Maar zo'n elite verliest de functie van elite, want de eigenschappen die de oorspronkelijke leden hun positie bezorgden, zullen niet allemaal overgaan op het nageslacht.'[55]

Aan de top bleek helemaal geen ruimte voor zo veel hoger geschoolden. De nieuwe adel, eenmaal boven, bleek heel goed in staat om deuren te sluiten. De geslaagde emancipatie leidde tot zijn tegendeel. Michael Young voorzag al een mensenleeftijd geleden hoe de arbeiderspartijen hun volgers in de steek zouden laten. De eerste generatie sociale stijgers miste nog het zelfvertrouwen van de oude hogere klasse. De tweede generatie begon zich te gedragen als de elite van voorheen, maar hun ambitie gold hun eigen kinderen, niet langer de steun aan hun eigen klasse. 'De cultus van het kind betekende de verwaarlozing van het volk.'

Hun volksvertegenwoordigers gingen zich op de nieuwe, hoger opgeleide middenklasse richten, met hun zogeheten postmateriële en lifestyle-issues, zoals het heette. Ze werden inderdaad lid van Amnesty International en Greenpeace, kleine organisaties met een buitenproportionele invloed. Ze aten quinoa in de veronderstelling dat hun zorgen dé zorgen waren, en lieten de lagere middenklasse links liggen, met haar achterhaalde, onacceptabele ideeën. De progressieve politiek zocht en vond nieuwe belangen en nieuwe vijanden, racisme en vervuiling vooral. De geslaagde kinderen liepen over naar de klassenvijand, de oude aanhang bleef achter op de bank voor de televisie, 'vervuld van verongelijktheid over het verschrikkelijke onrecht dat hem is aangedaan'.[56] De meritocratie kent heel veel verliezers, schreven Mark Bovens en Anchrit Wille in hun belangrijke boek over diplomademocratie.[57]

Dr Jekyll en Mr Hyde

Het kon intussen niemand ontgaan zijn dat er in het landsbestuur iets grondig misging. Officieel onderzoek werd afgelost door parlementaire enquête. De conclusie van de toeslagenaffaire was dat de burgerij 'ongekend onrecht' was aangedaan. Er kwam een 'hardvochtigheidstoets' om de staatsmacht in toom te houden. Daarna volgde de enquête over de afhandeling van de aardbevingen in Groningen. 'Ongekend systeemfalen', luidde de samenvatting van de onderzoekscommissie. Het parlementair onderzoek van de Tweede Kamer naar de manier waarop de overheid de fraudebestrijding ter hand had genomen, kon daar nauwelijks overheen. 'Burgers werden vermorzeld.' De tweede conclusie van dat laatste onderzoek, die al even hard aankwam, was dat 'het morgen weer kan gebeuren'. Alle drie de staatsmachten van Montesquieu kregen onder uit de zak, de wetgevende, uitvoerende en rechtsprekende macht – kabinet, Tweede Kamer en de Raad van State.

De overheid hing beurs gebeukt in de touwen en vaak heb ik me afgevraagd wat dit alles zou betekenen voor het zelfbeeld van ambtenaren en bestuurders. Aan de vooravond van de Franse Revolutie was het de oude adel evenmin ontgaan hoe de samenleving vastliep. De volkswoede over nergens op gestoelde voorrechten nam hand over hand toe. De eis van gelijkberechtiging werd steeds luider gehoord. In 1789 liet de adel veel van zijn privileges varen, van belastingvrijstelling tot het jachtrecht. De eerste revolutionairen van 1789 waren zelf edellieden en klaagden over de vermorzeling van het volk, zonder te beseffen dat zij daarmee de bestelling van hun eigen guillotine plaatsten. Eén ding kon de oude aristocratie niet loslaten, en dat was de kern van de zaak: het standsbeginsel zelf. De besten bleven hoe dan ook de besten.

De adel van onze tijd predikte niet het standsbeginsel maar integendeel de radicale gelijkheid. Hun egalitarisme was oprecht, zij maalden niet als hun verre voorgangers om bezit en praal. Net als de oude bevond de nieuwe adel zich in de voorste linies van de Revolutie. De leden van de voorhoede klaagden in het parlement of in de krant 'de rijken' aan, 'de bedrijven' en 'het systeem'. En toen het Centraal Bureau voor de Statistiek keer op keer berichtte dat de armoede in Nederland reuze meeviel en bovendien niet toe- maar afgenomen was,[58] werd dat nieuws domweg genegeerd. Het kon niet bestaan dat er nauwelijks 'armen' waren om voor op te komen.

Na de toeslagenaffaire en de aardbevingen in Groningen volgde excuus op verontschuldiging. De miljarden om het goed te maken konden niet op. Alles moest anders, daar was iedereen het over eens. Maar net als de oude adel van tweehonderd jaar voordien was er één ding dat de nieuwe voorhoede niet uit handen kon geven. Dat was de staatsmacht zelf, en het onschokbare idee dat zij over de bekwaamheid en de juiste kennis beschikte om het land te besturen.[59] Nederigheid en hoogmoed gingen kennelijk uitstekend samen in één mensensoort, als een moderne variant van Dr Jekyll en Mr Hyde.

De ideeën over goed bestuur waren in korte tijd radicaal veranderd, maar op de keper beschouwd ook weer niet. Dat was goed te zien aan de landbouw. Ooit was rationalisatie het sleutelwoord, schaalvergroting, eenheidsproductie. Het had nog een politieke protestpartij opgeleverd, de Boerenpartij van boer Koekoek. Er werd flink om hem gelachen, met zijn pleidooi om het hele land een halve meter op te hogen zodat de boeren minder hoefden te bukken. De Boerenpartij keerde zich tegen de ruilverkaveling en andere overheidsbemoeienis als het verplichte lidmaatschap van het Landbouwschap. De slag om de rechte sloten werd uitgevochten met de politie op het erf. Het waren de planners, de landmeters en de ingenieurs die het land wilden rationaliseren, klaar voor een toekomst waarin Nederland op landbouwgebied zijn deuntje mee zou blazen. Alles onder leiding van het ministerie, de Boerenleenbank en de Universiteit Wageningen. En met groot succes. De Nederlandse boeren stonden wijd en zijd bekend om hun vernieuwingsdrift en hoge productiviteit.

In de nieuwe eeuw heeft zowel het ministerie als de bank en de universiteit rechtsomkeert gemaakt. Centralisatie en kunstmest, productiviteit en industrie waren vloeken geworden. Opmerkelijk genoeg waren het vaak dezelfde mensen die eertijds vooropliepen, die nu weer de troepen aanvoerden, maar dan de andere kant op. De econoom Herman Wijffels, ooit baas van de Rabobank en voorvechter van de financiële rationalisatie, had inmiddels in elke hoek van zijn werkkamer natuurstenen voor de juiste aardstralen. Wijffels meende dat 'we de aarde verkrachtten', en dat we zowel het kapitalisme als het socialisme achter ons moesten laten. Hij was tot het inzicht gekomen dat de mens niet langer de meester van de natuur is, maar zich moest onderwerpen aan de natuur zelf.

Wijffels was niet alleen. De ene transitie volgde op de andere; de mensen moesten heel anders gaan leven. De positieve utopie van eertijds, welvaart op grond van de Rede, was een negatieve utopie geworden: we moesten de ondergang voorkomen. Maar een utopie bleef het, en het autoritaire karakter veranderde evenmin, alle missers en affaires ten spijt. Kleinschaligheid werd keukenmeester, maar wel met de bulldozer tot stand gebracht. De natuur kon geen dag meer wachten. En ook nu bleef de Rede de leidraad, met als modelmatige bewijsmiddelen de statistiek, de hockeystickcurve en het computermodel om precies te berekenen hoeveel stikstof de Veluwe kon verdragen.

In die zin leek de nieuwste vernieuwing sprekend op de industriële Rede van toen. Joop van den Berg, de politicoloog die ik eerder aanhaalde, zei eens snedig dat 'decentralisatie het enige woord is in het Nederlands waar het lidwoord aan het zelfstandig naamwoord vastzit'.[60] Hij bedoelde dat alle streven naar kleinschaligheid en decentralisatie altijd weer leidde naar méér centrale macht. Het ging precies zoals de Amerikaanse socioloog James C. Scott beschreef in zijn schitterende boek *Seeing Like a State*. Dat boek dateert van eind vorige eeuw, en behandelt de industrieel-wetenschappelijke blik waarmee een bestuurskundige elite zich de toekomst toe-eigende. De rationalisatie leverde overal eenheidsworst op, zowel in de kaarsrecht gemaakte dorpen van de bewonderde president Nyerere van Tanzania als in de houtplantages waar populieren in keurige rijen stonden opgesteld, maar wel met de teloorgang van alle bodemleven; Scott sprak over de tragiek van de oprechte wens tot verbetering, die gelijk opging met de hybris van de planners, die zich 'beschouwden als veel slimmer en in het bezit van veel meer toekomst dan ze in werkelijkheid waren'.[61]

Scott sprak de hartstochtelijke wens uit voor een politiek met 'iets meer respect voor het leven, iets minder een dwangbuis voor de toekomst, iets meer ruimte voor het onverwachte, en aanzienlijk minder wensdenken'. Het boek van Scott kwam in 1998 uit, en becommentarieerde de planningsgedachte van de decennia daarvoor. In de nieuwe eeuw overheerste de neiging om alle tegenspoed te wijten aan het zogeheten neoliberalisme, de markt die het leven alle zuurstof en variatie zou benemen. Scott liet overtuigend zien dat niet de markt de schuldige was, maar de bestuurlijke obsessie met de regel, als uitdrukking van de Rede zelf. Maar zoals de filosoof Kant al lang geleden had gezegd in een beroemde uitdrukking: de mens is een kromgegroeid stuk hout, dat zich niet laat vatten in een regel.

Bestuurders konden zich geen andere gang van zaken voorstellen. En naarmate het volk meer begon te morren, werd de urgentie van staatsingrijpen almaar urgenter, want de slechte prestaties leidden niet tot zelfinzicht maar over het algemeen tot het verder verhogen van de ambities. Het jaar 2050 dreigde niet te worden gehaald, en dus moest menige provinciestad al in 2040 klimaatbestendig zijn. Net als in de jaren zestig van de vorige eeuw bracht de rationalisatie haar eigen protestpartij voort. Het was alweer een boerenpartij en alsof de duivel ermee speelde, haalde de BoerBurgerBeweging van Caroline van der Plas in 2023 precies de zeven zetels in de Tweede Kamer die boer Koekoek in 1967 had vergaard. Het sentiment onder het protest was evenmin anders: zij waren de onderdanen die, in de woorden van James C. Scott, door bestuurders 'als dom, incompetent en zelfzuchtig werden beschouwd'.

Willem Witteveen zou de gang van zaken hoofdschuddend hebben aangezien. Witteveen (1952-2014) was rechtsfilosoof en Eerste Kamerlid voor de Partij van de Arbeid, en kwam tragisch om het leven toen de Russen de MH17 uit de lucht schoten. Postuum werd zijn boek *De wet als kunstwerk* uitgegeven, een intimiderende hoeveelheid eruditie.[62] Na lezing begrijp je beter waarom de politieke cultuur de laatste decennia zo is afgezakt en waarom bestuurders tegenwoordig zo vaak met de mond vol tanden staan.

Witteveen begon zijn boek met een kritiek op 'de wet als instrument'. Wetten worden beschouwd als gereedschap van de overheid. De minister wil iets en maakt een wet, in de veronderstelling dat hij een probleem gaat oplossen. Over het algemeen wordt een probleem niet opgelost met een wet, en dus is weer een nieuwe wet nodig. De meeste wetten waren een reactie op een eerdere oplossing, die korte tijd later weer een probleem was geworden. Zo werd een huurwet aangenomen die huurders een langjarig contract moest garanderen, nadat een eerdere huurwet het juist mogelijk moest maken om voor kortere tijd een huis te verhuren. Het gevolg van de nieuwe wet was dat huurhuizen massaal werden verkocht, zodat huurders nog meer in de knel kwamen.

Wetten zijn te kortademig en te ambitieus, schreef Witteveen. Men wil per se iets veranderen en ziet niet dat opgelegde regels over het algemeen lijden aan onbedoelde gevolgen. Zo verontschuldigde de hoogste bestuursrechter zich tegenover de boeren die dachten te kunnen uitbreiden, helemaal volgens het boekje, maar ineens met een verbod werden geconfronteerd omdat zij te veel stikstof produceerden. Nederland had nu eenmaal een zeer strikte natuurwet aangenomen.

De rechter kon niet anders dan de boeren een zwaard van Damocles boven het hoofd hangen. De wet beoogde natuurherstel en zaaide onbegrip en verdeeldheid. Wetten lossen onze problemen niet op, dat moeten wij zelf doen, schreef Witteveen. Hij herinnerde aan een andere wetstraditie die grotendeels verloren is gegaan en nog het best te typeren valt met 'de geest van de wetten' van de Franse filosoof Montesquieu.

In die traditie is het doel van een wet niet het dwingend reguleren van een maatschappelijk probleem, maar orde scheppen in het gezamenlijk denken en doen. Een goede wet beschrijft wat Nederlanders de juiste inrichting van de staat vinden. Hij ontleent zijn kracht aan zijn gezag bij de gebruikers, en kan om die reden niet anders dan de uitkomst zijn van open parlementair debat. Zoals het de afgelopen tijd in werkelijkheid ging, wilde men met kleine meerderheden grote gedragsveranderingen afdwingen, van het kaliber 'wij moeten heel anders gaan leven' en over 25 jaar moet het in kannen en kruiken zijn. Dat was vragen om weerstand en ellende.

Een goede wet was de neerslag van praktische wijsheid, kennis van de samenleving en juridisch vakmanschap. 'In die volgorde,' zei Witteveen er streng bij. Zijn idee was het tegendeel van de staande praktijk: vaak het tegendeel van wat de burgerij beoogde, maar beargumenteerd met de allerhoogste noodzaak, en begeleid door een koor van bestuurders die het weliswaar jammer vinden dat de burger er anders over dacht, maar helaas, een andere mogelijkheid was er niet. 'Een kaal en normloos instrumentalisme,' schreef een sombere Willem Witteveen.

De opstand der deplorabelen

Aan het eind van Michael Youngs verhaal over meritocratie bepleitten de Conservatieven in het Lagerhuis openlijk dat het erfrecht op openbare functies moest worden hersteld, en dus de terugkeer naar de ouderwetse standenstaat. De hogere standen waren immers door de meritocratie aantoonbaar bekwamer dan de lagere. Intelligentie was erfelijk en doordat mensen met een hoger IQ met elkaar trouwden, kregen zij vanzelf weer slimmere kinderen. Zo kwamen 'de beginselen van verdienste en erfelijkheid bij elkaar'.[63] Bekwaamheid maakte de hogere standen hoger, de lagere lager. De meritocratie zorgde zo voor een scherpere verdeling tussen hoog en laag dan voorheen.

Dat laatste was zeker waar, en het was ook werkelijkheid geworden dat dezelfde mensen steeds meer met dezelfde mensen gingen trouwen. Was het vroeger zo dat dokters met verpleegsters trouwden, en niet alleen in de doktersromannetjes, al decennia trouwden dokters met dokters.[64] Maar anders dan in de fantasie van Young, bleef het woord erfelijkheid taboe. Alleen sociale verklaringen van verschillen waren toegestaan. Wie openlijk sprak of schreef over welk aangeboren verschil dan ook, werd met pek en veren de stad uitgejaagd. Anders dan in de fictie van Young, ijverden de meest vooruitstrevenden onder de nieuwe aristocratie juist voor een erfbelasting van 100 procent, verstandig te besteden door de staat uiteraard. Het was uitgerekend de belasting die door de bevolking het meest werd gehaat.

De uitkomst van de meritocratie was het zogeheten mattheusbeginsel. Wie heeft zal meer hebben. Bij Michael Young was dat uiteindelijk het resultaat van de erfelijkheid. Hij onderschatte de kracht van het gelijkheidsethos niet. De oproepen om erfelijkheid in ere te herstellen stuitten in zijn boek op groot verzet, want daarmee was de gelijkheid als kern van het waardenstelsel geraakt.[65] Ook in de realiteit van zoveel jaar later bestond er veel mededogen met de mensen die het in de ogen van de voorhoede minder hadden getroffen.

Het deed allemaal niets af aan het idee dat de woordvoerders van de Rede het land moesten besturen, niet de woordvoerders van de menigte. De vicevoorzitter van de Raad van State, Thom de Graaf, schreef in zijn inleiding van het boek *Redelijk radicaal* dat zijn partij D66 zich consequent als bestrijder van het snel opkomende populisme had opgesteld. Inderdaad was hij er als de kippen bij geweest om, toen nog als Kamerlid, met het dagboek van Anne Frank in de hand, te waarschuwen voor het opkomende fascisme. Eén ding had hij verkeerd voorgesteld. In werkelijkheid was er eerst het verpletterende gelijk van de verstandigen, daarna kwam pas het populisme. En zo liep het ook in *The Rise of the Meritocracy* van Michael Young af met de regering van de besten en de slimsten. Het eindigde met de opstand der deplorabelen.

3

Wie bewaakt de zielen?

Het afscheid van de kerk

Wie met de trein naar Alkmaar reist, passeert ter hoogte van Heiloo aan zijn linkerhand een indrukwekkende koepel. Die koepel hoort bij wat voorheen de Willibrordusstichting was, de inrichting voor geesteszieken die deel uitmaakte van het conglomeraat dat ooit het katholieke leven beheerste, van kerk tot voetbalclub en alles wat zich daartussen bewoog. De koepel kondigt zich boven het Noord-Hollandse weiland van verre aan en was een voorbeeld van de in baksteen uitgevoerde katholieke triomf van honderd jaar geleden. Tegenwoordig heet de stichting Willibrordus Business Centrum en wie een halve eeuw dramatische ontkerkelijking wil samenvatten, komt met die naamsverandering een aardig eind in de richting. Ik mocht daar een lezing houden en wat lag als thema meer voor de hand dan de verandering van katholieke koepel naar het bedehuis van de bv Business Center Nederland?

Over de snelheid waarmee Nederland het geloof heeft afgeschud, verbaasde ik me al jaren. Ik ben nog geboren in de katholieke zuil en zelf een kind van Noord-Holland. Ik werd gedoopt in een Willibrorduskerk, maar dan in Amsterdam. Het staartje van het rijke roomse leven heb ik meegemaakt. We gingen op zondag naar de kerk, ik heb nog leren biechten en ben zelfs gevormd. Daarna zongen we op de middelbare school 'Blowin' in the Wind' van Bob Dylan, onder leiding van pater Schweigman met zijn gitaar. En toen was het voor mij als praktiserend katholiek snel voorbij, net als voor al mijn vrienden, broer en zussen. Maar belangstelling voor kerk en geloof heb ik altijd gehouden.

Belangstelling had ik vooral voor die dramatisch snelle neergang. Tragiek is treurig maar ook boeiend, zoals niet het geluk maar het ongeluk het onderwerp is van elke fatsoenlijke roman. In Haarlem waar ik woon, was aan de Nieuwe Gracht het bisschoppelijk paleis gevestigd, in een indrukwekkende rij achttiende-eeuwse panden naast elkaar. Voor een artikel bezocht ik er ooit de bisschop, en ik was geraakt door de uitgesproken armoede die er opsteeg uit de verschoten vloerbedekking en de geur van verschaalde sigarenrook. Mijn bezoek dateert van lang geleden en toen was de tijd van de kerk al ruimschoots voorbij. Nu is in het paleis een hotel gehuisvest en ook dat stempelt de ruil van geestelijk leven voor zakenleven.

Vijfhonderd meter verderop in Haarlem demonstreert de Oude Bavo nog altijd hoe de kerk ooit op het stadhuis neerkeek. Kerk en staat hadden allebei hun beschikking. De staat beschermde lijf en goed, de kerk was er voor de zielen maar reikte hoger en verder. Net als de koepel in Heiloo kun je de Oude Bavo nog altijd van kilometers ver zien, het monumentale Haarlemse stadhuis is veel bescheidener van hoogte en uitstraling. In de kerk 'streefde alles opwaarts', zo staat in het boek *De kerk gaat uit*, van Michel van der Plas en Jan Roes, een laatste, verlangende terugblik op het roomse leven uit 1973, en dus ook alweer van een halve eeuw geleden. 'Alles streefde opwaarts, naar de hemel, en de tientallen pinakels, groot en klein, met name die op de altaren, onderstreepten nog eens de verwijzing naar de hemel en zijn Heer. Hier vond de ontmoeting plaats met het bovennatuurlijke, dat alle begrip te boven ging; hier werd de confrontatie tot stand gebracht met het andere, betere leven hiernamaals, waar men voor Gods rechterstoel verschijnen zou.'[66]

Het is allemaal weg. U en ik bezoeken kerken in de vakantie, liefst in het buitenland, en verbazen ons over het vakmanschap waarmee kathedralen duizend jaar geleden werden opgericht, en het fijne gepriegel waarmee de uitgestalde kazuifels met gouddraad werden geborduurd. Maar wie weet nog wat een kazuifel is, of een pinakel, of een monstrans. Veel kerken zijn gesloopt of omgebouwd tot appartementen. De Willibrorduskerk waar ik werd gedoopt, een enorm gevaarte op de hoek van de Ceintuurbaan en de Amstel, werd al in 1970 afgebroken. Nu is er op die plek een bejaardentehuis en een basketbalveldje, en de buurt vocht er tegen de komst van een ondergrondse parkeergarage.

Het afscheid van de kerk is ogenschijnlijk gemakkelijk geweest. De kerk is weg en wat men daarvan gewoonlijk denkt is dat magie en achterlijkheid hebben plaatsgemaakt voor Rede en vooruitgang. Er zijn nog wat gelovige achterblijvers, meestal niet katholiek maar protestant-christelijk. Ze zaten met hun ChristenUnie zelfs in het kabinet. Toen de onderhandelingen daarover begonnen, lieten de progressieven geen misverstand bestaan over het dedain waarmee de christelijken werden bejegend, vooral bij kwesties waarin het soevereine individu door een hogere macht in zijn beslissing werd beknot, zoals euthanasie, abortus, of stamcelonderzoek.

Leuke partij de ChristenUnie, veel meegevoel voor vluchtelingen ook. Je zou er bijna op gaan stemmen, jammer van dat waanzinnige geloof, zei een jonge, frisse, progressieve presentator op de televisie. Het was een verre echo van de uitspraak van een van de oprichters van D66, Hans Gruijters, die zei dat hij zijn vingers natelde als hij een confessioneel de hand had geschud. Ook dat was een halve eeuw geleden, maar iets van hetzelfde sentiment gloeide nog na. De overheersende opvatting luidde dat we met de afbraak van de kerken alleen maar heel blij kunnen zijn.

Je hoefde geen groot wijsgeer of historicus te zijn om aan te voelen dat dat een oppervlakkig idee was. Een land dat eeuwenlang leefde in de ban van het geloof, dat daaraan zelfs zijn bestaan of om met Huizinga te spreken zijn geestesmerk dankte, zou zichzelf daarvan in een paar decennia hebben losgescheurd. Er is heel veel geschreven over de jaren zestig en zeventig, en hoe Nederland 'uit de kluisters' van de stoffige jaren vijftig is geraakt. Steeds was het perspectief een soort natuurgang, van het wurgende paternalisme naar de vrijheid en de ratio. Zou God even snel als stilletjes zijn vertrokken, met achterlating van een briefje met de suggestie om van de Willibrordusstichting een businesscentrum te maken?

Secularisatie betekent letterlijk verwereldlijking. Dat betrof meestal de overdracht van kerkelijk bezit aan de wereldlijke macht. Overdracht klinkt onschuldig maar in de loop der eeuwen ging dat meestal kwaadschiks en werden kerkelijke goederen gestolen of in beslag genomen. Ook over de zichtbare kant van de secularisatie is veel geschreven. Kazuifels gingen naar musea, werden opgeborgen of verschimmelden, priesters trouwden en voor zover er nog aanwas kwam, was die afkomstig uit Polen of nota bene Afrika, ooit missiegebied waar de zielen van de ongelovigen moesten worden gered. Kerkelijke instellingen, scholen, ziekenhuizen en psychiatrische inrichtingen gingen verder onder de hoede van de staat. Over de tentakels van de verzorgingsstaat en hoe die zich steeds verder uitspreidden zijn eveneens stapels scripties en dissertaties geschreven.

Ik wilde iets anders begrijpen over die veelbesproken ontkerkelijking. Ik wilde weten wat er met de zielen was gebeurd. Rare vraag misschien, weinig gesteld ook. Historici zijn niet gewend om zich af te vragen wat zich precies in de hoofden afspeelde, aangezien we daarover vaak zo teleurstellend weinig weten.[67] Generaties historici en sociologen waren geboeid, geobsedeerd bijna, door het kleine verschil tussen katholiek en protestant, de trouwring aan de linker- of rechterhand, de schrijfwijze van Jezus of Jesus, de uitspraak van op vakantie of met vakantie, enzovoort en zo verder.

Maar de grote overeenkomst, de kerntaak van alle kerken, was het zielenheil van de gelovigen. Ik legde de vraag waar de zielen waren gebleven voor aan een goed gereformeerde kennis. Hij zei dat de zielen alle kanten zijn opgefladderd, van ietsisme tot reiki. De orthodoxie was verruild voor een lopend buffet, waar iedereen zichzelf bediende en liet liggen wat minder beviel. Ieder zijn eigen geloof, zijn eigen ziel en zaligheid. Dat idee van religieuze zelfbediening leek me te makkelijk en misschien ook wel een tikkeltje verongelijkt, uit de mond van een der laatste belijdende gelovigen. Het raadsel van leven en dood is niet opgelost en zal ook niet worden opgelost. Ook nu de kerk vrijwel verdwenen is, kopen de goddeloze Fransen tegen november een potchrysant om die op Allerzielen op het graf van hun moeder te leggen. Je kan nooit weten immers. Waarom sterven wij, en waarom de een eerder dan de ander? De vragen waarop het geloof antwoord gaf, zijn gebleven.

En in zekere zin de antwoorden ook. Hebben wij, in de haast om van een autoritair instituut af te komen, niet iets over het hoofd gezien? Ietsisme en reiki, dat suggereert zowel willekeur als volkomen vrijheid van gedachte. Maar tweeduizend jaar christendom is meer dan alleen de metersdikke muren van de kerken en kloosters die er voor de toerist nog staan. De gevoelens, de gedachten, de ideeënwereld en de omgangsvormen die voortkwamen uit diezelfde tweeduizend jaar, zijn niet zomaar in lucht opgelost. De zielen waren al die tijd bewaakt door een goede herder. Wie heeft zijn taak overgenomen, wie vertelde ons hoe wij goed moeten leven om goed te sterven?

Christendom zonder God

Voor zowel de vragen die ik hier opwerp als de antwoorden, ben ik schatplichtig aan de Franse denker Alexis de Tocqueville (1805-1857). Hij schreef een wereldberoemd boek over de Amerikaanse samenleving, daarna een minder beroemd maar even belangrijk boek over de aanloop van de Franse Revolutie. In Nederland heeft zijn ster nooit zo helder geschenen als in de Verenigde Staten, en in Frankrijk eigenlijk evenmin. Tocqueville stond altijd in de schaduw van Marx, en dat is precies de reden van mijn bewondering. Hier, en zeker in Frankrijk, leunt het denken en vooral de politiek nog altijd zwaar op een soort vulgair marxisme: de economische onderbouw of op zijn Nederlands het allesoverheersende koopkrachtplaatje. Tocqueville meende dat mensen niet worden gedreven door de economie of andere objectieve factoren buiten henzelf; wie wil begrijpen waarom mensen zich gedragen zoals ze doen, moet zich verdiepen in hun gevoelens, verwachtingen en ideeën, dromen en teleurstellingen.

Onze jaren zestig waren een achterkleindochter van de Franse Revolutie, zij het zonder het bloed. Lange tijd is gedacht dat de Franse Revolutie bovenal een opstand tegen het geloof is geweest, en de kerkverlating van de jaren zestig en zeventig daarvan de reprise en voor de kerk de doodklap. Het was zeker waar dat de Franse Revolutie óók tegen de kerk was gericht, schreef Tocqueville. De woede liep hoog op, over het uitgestrekte landbezit, over de rijkdom van prelaten en bisschoppen. De spreekwoordelijke paap was al sinds de Middeleeuwen een omvangrijke bedelmonnik die zich de kost en de wijn goed liet smaken.

Toen onze vaders en moeders de kerkdeuren een halve eeuw geleden achter zich dichttrokken, speelden die onrechtgevoelens over kerkelijke rijkdom nauwelijks een rol, aangezien die overdaad allang in rook was opgegaan. Maar het andere aspect waar Tocqueville op wees, was wel degelijk een heruitgave van een script dat voor de Franse Revolutie al was geschreven. De kerk was een hiërarchische instelling die haar gezag ontleende aan duizendjarige tradities en waarheden die niet mochten worden bevraagd. Vooral daartegen keerden de revolutionairen van 1789 zich, precies zoals hun antiautoritaire nazaten uit de jaren zestig en zeventig dat nog eens deden.

Achter in het boek *De kerk gaat uit* van Michel van der Plas en Jan Roes staan de foto's uit die wilde periode toen vrij plotseling leken op het altaar verschenen, met hun elektrische gitaren. Meer nog zijn er foto's van vergaderende mensen. De oude mannen met hun muffe priesterboorden zijn ineens uit het beeld gewist, en in plaats daarvan zien we coltruien, lange haren, mannen én vrouwen, kringgesprekken en heel veel vergaderpapieren. Het idee dat iedereen mocht meedoen, had de plaats ingenomen van de plechtige rituelen die alleen door priesters mochten worden uitgevoerd, in een onbegrijpelijke taal en met de rug naar het volk. Voortaan gingen pastoors en kapelaans de volkstaal spreken en ze draaiden zich om naar de kudde. Wat door weinigen werd gezien, was dat juist toegeeflijkheid aan het nieuwe ten koste ging van het gezag van een instituut dat het moest hebben van eeuwenoude dogma's en gebruiken.

Sindsdien stemde het kerkvolk zo massaal met de voeten dat er nauwelijks meer kerk is overgebleven, en met name Nederland door Rome werd uitgeroepen tot missiegebied. Tocqueville had er al op gewezen dat de autoritaire kerk met zijn bisschoppen, pinakels en kazuifels, niet hetzelfde was als het christendom. De theologie verdween, de gevoelens en het ethos bleven voortbestaan. De zondagse kerkgang werd nog door een handjevol volbracht, maar het gelijkheidsidee werd alleen maar sterker. Want juist het gelijkheidsethos heeft zonder twijfel een christelijke wortel – Jezus sprak over God als een 'vader' die van al zijn kinderen hield en vooral van de minstbedeelden.

Tocqueville geloofde zelf niet. Desondanks zag hij de onstuitbare gelijkheid als de vrucht van het christendom. De edelman daalde eeuw na eeuw, de burgerman steeg, tot ze elkaar ontmoetten: gelijkheid was een onbetwijfelbare waarheid. Tocqueville sprak in de taal van de negentiende eeuw van 'een feit van de voorzienigheid' of van 'de hand van God'. De apostel Paulus, de eigenlijke stichter van het christendom, schreef in zijn beroemde brief aan de Galaten: 'Er is geen jood of heiden meer, er is geen slaaf of vrije, er is geen man en vrouw, want u bent allen één in Christus Jezus.' Ook zonder kerk bleef diep vanbinnen het christendom een machtige drijfveer, reden waarom Tocqueville de Franse Revolutie een religieuze revolutie noemde. Een religieuze revolutie, die zich net als het christendom niets aantrok van nationale grenzen, die zich ten doel stelde zielen te winnen, die haar eigen martelaren had, haar profeten en haar inquisitie om ongelovigen en ketters tot inkeer te brengen. Een religieuze revolutie, al was het ditmaal een revolutie zonder God.

Dat was een even prikkelende als vruchtbare gedachte. Een verre nazaat van Tocqueville is de Franse historicus Marcel Gauchet (1946). Zijn werk is in Nederland nauwelijks bekend maar in Parijs is hij een intellectuele held van de Grote Boulevards. Gauchet is een van de weinigen die zich hebben bekommerd om de politieke kant van de ontkerkelijking. Wij denken het liefst vooruit, schreef hij, maar we moeten terdege rekening houden met wat verdween, want dat is zelden zonder gevolgen.[68] Resten van het christendom kun je zo aanwijzen, zelfs in de voltooidlevenvoorstellen van de ongelovigen in de politiek. Ik kreeg een mail van een tegenstander die foeterde over 'een soort dogmatisch confessioneel atheïsme – de behoefte om het levenseinde in regeltjes te vatten, calvinistischer dan veel protestanten'. Daarmee konden de vrijzinnig-liberale ijveraars het doen.

Iedereen kent het begrip linkse kerk. Dat is sinds Pim Fortuyn een scheldwoord geworden, maar het gaat terug op de 'twaalf apostelen' die de SDAP oprichtten. Zij hadden geen bezwaar tegen de gelijkenis met de volgelingen van Jezus. Ivo de Wijs, de cabaretier met rooms-katholieke tongval die jarenlang de versjes verzorgde voor het radioprogramma *Vroege Vogels*, sprak van de heilige mis van de VARA. Dat programma had inderdaad de structuur van een dienst of een mis, met gezangen en een vermanende preek van een cabaretier voor het progressieve volk. En uiteraard op zondagochtend.

Dat zijn oppervlakkige gelijkenissen van christendom met socialisme. Het christendom is een heilsleer. Gelukkig worden wij pas in het hiernamaals, leerde de catechismus die onderwees in de onschokbare waarheden van het geloof. De opdracht van de officiële Nieuwe Katechismus (1966) werd, toen de zaak slechter begon te lopen, dat de gelovigen gelukkig zouden worden 'hier en in het hiernamaals'. En sinds God de deur werd gewezen, bleef alleen het geluk in het hier en nu over. Het lange perspectief bleef evenwel bestaan, en heette sinds Marx de klasseloze maatschappij, die wel in dit leven werd verwacht maar zich pas achter de horizon aandiende. Sinds het einde van de Koude Oorlog is ook het woord klassenstrijd minder in tel en spreekt men over 'de toekomst van onze kinderen en kleinkinderen' in verband met de opwarming van de aarde. Ik heb geen reden om te twijfelen aan de wetenschap. Maar ook dan blijft het van wezenlijk belang om te beseffen dat de passie over de opwarming niet gezocht moet worden in de feiten zelf maar in het Bijbelse verhaal over de eindtijd. Het idee van een nieuw leven ergens in het verschiet, dat alleen door vroom gedrag kan worden bereikt, is alleen naar de vorm wezenlijk veranderd.

Gauchet beschreef hoe na de Franse Revolutie de verering van de kerk verschoof naar de verering van de politiek als heilsleer. Nog bijna twee eeuwen, tot de kerkverlating van de jaren zestig en zeventig in de twintigste eeuw, draaide de politiek 'in een baan om het goddelijke heen'.[69] In het christendom werd de mens pas zichzelf als lid van de geloofsgemeenschap. In de liberale democratie van de negentiende eeuw, werd de opdracht aan de mens zichzelf voorbij te streven als burger. De geloofsgemeenschap heette voortaan nationale staat.

In beide gevallen moest je je best doen om boven je eigen kleine sores uit te stijgen. 'Alles streefde omhoog,' schreef Michel van der Plas over de kerk. In het werk van alle grote liberale denkers van de negentiende eeuw, bij ons Thorbecke, was het ook de taak van de seculiere burger omhoog te streven, naar het algemeen belang. De kern van Thorbeckes democratische Grondwet was dat publiek en privé uit elkaar werden gehaald. Het algemeen belang ging voor het privébelang. Juist door zich los te maken van hun private bekommernissen, werden Nederlanders onderdeel van de natie, als dienstplichtig militair bijvoorbeeld, maar ook het onderwijs hoorde daarbij. Zo reikten stadhuis en kerk elkaar in de geleefde wereld nog lange tijd de hand.

De staat en de theologie

Wat gebeurde na de massale ontkerkelijking was te voorzien, al voorzagen weinigen het. De staat nam de fladderende zielen over van de kerk, inclusief het voorschrift van de Nieuwe Katechismus dat onze opdracht is gelukkig te worden. Ik zag in de plaatselijke krant een foto van de Haarlemse burgemeester, zelf gepekeld in de gereformeerde sectie van het CDA, die met een bijna devote glimlach de regenboogvlag hees vanuit de toren van de Oude Bavo. De wereldlijke macht had zich ontfermd over de opdracht van de geestelijke macht.

De geloofsgemeenschap was weggevallen, en daarmee veranderde ook het spiegelbeeld in de wereld, het burgerschap. De opdracht aan de mens was niet langer omhoog te streven, hij moest juist zichzelf worden om gelukkig te zijn. 'Gewoon jezelf kunnen zijn' was in de jaren tachtig een verkiezingsleus van de liberale partij VVD. Het woord individualisering werd pasmunt, en was de samenvatting van het afwerpen van de verstikkende deken van de kerk. De strijdkreet van de vrouwenbeweging was 'het persoonlijke is politiek'. Machtsverhoudingen kwamen ook in het persoonlijke leven tot uitdrukking.

Nu maken we de omkering daarvan mee en is de politiek persoonlijk geworden. Het recht op de vormgeving van het eigen bestaan werd zo dwingend dat ook de viering van de orthodoxe islam met hoofddoek en allesbedekkende jurk als uitdrukking van de vrije wilsbeschikking werd gezien. Politiek moest je aanspreken op je authentieke zelf, anders telde het niet.

Thorbecke zou van dit soort privéliberalisme een bloedspuwing hebben gekregen. Vrijheid betekende voor de negentiende-eeuwse liberalen het in gezamenlijkheid vorm geven aan de toekomst van het land. De opdracht aan de burger was vooral níet zichzelf te zijn, ongeveer zoals Freud had bedacht dat de mens om volwassen te worden, afscheid moest nemen van zijn dierlijke instincten. Sinds de jaren zeventig was er geen kerk meer om de mens op weg naar het persoonlijke geluk te begeleiden. De staat nam die taak gaandeweg over en de publieke zaak begon zich net als de kerk voordien met het privéleven te bemoeien. En dat was wel degelijk een omwenteling, een omkering.

Honderd jaar lang, in de zestiende en de zeventiende eeuw, waren er bloedige godsdienstoorlogen gevoerd over het bezit van de zielen. Daarna kwam het tot wat de Grote Scheiding werd genoemd. Aan de innige verstrengeling van kerk en staat kwam een einde. Dat ging niet zonder slag of stoot. De kerk moest aan de wetten van de staat voldoen, in het ene land meer, in het andere minder. En de staat liet het particuliere zielenheil over aan de kerk. Tolerantie was een uitvinding van de zestiende eeuw, maar betekende aanvankelijk niet de kapitale deugd die wij ervan maken, de veronderstelling dat alle levensstijlen even respectabel zijn.

Tolerantie werd geboren als een soort schouderophalen

over de misvattingen van de buurman, die het ware geloof niet aanhing of erger, helemaal niet geloofde. De beroemde Amerikaanse staatsman Thomas Jefferson (1743-1826) stelde vast dat het leven van ongelovigen weliswaar miserabel was, en nog miserabeler hun sterven, maar als de buurman in twintig goden gelooft, of in geen enkele, 'it does not pick my pocket, nor breaks my leg'.[70] Zo werd de liberale staat geboren in onverschilligheid, en zo zag het negentiende-eeuwse liberalisme eruit: aan de ene kant ontsteeg de burger zichzelf door zijn inzet voor het algemeen belang; aan de andere kant was zijn privéleven beschermd tegen de machtige arm van de staat.

De neutrale staat bemoeide zich niet met het privéleven, maar dat veranderde na de kerkverlating radicaal. Op die foto van de Haarlemse burgemeester met zijn diversiteitsvlag – de minister van Onderwijs had er overigens ook al een gehesen met zo'n zelfde devote glimlach – werd niet alleen de vrije gelijkheid van elk individu gevierd. Die vrije gelijkheid ging door de interventie van de staat deel uitmaken van een plan van de Voorzienigheid, een kerkelijk dogma waarover geen discussie meer mogelijk was. Activisten, juristen, journalisten, universiteiten, allemaal omhelsden ze de opdracht aan de staat om de gelijkberechtiging te bewaken, óók in het privéleven, de gedachten en de opvattingen.[71]

De liberale staat die zich voorheen van zijn eigen overweldigende zwaardmacht bewust was, veranderde ongemerkt maar ingrijpend. Uit naam van de gelijkheid was de staat de scheidslijn naar de maatschappij overgestoken,[72] en weinigen realiseerden zich dat de staat die zich bemoeide met het zielenheil een geschiedenis van bloedige godsdienstoorlogen in zich droeg. Wie het waagde aan de waarheid te twijfelen, wachtte weliswaar niet langer de brandstapel, maar werd wel degelijk geëxcommuniceerd, al heette dat voortaan cancelen.

De scheiding van kerk en staat, van wat privé was en wat publiek, was het meest wezenlijke verschil tussen de oude standenstaat en de liberale democratie. Ooit schreef ik een artikel over de katholieke minister Van Agt en de strijd om de vrije abortus in de jaren zeventig. Vrouwen vochten om baas te worden over eigen buik. Van Agt wilde de abortuskliniek Bloemenhove sluiten, wat werd tegengehouden door hevig demonstrerende vrouwen. D66-politica Anneke Goudsmit zei in de Kamer dat ze dacht dat Van Agt 'van een andere planeet' kwam. En dat was ook zo. Het onbegrip tussen die oude wereld van gezag en gehoorzaamheid, en de nieuwe van beschikking over eigen lijf en leven, was totaal.

Sinds godsdienst en politiek van elkaar waren losgeraakt, dacht men dat ook de religieuze beleving in de politiek geen rol meer speelde. Wij veronderstellen dat politiek weliswaar in alle eeuwen over macht en gehoorzaamheid gaat, en tegelijkertijd denken we dat politiek anders dan vroeger een ding van zichzelf is. Mark Lilla, een Amerikaans historicus, kenner van zowel Isaiah Berlin als Tocqueville, vroeg zich af of er niet nog altijd een geopenbaarde waarheid in de politiek schuilgaat. Hij schreef dat de rol van religie in de Amerikaanse politiek is beschreven en begrepen door Tocqueville, 'en sindsdien tasten wij in het duister'.[73]

Ook Lilla verbaasde zich over het feit dat er niet meer over kerk en staat wordt nagedacht, aangezien die Grote Scheiding zo wezenlijk is geweest voor de hele westerse cultuur. De kerk was weg, maar politiek kan geen leegte verdragen en de dorst naar verlossing bleef. Jezus zei weliswaar dat zijn rijk niet van deze wereld was, 'maar van elke pagina schreeuwt de Bijbel ons toe dat wij anders moeten leven'. Ik moest daaraan denken toen koning Willem-Alexander in de troonrede van 2022 zei: 'Het zijn onzekere jaren. Niemand kan voorspellen hoe de wereld eruitziet als de kinderen van nu zelf kinderen hebben. Maar het zal anders zijn, want onze huidige manier van leven stuit op economische, sociale en ecologische grenzen. Dat vergt een andere economie en arbeidsmarkt. Een andere omgang met ruimte en natuur. Andere manieren van wonen, werken, ondernemen en reizen. En andere vormen van samenleven.' Alles moest anders, om alles nieuw te maken. De politiek had wel degelijk een heilsboodschap. Wat wij meemaken, schreef Mark Lilla, is niets minder dan de wedergeboorte van de politieke theologie.

Robespierre en het ware geluk

Voor *de Volkskrant* was ik tussen 1997 en 2002 correspondent in Parijs. Wij woonden in een dorpje pal aan de Seine, op dertig kilometer van de hoofdstad. Het puntje van de Eiffeltoren kon je vanuit mijn werkkamer in de verte zien. Onze kinderen bezochten het schooltje waar zoals overal in Frankrijk de *laïcité*, de radicale scheiding tussen kerk en staat, actief werd gevierd. Nimmer viel het woord Jezus in de klas en de kerstliedjes mochten uitsluitend over 'les sapins de Noël' gaan – de kerstbomen en hun reis naar de winterse Franse huiskamers.

Vlak naast de school stond de dorpskerk, die zich niet mocht verheugen op veel belangstelling. Op een dag liep ik langs de kerk en zag de deuren openstaan. Een mevrouw was met grote roze plastic handschoenen de kerk aan het boenen. Vrouwen zijn altijd de wachters van de orthodoxie, en zij was geen uitzondering. Ze begon meteen te foeteren dat haar kerk een zwijnenstal was en legde uit dat deze kerk inderdaad ooit als koeienstal had gediend. Toen ik vroeg wanneer dat dan was, bleek het tijdens de Franse Revolutie te zijn geweest, ruim twee eeuwen geleden. Maar haar boosheid daarover was nog helemaal vers.

Bij nadere inspectie bleken de scharnieren van de kerkdeur, die de vorm hadden gehad van de lelie van het Franse koningshuis, te zijn afgezaagd. Twee eeuwen geleden was er hardhandig afgerekend met een nagedachtenis. Nog frappanter: boven de kerkdeur stond in leesbare letters de volgende spreuk: 'Het Franse volk erkent het bestaan van het Opperwezen en de onsterfelijkheid van de ziel.' Die tekst was op de muur geverfd tijdens de Revolutie, en nog altijd goed leesbaar. Als er ooit een tastbaar bewijs was van de onvoltooid verleden tijd, dan dit.

De bedenker van de strofe over Opperwezen en ziel was niemand minder geweest dan Maximilien de Robespierre (1757-1794), de Lenin van de Revolutie, de aanstichter van de Terreur en de eerstverantwoordelijke voor de koningsmoord op Lodewijk XVI in 1793. Machiavelli schreef in zijn boek *De heerser* al dat wie de religie in handen heeft ook over de macht beschikt. Hij waagde zich niet aan dat branderige onderwerp. Ook Robespierre begreep dat de mens onverbeterlijk religieus was en ontwierp hoogstpersoonlijk een eredienst voor de Revolutie. *Dieu* was er niet meer, wel een Opperwezen. Het revolutionaire Parijs werd 'het Vaticaan van de Rede' genoemd of ook wel 'het ware Rome'. Er kwam een burgerlijke doop en Robespierre ging zelf voor in de eredienst, gehuld in een hemelsblauwe jas en getooid met de Franse vlag, de tricolore.

Robespierre kennen we van zijn gemakkelijke omgang met de guillotine, die hemzelf ook noodlottig zou worden. Belangrijker is hier dat hijzelf een humanist was, zoals de guillotine ook het werktuig van humanisme was. Dokter Guillotin, de ontwerper, had een executiemethode bedacht die snel was, pijnloos, en vooral een eind maakte aan de standsverschillen van voordien. Onthoofding was een adellijk privilege geweest, het gewone volk placht te worden opgehangen. Dankzij de guillotine kreeg iedereen gelijkelijk een adellijke behandeling, helemaal in lijn met een van de revolutionaire strijdkreten: 'Des privilèges pour tous', oftewel voorrechten voor allemaal.

Robespierre, die bekendstond als 'de onkreukbare', zette zich met hart en ziel in voor het menselijk geluk. Daartoe moest de regering uitvoering geven aan 'de algemene wil', dus samenvallen met de ware belangen van het volk. Hij streed voor de mensenrechten, was aanvankelijk gekant tegen de doodstraf en voorstander van persvrijheid, maar hij zag in dat het geluk van het volk niet bereikt zou worden als tegenstanders hun gang konden gaan. En zo moest de Franse koning Lodewijk XVI, 'burger Louis Capet', sterven opdat de Revolutie kon leven.

Daarna kwamen de veronderstelde complotteurs aan de beurt, de vermeende tegenstanders en de mensen die op straat wel eens 'een vijg voor de natie' hadden geroepen. Een beroemde kreet als 'écrasez l'infâme' – weg met het bijgeloof – waarmee de filosoof Voltaire de kerk had uitgedaagd, was tijdens de Terreurperiode van de Revolutie opnieuw een uitspraak die gevaar voor leven en goed betekende. Openbaring en politiek kwamen in de persoon van Robespierre bij elkaar. Zijn leven en streven waren een waarschuwing: een staat die zich inzette voor het ware geluk van de citoyens kon ook in het privéleven geen weerstrevingen of slechte gedachten verdragen.

De zielzorg van de staat

De Franse filosoof Renouvier schreef in 1870 al dat 'de staat verantwoordelijk is voor de zielen'.[74] Zoiets kon alleen maar in Frankrijk worden gezegd, waar de strijd tussen kerk en staat op het scherpst van de snede werd uitgevochten. In Nederland begon de verzuiling toen juist op gang te komen en was het ondenkbaar dat de kerken zo veel veren zouden laten. Pas een eeuw later was het zover en ook daarom is de vergelijking van Nederland met Frankrijk nu een interessante geworden. Wij zijn nog altijd geobsedeerd door de overblijfselen van de verzuiling, maar daarvan resteert inmiddels alleen het geraamte dat vooral banen oplevert voor uitgerangeerde politici die zich haasten om Nederland telkens weer 'een land van minderheden' te noemen.

Hoe meer minderheden, des te meer instellingen met behoefte aan directeuren. Voor hen geldt nog altijd de uitspraak van de socioloog J.A.A. van Doorn: baas in eigen huis, en het huis ten laste van de gemeenschap. Er zijn grote belangen gemoeid met het in stand houden van die verzuilde nagedachtenis, maar de werkelijkheid lijkt elk jaar meer op die van Frankrijk. Het zogeheten maatschappelijk middenveld is nauw verknoopt met de staat, die diep ingrijpt in het leven van eenieder. De andere kant van die medaille is dat de burgerij ook verwacht dat er van bovenaf over het zielenheil wordt gewaakt.

De oude liberale gedachte luidde dat ieder het recht had om zelf zijn eigen geluk na te jagen. 'The pursuit of happiness' was een van de onvervreemdbare rechten uit de Amerikaanse onafhankelijkheidsverklaring. Maar je moest het wel zelf doen, dat geluk najagen. De filosoof Hans Achterhuis schreef al in 1979 het baanbrekende boek *De markt van welzijn en geluk*.

Hij liet onverbloemd zien hoe het aanbod van profane zielzorg, met als volksbijbel het miljoenvoudig verkochte boek *Ik ben o.k. Jij bent o.k.* (1973), in buurthuizen, gespreksgroepen en wat dies meer zij, zijn eigen vraag schiep. Buurthuizen zijn er allang niet meer, maar de staat bekommert zich meer dan ooit om het persoonlijke geluk en wat dat in de weg zou kunnen staan. Sinds enige tijd is er een regeringscommissaris die de grenzen bewaakt van het menselijk verkeer, inclusief wat betamelijk is in een flirt of het eerste verzoek om een afspraakje. De staat heeft zich tot doel gesteld niet alleen strafbaar gedrag te bestrijden, maar ook de persoonlijke onveiligheidsgevoelens tegen te gaan door de informele betrekkingen in geplastificeerde protocollen te gieten.

#loveislove, luidde de kreet op Twitter waarvan de overheid zich bediende tijdens de prideboottocht door de Amsterdamse grachten. Jaren geleden was de gaypride het particuliere initiatief van een aantal homobars, waaraan de gemeente vergunning verleende. Nu bestelden maar liefst drie ministeries, Onderwijs, Defensie en Financiën hun eigen boot om de blijde boodschap van de seksuele diversiteit mee te vieren. Het laatste ministerie had de Belastingdienst afgevaardigd, wat een opmerkelijke blijk van zelfvertrouwen mocht worden genoemd, voor een dienst die minder bekendstond om zijn liefde dan om de hardheid waarmee duizenden mensen in het ongeluk waren gestort tijdens de toeslagenaffaire. 'Dutch government pride', twitterde de staat, alsmede de trotse beginselverklaring 'dat je in dit land jezelf kunt zijn'. Hier had het algemeen belang zich getooid met de schaarse veren van een enkele bevolkingsgroep, en wie daarover de wenkbrauwen fronste had de tijd niet begrepen.

Ongeveer gelijktijdig met de kerkverlating kwam in de jaren zeventig het geluksonderzoek op. Dat was geen toeval. Voor het nationale welbevinden was tot dan toe het bruto nationaal product de gebruikelijke maat geweest, maar de Amerikaanse minister Robert Kennedy had zich al eens laten ontvallen dat het bnp van alles vaststelde, behalve wat van wezenlijk belang is. Geld werd in het christendom altijd al gewantrouwd. Jezus ranselde de kooplieden de tempel uit omdat het ze aan een geweten ontbrak. Geld is een uitgesproken liberaal ruilmiddel: iedereen kan zelf beslissen wat hij ermee doet. Vandaar ook dat in een liberale samenleving de welvaart in productie en consumptie werd uitgedrukt.

Maar met materiële welvaart werd niet langer genoegen genomen om de temperatuur van de samenleving op te nemen. De Amerikaanse hoogleraar die van geluk een serieus onderwerp van studie wist te maken, heette Richard Layard. Zijn Nederlandse collega was 'geluksprofessor' Ruut Veenhoven, die het grote gebaar niet schuwde en een World Database of Happiness opzette.[75] Het was een samenstel van pretentie en open deuren – hij wist te vertellen dat een gelukkig leven begint met het ontvangen van voldoende moederliefde. Meten is weten, en wereldwijd geluk is goed te onderzoeken, zei de hoogleraar in een vraaggesprek. Hij vertelde ook dat zijn geluksonderzoek vanuit de sociologie aanvankelijk tegenwerking had ondervonden.

Sociologen waren achterdochtig, dacht hij, omdat hun vak leeft van sociale problemen. Terwijl hijzelf bijvoorbeeld had aangetoond dat inkomensongelijkheid weinig uitmaakte voor geluksgevoelens. Wel was het zo, en daarin stemde hij in met zijn beroemde collega Layard, dat de grotere Cadillac van de buurman afbreuk deed aan het huiselijk geluk. Volgens Layard waren mensen het gelukkigst met ongeveer een modaal inkomen, en ook verder was opmerkelijk dat de geluksbeleving meer samenviel met het verkiezingsprogramma van de Partij van de Arbeid dan met VVD-opvattingen.

Geluksprofessor Veenhoven stelde vast dat zijn werk tegenwoordig onomstreden is en dat er behoefte bestaat aan geluksonderzoek. Dat was zeker waar. Een jaar of tien geleden deed in Den Haag het begrip Brede Welvaart zijn intrede. Progressieve partijen namen het op in de verkiezingsprogramma's, gemeenten gingen de plaatselijke Brede Welvaart meten, het ministerie van Financiën ging 'begroten voor brede welvaart'. Het CBS maakte een Monitor Brede Welvaart, met een hele rij variabelen die grafisch werden vormgegeven als het dashboard van een auto, met metertjes en knoppen; politici loopt het water in de mond bij het zien van knoppen waaraan zij kunnen draaien. Brede Welvaart mat gezondheid, vrijetijdsbesteding, sociale cohesie, veiligheid en ecologische voetafdruk. De CBS-hoofdeconoom sprak net als Robert Kennedy over 'dingen die het leven de moeite waard maken'.[76]

En uiteraard werd er vergeleken met andere Europese lidstaten. Al benchmarkend bleek Nederland nog altijd een tevreden natie, waarin meer dan 80 procent van de bevolking het leven een 7 of meer gaf. In de wereldwijde vergelijking wees men altijd op het 'straatarme bergstaatje' Bhutan, waar de inwoners verrassend gelukkig zijn. Er bestond zelfs een wiskundige formule die het geluk in de Himalaya uitdrukte: 25+.03125+.000625+0.[77] Arm maar gelukkig, schreef *The New York Times*, dankzij een verbod op roken en op televisiekijken, en het voorschrift zich traditioneel te kleden. De minister die erover ging, vertelde dat de tijdsbesteding van de Bhutanen nauwgezet werd gecontroleerd. Hoeveel tijd voor het gezin, hoeveel voor het werk, en ook was er ministeriële belangstelling of er wel voldoende werd gebeden.

De CBS-monitor bevestigde dat ook in Nederland regelmatig familiebezoek bijdraagt aan het bruto nationaal geluk. Ook minder stikstof maakte het leven meer de moeite waard, gendergelijkheid, klimaat en milieu. Wat anders dan in Bhutan weer niet werd gemeten, was de rol van bidden en kerkbezoek. Terwijl eerder onderzoek wel degelijk had uitgewezen dat de kiezers van ChristenUnie en SGP, dankzij hun godsvertrouwen door de bank genomen tevredener in het leven stonden dan ongelovigen. Ook het geluksgevoel dankzij de eerste ochtendsigaret, een mooi glas wijn bij een knappend haardvuur of met het hele gezin naar het all-you-can-eatrestaurant, had de monitor niet gehaald. Later bleek dat de emigratie vanuit het gelukkige Bhutan flink op gang gekomen was.[78]

Wat je erin stopt, betekent in sociaalpsychologisch onderzoek over het algemeen ook wat er weer uit komt. Wat volgens de geluksstudies en volgens het CBS geluk was, paste verrassend goed bij het deugdzame leven van de quinoaklasse die we in het vorige hoofdstuk tegenkwamen. De CBS-monitor besteedde opmerkelijk genoeg maar één enkele bladzijde aan botsende belangen of strijdige opvattingen. Zoals het in de economische wetenschap betaamt, werden conflicten 'afruileffecten' genoemd. Ook geluk was een schaars goed en de keuze voor meer vrije tijd zou ten koste kunnen gaan van de natuur, ook een factor die bijdroeg aan het geluk. Maar als het te druk wordt in het bos of op de hei, worden wandelaars chagrijnig en ook draagt die drukte niet bij aan de ecologische voetafdruk.

Politieke strijd over opvattingen en waarden was hier kortom ingeruild voor paternalisme. Ik begon iets meer te begrijpen van de bezwaren van de collega-sociologen tegen het wereldgeluksstelsel van professor Veenhoven. Waarom eigenlijk nog verkiezingen, als de wereldomspannende database en de nationale Monitor Brede Welvaart ons vertellen wat het leven de moeite waard maakt? Als we het eens zijn over wat geluk is, als we dat kunnen meten en objectiveren, dan is het immoreel om geen maatregelen te nemen tegen mensen die tegen hun eigen geluk in leven.

De argumentatie van de kerk was langs dezelfde lijnen gegaan. De kerk wist immers duizend jaar lang hoe wij gelukkig moesten worden. De pastoor had zich altijd schaamteloos met het privéleven bemoeid. Er was één belangrijk verschil: voorheen kon je je losmaken van de lange arm van de kerk, al kostte dat soms worstelingen die ruimschoots hun weg vonden in de Nederlandse literatuur. Nu de staat de zielzorg had overgenomen, was er geen ontsnappen meer aan. De moderne dogma's waren wetenschappelijk vastgesteld en niemand kon zich onttrekken aan het staatsgezag. Daarbuiten was geen heil, zoals men eertijds over de kerk placht te zeggen.

Van maatwerk naar politiestaat

De ziener Tocqueville had het gezien. Hij schreef dat de staat die zich over de zielen ontfermde geen tiran zou zijn, maar een voogd. Waar zachtheid in de omgang en gelijkheid de regel zijn en ook de overheidsdienaren zich niet boven de burgerij verheffen, meldt de ambtenaar zich beleefd aan de voordeur om samen met u aan de keukentafel de problematiek door te nemen. De ambtenaar die wij kennen is de nieuwe edelman, schreef Tocqueville op een paar plekken, maar hij werkte die gedachte helaas niet uit. Een heel ander mensentype natuurlijk dan de aristocraat van weleer, 'met een eigen karakter, tradities, deugden, eer en trots'.[79]

Zijn deugden waren niet moed, vrijheidsliefde, mannelijkheid en trouw, zoals die van de vroegere adel, maar gelijkmatigheid, voorspelbaarheid, stiptheid en gehoorzaamheid. En in al zijn zachte voorkomendheid, ook onbuigzaamheid voor afwijkelingen en voor het geringste privilege. Dan kon ineens achter die meelevende functionaris van de belastingdienst (leuker kunnen we het niet maken, wel makkelijker) wel degelijk een uit gewapend beton opgetrokken bestel schuilgaan. Lex dura, de wet is de wet. En, om nog eens met Tocqueville te spreken, de overmacht van de staat is er niet minder om als hij zich voordoet als een vriendelijke buurman – 'de aard van de meester is van veel minder belang dan de gehoorzaamheid'.[80]

Een kleine tweehonderd jaar geleden stelde Tocqueville al vast wat wij zoveel later om ons heen konden zien. De invloed van de staat werd naar alle kanten groter, ondanks het feit dat iedereen steen en been klaagde over zijn prestaties. Sinds een kwarteeuw groeide de omvang van de ambtenarij, stegen de belastingen en nam de staat een steeds grotere hap uit de verdiensten van de werkenden. Het deed niets af aan de aanhoudende stroom klachten over neoliberalisme, marktwerking, terugtrekkende overheid en mensen die aan hun lot overgelaten werden. De heersende opinie luidde dat de staat slecht functioneerde, en tegelijk vond men dat hij voortdurend en overal moest optreden.

Een staat die de taak op zich had genomen het geluk te vergroten, moest wel teleurstellen. En elke teleurstelling onderstreepte opnieuw de overtuiging dat de staat meer moest doen om de burgerij in de juiste richting te duwen. Een paar jaar lang zoemde op de departementen het begrip 'nudging' rond, een uit Amerika overgewaaid fenomeen. Hét voorbeeld daarvan was de vlieg van porselein die de mannen hielp in het urinoir te plassen en niet ernaast. Voortdurend kwamen er kleine, ongemerkte duwtjes om het goede te doen en het kwade te laten. Die waren er van oudsher uiteraard al, meestal in de vorm van premies, toeslagen, kortingen of boetes. Geld was altijd de beste prikkel en dat de breedste schouders de zwaarste lasten moeten dragen wisten wij al generaties, zo lang dat iedereen was vergeten dat in de herverdeling de staat beslist niet neutraal is.

Het beste voorbeeld van staatspedagogiek danken we aan de klachten uit rechtzinnig christelijke kring. Daar wees men onvermoeibaar op het ouderwetse kostwinnersgezin, dat aantoonbaar vele malen meer belasting moest betalen dan het overheersende tweeverdienersgezin. Hier toonde de staat een uitgesproken opvatting over het goede leven: vrouwen moesten hun eigen kostje verdienen, niet alleen omdat de arbeidsmarkt krap was maar vooral omdat de staat vond dat het levensgeluk verbonden is met werken, en niet met een kopje thee wachten tot de kinderen uit school komen. Het was allemaal zachtzinnig en uitstekend bedoeld, en afgezien van een bescheiden groep christelijken ontmoette deze flagrante oneerlijkheid geen enkele verontwaardiging. Niemand die ervan opkeek, want 'dezelfde opstandige burgers die tronen omverwierpen en koningen vertrapten, buigen steeds meer, zonder tegenstand te bieden, voor de wil van een klerk'.[81]

Nudging raakte uit de gratie, maatwerk rukte op, vooral sinds de zogeheten toeslagenaffaire waarin duizenden gezinnen tussen de raderen van de Belastingdienst beklemd waren geraakt. Schuldbewuste ambtenaren wilden niets liever dan elk afzonderlijk gezin helpen en besluiten nemen die helemaal op het bijzondere geval waren toegesneden. De boze overheid was als een wals over de arme burger heen gereden, en de oplossing was dat er minder regels moesten komen, minder toezicht ook, en meer ruimte voor de professional aan de keukentafel. De hoogste bestuursrechter, de Raad van State, had ook boter op het hoofd, en in een zogeheten 'reflectierapport' kwam het woord maatwerk negentien keer voorbij. In de kabinetsreactie op het parlementair onderzoek *Ongekend onrecht*: twaalf keer maatwerk. Maatwerk werd de haarlemmerolie voor alle bestuurlijke problemen.

Maatwerk werd de manier waarop de ambtenarij de burger ging helpen om zichzelf te worden. Ook hier zagen weinigen dat deze slang in zijn eigen staart beet. Maatwerk was de hoogste eis aan inlevingsvermogen die aan de overheid wordt gesteld. Die kon alleen worden ingelost met nog preciezere regels en protocollen. In wezen was de toeslagenaffaire al de uitkomst geweest van hetzelfde maatwerkidee, aangezien het algoritme niets anders is dan een maatwerkinstrument *for the millions*; een algoritme regelt heel precies welke behoefte elk minuscuul groepje heeft, tot op de postcode nauwkeurig, en weet dus ook waar de zogeheten risicogroepen zich bevinden.

Nu werden de algoritmen vervangen door lijfelijke ambtenaren die zich meldden aan de keukentafel om de noden en behoeften van de burgerij te lenigen. Eerder al waren de ervaringen met dat soort maatwerk weinig opbeurend. De ambtenaar ging zijn belangrijkste opdracht, de gelijkheid voor de wet garanderen, verloochenen, en aan de keukentafel politieke keuzes maken: wel of niet een traplift, en of tante Mien betaalde hulp zou krijgen voor het aantrekken van haar steunkousen. Maatwerk bleek niet de oplossing maar de volgende aflevering van het probleem bestuurlijke willekeur. De ideale verzorgingsstaat bleek de trekken te vertonen van een politiestaat.[82]

Een huis met vele kamers

De kerk was een huis met vele kamers, iedereen was er welkom, hoog en laag, zwart en wit, man en vrouw, allen waren één met Christus. De kerk was ook tastbare ontmoeting. Aan de tafel des Heren mocht iedereen aanschuiven. In de katholieke variant ging je ter communie, de protestanten braken samen het brood. Het is voor ons onvoorstelbaar, maar de grote zestiende-eeuwse conflicten gingen over de vraag of Christus al of niet waarlijk in brood en wijn aanwezig was. Alles draaide om de maaltijd, de tafel. En sinds de keizer in de Middeleeuwen de paus was gaan imiteren om aan gezag te winnen, was ook in wereldlijk verband de tafel een cruciale plek geworden.

Koning Arthur verzamelde zijn ridders om een ronde tafel. In de kerk mocht iedereen aanschuiven, in de wereld werd de adellijke pikorde met de tafelschikking telkens bevestigd. De status van de edelman hing af van het aantal disgenoten dat hij kon ontvangen. Nu nog speelt de tafel in de diplomatie en politiek een centrale rol. Onderhandelingen beginnen bij vorm van de tafel – een ronde, ovale of langwerpige tafel? De Franse president De Gaulle voerde zijn 'legestoelpolitiek' – hij demonstreerde zijn vastberadenheid met een weigering aan tafel te komen. En recentelijk kende Nederland zijn eigen variant met de klimaattafels of landbouwtafels. Uiteraard was de vraag wie mocht meedoen en wie beteuterd voor de deur bleef staan. De tafel is hét meubelstuk in de westerse cultuurgeschiedenis.

Daar wrong de schoen. De moderne ambtenarij spande zich in voor het heil van ieder afzonderlijk, met bijpassende dwang en sturing, maar de gezamenlijkheid van de kerk kon zij niet bieden. In de krant las ik een brief van een oud-predikant die schreef: 'Niet eens zo lang geleden zong de gewone man wekelijks samen met deftige dames en heren dezelfde psalmen en gezangen, at er hetzelfde brood, dronk er dezelfde wijn, luisterde er naar een eensluidende blijde boodschap en overeenkomstige toekomstverwachting, en ontving er na afloop dezelfde zegen. Als een soort knuffel zeg maar.'[83]

De ontmoeting, vormgegeven in ceremonie, hoorde bij de kerk. Men ontsteeg er zijn eigen kleine ikje. Het parochieblaadje bij ons thuis heette 'Sursum Corda'. De harten omhoog! Ook de denkers van de Franse Revolutie hadden begrepen dat ze God wel konden afschaffen, maar niet de ontmoeting. De nieuwe eredienst voor het Opperwezen maakte één wat voordien gescheiden was. De plechtigheid, *la fête*, drukte eensgezindheid uit. De gemeenschap oversteeg het individu, onderstreepte de regels en hield de herinnering levend. Na afloop van de viering, bij thuiskomst, hield iedereen meer van elkaar en was het wederzijdse respect weer op peil. Zo was het burgerschap net als het geloof een overwinning op de eenzaamheid.[84]

In Frankrijk heb ik ooit zo'n burgertafel meegemaakt, een *repas citoyen*. De Franse staat organiseerde een feest ter gelegenheid van het zoveeljarig bestaan van de nulmeridiaan – net als de meter een product van de Revolutie. De Franse nulmeridiaan loopt uiteraard over Parijs, begint in Duinkerke en eindigt in een dorpje aan de Spaanse grens in de Pyreneeën. Later moest de Franse noord-zuidlijn buigen voor de Angelsaksische dominantie in de vorm van de Greenwichmeridiaan, maar dat is een ander verhaal.

Ter gelegenheid van het feest was er een roodgeblokt tafellaken op de Franse grond gedrapeerd, van maar liefst duizend kilometer lang. Daarop zat langs berg en dal een heel land te picknicken, als één grote Asterix-familie. Ik schreef erover in de krant, en sloot hoopvol af met de vaststelling dat deze burgermaaltijd meer had geholpen voor het gevoel van nationale saamhorigheid dan alle regenboogvlaggen bij elkaar. Dat laatste zal zonder meer kloppen, maar twintig jaar later weet ik dat de eenzaamheid niet is verholpen. In Frankrijk niet, in Nederland evenmin.

De staat heeft het paternalisme van de kerk overgenomen, maar de saamhorigheid schoot erbij in. Het burgerschap was ooit ontmoeting, net als de kerk. Men kwam elkaar tegen in het leger. Iedere man kwam op 'voor zijn nummer' en hoog en laag verveelde zich broederlijk in de kazerne tot de dienstplicht achter de rug was. Contact was cruciaal, voor burgerschap, voor democratie, voor goed bestuur en domweg om je voor te stellen hoe de rest van het land leefde. De dienstplicht verdween, de gelijkheid van Theo Thijssens openbare school legde het af tegen de zelfontplooiing van het montessorionderwijs. De meesten komen alleen nog mensen uit een andere sociale laag tegen in het stadion, het ziekenhuis of op Marktplaats.nl.

Zo hebben we tegelijk een staat die zich tot het uiterste inspant opdat iedereen gelukkig wordt, en tegelijk geen antwoord heeft op de eenzaamheid. Kerkverlaters werden ook staatsverlaters, of ook wel afgehaakten. Wie heeft wie in de steek gelaten, de burgers de staat of andersom, de staat de burgerij? In de kerk was het wel duidelijk: de oude kardinaal De Jong riep in 1954 voor de radiomicrofoon met trillende stem 'beminde gelovigen, blijft één, blijft één'. Maar het was te laat. De katholieken gingen eerst naar de VARA-radio luisteren en daarna kwamen ze op zondag niet langer de hostie halen. Anders dan de kerk ging de staat zelf de individualisering vieren en uitbaten, en de burgerij werd bestraffend toegesproken bij vermeende discriminatie, racisme of homohaat. Het vieren van de nationale eenheid werd het voorportaal van xenofobie of erger, maar men zag niet dat met dit badwater ook het gedeelde algemeen belang werd weggegooid. De naargeestige bijwerkingen lieten niet op zich wachten.

Een paar jaar geleden stond in het weekblad *De Groene Amsterdammer* een uitgebreid artikel over eenoudergezinnen in de Utrechtse wijk Overvecht.[85] Een derde van de kinderen groeide daar op zonder vader. De journalist haalde de Britse psychiater Dalrymple aan die had gezegd dat er tegenwoordig meer kinderen zijn met televisie in hun slaapkamer dan met een vader in huis. In Engeland was het erger dan hier. Maar iedereen wist dat ook in dit land echtscheiding leidt tot velerlei kommer en kwel, sociale stress, inkomensdaling, psychische problemen, alcohol en drugsgebruik, mislukte onderwijscarrières, en dat al die ellende ook nog eens wordt doorgegeven aan de volgende generatie.[86]

Ik sprak later de hoofdredacteur van *De Groene*, die me vertelde dat ze het een belangrijk onderwerp vond en er het omslagartikel van had gemaakt. Daarna was ze met vakantie gegaan. Bij terugkomst bleek dat de redactie tijdens haar afwezigheid de indeling had veranderd en het artikel over echtscheiding achterin had geplaatst. Die ingreep bevestigde wat er in het stuk stond: huwelijk, trouw, scheiden, het is minder dan een taboe, het is een non-item. Er is niemand meer die tegen u zegt dat huwelijkse trouw een goed idee is, en scheiden een slecht idee. Er is al helemaal niemand die zegt dat God dat geen goed idee vindt. Echtscheiding wordt beschouwd als een privézaak, terwijl de publieke gevolgen voor iedereen zichtbaar zijn: vrouwen die in de bijstand terechtkomen, kinderen met leerproblemen, een jeugdzorg die het water over de voeten loopt, schreeuwende behoefte aan huizen en daardoor oplopende prijzen – allemaal gevolgen voor de publieke zaak waarover driftig werd gezwegen, oók door de overheid. De enige die het thema aan de orde durfde stellen, was de eerder aangehaalde dwarse socioloog Dronkers, die onomwonden schreef dat echtscheiding moest worden bestreden.[87]

Tocqueville zou zeggen dat toen de kerk verdween, de zielen leeg achterbleven. Conservatieve critici wijzen vaak op de bovenklasse die steevast warme pleidooien houdt voor individuele zelfbeschikking, in samenspraak met de staat. De onderklasse krijgt te maken met de gevolgen. De quinoaklasse trouwt net als vroeger, de onderklasse woont samen in onstabiele verhoudingen. De nieuwe adel kijkt wel uit om te gaan scheiden, en verbiedt de eigen dochters om naar de koffieshop te gaan. De beroemde Amerikaanse politicoloog Charles Murray schreef daarover het boek *Coming Apart* (2012), hoe de bovenklasse in de Amerikaanse samenleving de onderklasse in de steek liet. 'De elite doet al die dingen die de arbeidersklasse is vergeten: trouwen, de kinderen voorlezen, stoppen met roken, sla eten en hard leren.'[88] De onderklasse zit in Almere op de bank, na een echtscheiding en met een joint. Alleen, boos en teleurgesteld.

De verweesde samenleving

Het was Pim Fortuyn die in 1995 de ingeving had om van een 'verweesde samenleving' te spreken. Van oudsher waren de vaders de dragers van waarden en normen, schreef hij. Maar de babyboomers hadden hun vaders het huis uit gegooid en de maatschappij aan haar lot overgelaten. Dat was 'de erfzonde', zoals Fortuyn het noemde, van zijn generatie. Fortuyn schuwde de religieuze orgeltoon niet. Hij presenteerde zich als een verlosser, een geroepene, een wegbereider. In zijn boek *De verweesde samenleving* staat een hoofdstuk met de suggestieve titel 'Op weg', en als motto een citaat uit het Bijbelboek Jesaja. 'Ook al vraagt mijn volk niet om raad, toch sta ik klaar; ook al zoekt het mijn bescherming niet, toch laat ik mij vinden, zij roepen mij niet aan, en toch zeg ik: hier ben ik, hier ben ik.'

De mildere tegenstanders vonden hem een poseur en een aansteller, de iets minder milde tegenstanders noemden hem een fascist, een Mussolini, een volksmenner. Maar hoezeer Fortuyn een snaar had geraakt, bleek toen een milieuactivist hem in mei 2002 had doodgeschoten. De wegen waarlangs de stoet reed, stonden vol, en het volk weende bittere tranen. Twintig jaar later waren er nog altijd politici die zich beriepen op 'de geest van Pim'.

Fortuyn was helemaal zijn eigen individuele zelf, als exuberant homoseksueel. Daarvoor zou de Haarlemse burgemeester zeker de vlag hijsen uit de kerktoren van de Oude Bavo. Maar hij zocht ook een nieuw bezield verband, een paraplu waaronder het hele land kon schuilen. Hoe moeilijk die combinatie was, realiseerde hij zich terdege. Zijn diagnose van de verweesde samenleving was met vaste hand geschreven. In de slothoofdstukken zocht Fortuyn naar het medicijn, en werd het boek vrij plotseling onzeker en schetsmatig over 'nieuwe vormen van gemeenschap'. Het moderne liberalisme kan niet omgaan met algemene normen en voorschriften, schreef hij.[89] Het moet de verklaring zijn waarom hij in de weken voor de verkiezingen vreesde voor zijn eigen overwinning: Fortuyn voelde aan dat de hooggespannen verwachtingen hun eigen teleurstelling al in zich droegen.

In de jaren na zijn dood deden verscheidene politici schuchtere pogingen om alsnog iets van een nationale gemeenschap vorm te geven. De sociaaldemocratische voorman Wouter Bos sprak van een 'beschaafde vorm van patriottisme', zijn liberale collega Van Aartsen had het liever over 'neopatriottisme'. Zij beriepen zich op de Franse filosoof Montesquieu, die vaderlandsliefde beschouwde als een vorm van toewijding aan de publieke zaak en liefde voor de gelijkheid van de wet. Maar tot een serieuze gedachtewisseling kwam het nooit, en de verklaring daarvan liet niet lang op zich wachten.

Het meest tastbare voorstel kwam van de christendemocratische partijleider Sybrand Buma, die wilde dat de tekst van het Wilhelmus op school zou worden geleerd. Hij vond dat er moest worden nagedacht over een nieuwe vorm van dienstplicht en schreef een artikel getiteld 'Gezonde vaderlandsliefde'. Het mocht niet baten. Het Wilhelmus-idee werd weggehoond en het voorstel om de vaderlandsliefde te bevorderen werd ontvangen als de laatste variant op het mccarthyisme: heb het vaderland lief of ik schiet.[90] De werkelijkheid was daarvan precies het omgekeerde. Hoe bang de politici waren voor ongepast nationalisme, bleek al omdat zowel de sociaaldemocratische als de christendemocratische leider zich had gehaast om te onderstrepen dat ze vooral géén last hadden van óngezonde vaderlandsliefde, respectievelijk ónbeschaafd patriottisme.

De grootste zonde van onze tijd is racisme, discriminatie of uitsluiting. Geen wonder dat alle pogingen om het burgerschap af te stoffen mislukten, aangezien burgerschap per definitie de uitsluiting van niet-burgers betekende. De oude middenpartijen hadden ooit de ontmoeting van de kerken overgenomen. Hoog en laag kwamen elkaar tegen, lijfelijk in de zaaltjes waar werd gedebatteerd over de partijlijn, en overdrachtelijk in de gevoelens. Aan de onderkant leefde de overtuiging dat Drees of Romme zich om je bekommerde, en dat woorden als solidariteit of naastenliefde nog niet bovenal een betaalde bestuursfunctie betekenden.

Juist de middenpartijen zijn verpulverd op een manier die men zich een kwarteeuw geleden niet in de verste verte kon voorstellen. Ze vierden het individuele zielenheil, en tegelijk zochten ze allemaal naar nieuwe vormen van gemeenschap, van links tot rechts, van broodfonds tot burgerberaad, mienskip, noaberschap, lichte gemeenschappen, je kunt het zo gek niet verzinnen. Iedereen wilde af van het 'dikke ik' en daarvoor in ruil 'een groter wij'. Allemaal vooralsnog tevergeefs. Men wilde terug naar de kerkgemeenschap van weleer, maar dan zonder pastoor of ouderling aan de deur. Waar het op uitdraaide, was precies het omgekeerde. Wel een ambtenaar als ouderling aan de deur, maar geen kerkgemeenschap.

4

De journalist als conformist

Op zoek naar de feiten

In 1983 nam André Spoor afscheid als hoofdredacteur van NRC, toen nog NRC *Handelsblad*. Ik heb hem niet gekend en dat is jammer, want hij was een flamboyante man. Hij had filosofie en theologie gestudeerd, en ofschoon NRC *Handelsblad* destijds een liberale en uitgesproken antiklerikale krant was, vertrok hij met een redevoering vanaf de preekstoel in een Leidse kerk. De titel luidde 'De verheven boodschapper' en het onderwerp was de journalistiek, in het bijzonder het zelfbeeld van de journalist als wereldverbeteraar.[91]

In die tijd maakte zowel de televisie als de krant een geweldige opmars door. NRC was tien jaar voordien begonnen als fusiekrant. Na een aarzelende start ging het vanaf begin jaren tachtig crescendo. De krant was bepaald chiquer dan tegenwoordig; wel dwars met columnisten als H.J.A. Hofland, die met een sigaret in de mondhoek en gehuld in een legerjas flirtte met de zelfkant. Maar op feesten kwamen ministers en de top van het bedrijfsleven, en ook de ambitie was er om op internationaal niveau een deuntje mee te blazen. Mijn eigen krant, *de Volkskrant*, maakte begin jaren tachtig een kleine dip door, maar ook daar zette vervolgens een onstuimige groei in.

Sociale media waren er niet, evenmin bestond er chagrijn

over de zogeheten mainstreammedia die tegen de macht aanschurkten. Tien jaar eerder, in 1973, hadden twee journalisten van *The Washington Post* de Amerikaanse president Nixon van zijn troon gestoten. Er kwamen een boek en een film van, *All the President's Men*. Die film hadden alle journalisten gezien en daarop was het zelfbeeld van de verslaggever geënt: machthebbers sidderden, de commentator van *de Volkskrant* hielp in zijn hoofdartikelen mee het kabinet-Den Uyl te formeren. Dat was in 1973. In 1977 hielp hij, opnieuw met zijn hoofdartikelen, het tweede kabinet-Den Uyl tegen te houden. Niet helemaal ten onrechte werd de pers de vijfde macht genoemd, na de klassieke drie machten en de ambtenarij.

André Spoor wees in zijn afscheidsrede op de schaduwkant van dit opgepoetste zelfbeeld. Dezelfde Amerikaanse president Nixon had, voordat hij zijn beschamende aftreden bekendmaakte, de slepende Vietnamoorlog beëindigd. De Amerikanen trokken zich terug, en de televisiebeelden van het chaotische vertrek uit Saigon leken als twee druppels water op wat zich een paar jaar geleden nog eens in Kabul voltrok. Duizenden Vietnamezen trachtten op alle mogelijke en onmogelijke manieren te ontkomen aan het Noord-Vietnamese leger dat de hoofdstad overnam. Daarna kwamen de duizenden zogeheten bootvluchtelingen die hun heil ergens anders zochten. Dat verbaasde de progressieve media, die niet hadden gezien dat zij, in de woorden van André Spoor 'het slagveld waren geweest waarop Noord-Vietnam de oorlog had uitgevochten'.

De pers, zeker in Amerika maar ook hier, vocht zij aan zij met het communistische Noord-Vietnam, aldus Spoor. De Amerikanen lieten journalisten ruimhartig toe aan het front – wat sindsdien nooit meer is gebeurd. Zodoende werden alle misstanden aan Amerikaanse en Zuid-Vietnamese kant breed uitgemeten in *The New York Times*, en als afgeleide ook in de Nederlandse media. Misstanden waren er zeker, er werd grif ontbladeringsmiddel gebruikt, er werd gemarteld en willekeurig gebombardeerd. Ouderen herinneren zich de prijswinnende foto van het blote meisje dat wegrent voor een brandend dorp.

Wat de westerse journalistiek zich niet realiseerde, was de eenzijdigheid van de berichtgeving over het oorlogsgeweld. Van de weeromstuit zag de journalist de balk in de ogen van de Noord-Vietnamese bevrijders niet meer, aangezien aan de overzijde van het front helemaal geen vrije nieuwsgaring bestond. Noord-Vietnam liet verslaggevers mondjesmaat toe en toonde dan precies wat men wilde laten zien. De journalisten hapten gretig toe: de beroemde essayiste Susan Sontag schreef na een bezoek aan de Noord-Vietnamese hoofdstad Hanoi dat de Noord-Vietnamezen fantastische mensen waren die tot veel in staat waren; 'de schrijfster betreurde alleen dat ze slecht waren in... haten'.[92]

Het was een blamage en een schandvlek voor het vak. En dat had alles te maken met de zichzelf gestelde opdracht van een journalistiek die meer wilde zijn dan alleen maar de boodschapper van het nieuws. Spoor schreef: 'Een journalist die met vermanende vinger door de wereld trekt, belemmert zijn uitzicht, en als hij al applaudisserend het nieuws vergaart, kan hij niet horen wat er eigenlijk gezegd wordt.' Het was een hard oordeel. De vraag die hij aan het eind van zijn rede opwierp was of het ook zonder hoger doel kon; zou de journalist dan veroordeeld zijn tot beroepsmatig cynisme dat alleen macht ziet, volksverlakkerij en het aanhoudend roepen dat ook deze keizer weer geen kleren aanhad? Spoor kwam er eerlijk gezegd niet uit.

Dat was NRC *Handelsblad*, met als motto Lux et Libertas, een liberale krant die zich ten doel stelde de Verlichting te verspreiden en waar in die tijd op de redactie duizend bloemen bloeiden. Ik heb er anderhalf jaar gewerkt, als leerling-journalist, en stapte in 1987 over naar *de Volkskrant*. Daar was de sfeer anders, gemoedelijker en minder grootsteeds, we gingen met zijn allen naar café Hesp om te klagen over de hoofdredactie. Maar de typering van Spoor van de journalist als verheven boodschapper was evenzeer op de redactie van *de Volkskrant* van toepassing.

De Volkskrant was in 1921 opgericht als katholiek strijdblad, met als doel de verheffing van de katholieke arbeiders. In 1964 verdween de onderkop *Katholiek Dagblad voor Nederland*, maar het idee dat een krant niet alleen berichten maar ook lessen hoort te geven, is altijd gebleven. Tot vandaag is er een redactiestatuut waarin staat dat *de Volkskrant* opkomt voor de verdrukten en de ontrechten. Sporadisch werd er ter redactie gebekvecht over de vraag of de krant die belofte wel voldoende inloste. Berichtgeving en commentaar waren ook voor *de Volkskrant* nooit voldoende. Hetzelfde kon worden gezegd van alle progressieve media, de omroepen incluis.

De val van de Muur betekende zowel voor de politiek als voor de pers dat het tegenbeeld van een betere wereld wegviel. Dat alternatief was in de loop der decennia al danig afgebladderd, onder andere door redevoeringen als die van André Spoor. Maar nadat het in 1989 definitief afgelopen was met het communisme, moest er serieus aan nieuwe vormen en gedachten worden gewerkt. Net als de Partij van de Arbeid schudde *de Volkskrant* in de jaren negentig de rode veren af. Harry Lockefeer was de hoofdredacteur die mij in 1987 had aangenomen. Hij verruilde zijn baan in 1995 voor het hoogleraarschap perswetenschappen in Groningen. In zijn oratie zei hij dat in de krant het belang van partijpolitiek was verminderd en de ideologische verschillen waren verbleekt.

Daarvoor in de plaats was het professionalisme gekomen, een krant die goed gemaakt werd, met meer nieuws, maar ook dingen die *nice to know* waren. Er kwam een reiskatern en een leefkatern, en later een magazine op luxepapier. Zo was de krant de spiegel geworden van de paarse politiek, waar partijstrijd had plaatsgemaakt voor professioneel of minder complimenteus gezegd technocratisch bestuur. *De Volkskrant* was fan van een jongeman die staatssecretaris werd voor de PvdA, Wouter Bos, die aanvankelijk in driedelig pak rondliep en afkomstig was van Shell. Dat was toen nog geen bezwaar.

Al snel bleek dat professionalisme of bekwaamheid als maatstaf voor zowel krant als politiek te mager was. Net als de regeringspartijen kreeg de krant de depolitisering als een boemerang in het gezicht gesmeten. *De Volkskrant* kwam volgens het redactiestatuut nog altijd op voor de achtergestelden en de ontrechten. Maar met de razendsnelle opkomst en vooral na de moord op Pim Fortuyn in 2002 moest de redactie tot de eigen ontzetting vaststellen dat ze geen idee had wie de mensen waren die zichzélf als achtergesteld en ontrecht zagen.

Schrale troost was dat andere kranten plus de omroepen het nauwelijks beter deden. *Trouw*, *Het Parool*, NRC hadden net als *de Volkskrant* de ideologische trossen losgegooid, waarna een geweldig gedrang in het progressieve midden was ontstaan. Elke hoofdredacteur bezong de pluriformiteit van de pers, maar iedereen leek er vrede mee te hebben dat tegelijkertijd de inhoudelijke veelstemmigheid ver te zoeken was. Intussen versomberde de stemming als gevolg van de opkomst van de sociale media danig. Pieter Broertjes, mijn volgende hoofdredacteur, hield in het genootschap van hoofdredacteuren redevoeringen met titels als 'De pers in het defensief' en 'Het einde van de krant?'[93] Met een vraagteken.

Onder Philippe Remarque, opvolger van Broertjes, ging het met de krant weer verrassend goed. Het internet werd langzaamaan een verdienmodel, en hij wilde een open, nieuwsgierige en vrolijke krant maken, eigenlijk een liberale krant al kon je dat bij *de Volkskrant* liever niet hardop zeggen. Van het redactiestatuut met de ontrechten en achtergestelden was hij minder gecharmeerd. Een tijdje was er inderdaad plaats voor botsende meningen. Het optimisme van de hoofdredacteur straalde wel degelijk af op de redactie en op de kolommen van de krant. Maar het kon toch niet verhelen dat open, vrolijk en nieuwsgierig geen gereedschap is dat helpt om de blik te richten of te scherpen. Er bleef die hunkering naar een ideologisch kompas, al was het nu minder uitgesproken.

Naarmate de polarisatie de kop opstak onder de noemer populisme, trachtte de krant positie te kiezen. Aangezien een uitgesproken links voorbeeld zich niet langer aandiende, werd het gezocht in het najagen van feiten. Tegenover de leugens of de alternatieve feiten van de volksmenners maakten de factcheckers hun opwachting. Veel leverde het niet op, in elk geval geen nieuw gezag buiten de eigen kring. Dat het geloof in dé feiten naïef was, dat de journalist zelf selecteert en beslist wat van belang is en zelf tracht zijn diafragma scherp te stellen, was wel onderdeel van de journalistenopleiding. Het leidde tot ongemak maar woorden werden er nauwelijks voor gezocht. De film *All the President's Men* raakte langzaamaan in het vergeetboek, maar de onthulling van oncomfortabele feiten bleef de hoogste vorm van journalistiek.

Onthulling als levensvervulling

Sinds jaar en dag zag de journalist zichzelf als de noeste strijder tegen de heersende macht. Zijn glanzende voorbeeld was lange tijd H.J.A. Hofland, oud-hoofdredacteur van het *Algemeen Handelsblad*, later NRC *Handelsblad*. Hoflands magnum opus was *Tegels lichten* (1972), een boos boek dat het journalistieke einde van de verzuiling markeerde. Het was gericht tegen de autoriteiten in het algemeen, tegen het volk dat dociliteit als hoogste nationale deugd koesterde, en tegen de oude journalistiek als handlanger van de gezaghebbers. De eerste zin gaat zo: 'Dit is de wordingsgeschiedenis van een verbazing: de verklaring waarom de meeste mensen, massa's en bewindvoerders, mij door brutale (onbeschaamde, naakte, grijnzende) domheid hoe langer hoe meer afschuw bezorgen, en waarom ik tegelijkertijd moedelozer word als ik denk dat ik er iets aan zou moeten of kunnen doen.'[94]

Hofland was verbolgen omdat hem persoonlijk iets was aangedaan: hij was uit de hoofdredacteursstoel van het *Algemeen Handelsblad* gewipt. Volgens Hofland was de overheid weinig minder dan een georganiseerde bende fraudeurs en oplichters. Hij adstrueerde dat met een portret van de keurige burgemeester Schokking die fout was geweest in de Tweede Wereldoorlog. Dan was er minister Luns, een diplomatieke kletsmajoor die ten onrechte meende dat hij in de kwestie Nieuw-Guinea op Amerikaanse steun kon rekenen. Bovenal was er het ridicule gezwijg bij de kranten en de radio over het koningshuis in de Greet Hofmans-affaire, terwijl in de buitenlandse pers de onthullingen van de pers rolden.

Hofland lichtte tegels, keek eronder wat zich daar aan gekrioel van 'blinde wezens' manifesteerde. De verzuilde politiek was van deze rotternij zowel het symbool als de uitvoering. Alles gebeurde achter gesloten deuren, het publiek vond het best, terwijl de opiniemakers niet van plan waren hun lezers van de werkelijke toestand op de hoogte te stellen. Hofland rukte maskers af en klaagde aan. Dat was een halve eeuw geleden in Nederland een nieuwe journalistieke habitus, en zo succesvol dat hij tot vandaag de standaard werd in de Nederlandse journalistiek. De onthulling werd de hoogste vorm van verslaggeverij, De Tegel, vernoemd naar Hoflands boek, werd de belangrijkste prijs van het vak, Hofland zelf werd geëerd als journalist van de eeuw.

In de bundel *Luizen in de pels. 100 jaar journalistiek in Nederland*[95] wees Hofland tevreden op de kanteling van de plaats van de journalist. Niet langer was hij de volgzame handhaver van de fatsoensmoraal zoals onder de verzuiling, niet meer het schrijvende kuddedier dat anoniem zijn berichtjes tikt. De autoriteiten en 'het ordelievende publiek' konden voortaan op gepaste argwaan van de pers rekenen, die zich keerde tegen een elite 'die vond dat er nu wel genoeg was geëmancipeerd' en 'dat al te veel mensen hun neus in de publieke zaak staken'. In *Luizen in de pels* stelde Hofland 'met een genoegzame glimlach op het journalistengezicht' vast: 'De goede zaak is in ruime mate ontmanteld', het wantrouwen tegen de autoriteiten was met succes gezaaid.

Maar daarna gebeurde er iets waarmee hij niet uit de voeten kon. Tegen het einde van de vorige eeuw bleek uitgerekend Hofland zichzelf terug te vinden aan de kant van het verachte gezag. Het wantrouwen als journalistiek product bleek op vruchtbare bodem te zijn gevallen. De ontvoogde burger nam de zaak over. Tegels lichten bleek niet langer voorbehouden aan een verlichte voorhoede, maar een dalend cultuurgoed dat via internet ook werd bedreven door lieden met alleen vmbo. De burger nam een journalistieke pose aan en noemde in het kielzog van Hofland zelf 'de overheid een waardeloze club die alleen maar fouten maakt'.[96]

De woordvoerders van het massale tegels lichten werden Pim Fortuyn, later Geert Wilders. Allerlei keizers hadden geen kleren aan en niemand kon het 'wij worden belazerd' zo overtuigend uitspuwen als de PVV-voorman Geert Wilders. Wantrouwen bleek een vliegwiel dat vanzelf steeds meer wantrouwen teweegbracht. De socioloog A.N.J. den Hollander beschreef in zijn meesterlijke boek *Het démasqué in de samenleving. De journalistiek van de anti-schijn* hoe het onthullen van de schijn uiteindelijk leidde tot 'een orgie van ontmaskering, afwijzing van het officieel gebodene, alom afbreuk aan de bereidheid op gezag te geloven'.[97] Het kon dan ook niet uitblijven of het masker van de journalistiek zelf zou worden afgerukt, als heuler met de macht, en dat was precies wat gebeurde.

Na de glorietijd van dag- en weekbladpers, onder het banier van zwaargewichten als Hofland, Joop van Tijn bij *Vrij Nederland* of bij *de Volkskrant* Jan Blokker, ging het met de pers bergafwaarts. Gaandeweg keerde de status van de journalist terug op het niveau dat de socioloog Van Heek hem halverwege de vorige eeuw had toegekend op zijn beroepenladder: ergens tussen de kapper en de tweedehandsautoverkoper. Mij bleek een paar jaar na de eeuwwisseling hoe zorgelijk de toestand was. Tijdens een bijeenkomst in het Muziekgebouw aan 't IJ las mediacriticus Joris Luyendijk onder applaus van zevenhonderd jonge journalisten en mediastudenten de hoofdredacteuren van toen nog *NRC Handelsblad* en *de Volkskrant* de les. Zij werden publiekelijk terechtgewezen omdat ze aan de leiband liepen van het gezag. Halverwege de negentiende eeuw had de Hofland van toen, de advocaat en aanklager van de standenstaat Dirk Donker Curtius, de pers gesierd met de titel 'koningin der aarde'. Nu bleek ook die koningin geen kleren meer aan te hebben.

Kritiek op de journalistiek als beroepsgroep met buigbare knieën is al oud. Hofland zelf meende dat journalistieke volgzaamheid onderdeel was van de verzuiling, die werd gekenmerkt door een houding van 'eerbied en zijn plaats kennen'. In Amerika schreef de linkse taalwetenschapper annex activist Noam Chomsky het boek *Manufacturing Consent* (1988). Daarin werd de journalist getypeerd als de tekstschrijver van de macht. In Nederland schreef journalist Jean-Pierre Geelen in 1998 het boek *Het Haagse huwelijk*. De titel hoeft geen toelichting. Journalisten lieten zich voor politieke karretjes spannen. Zolang ik me kan heugen, werd er geklaagd dat de journalistiek aan de verliezende hand is. Journalisten schreven niet langer tegen de autoriteiten, zoals het betaamde, maar schreven, bewust of onbewust, met het gezag mee. Ik herinner me een bijeenkomst in het Amsterdamse Paradiso waar het boek *Gevaarlijk spel* werd gepresenteerd. Het gevaar bestond hieruit dat journalisten het aflegden tegen voorlichters en lobbyisten. Onder luide instemming werd betoogd dat 'het antagonisme tegen de macht' weer terug moest in de journalistiek.

De schrijver en journalist Joris Luyendijk ontpopte zich als een soort voorganger van de journalistieke kritiek. Hij was in 2012 de eerste zogeheten Nieuwspoort-rapporteur[98] die in een vrije opdracht mocht schrijven over de verhouding tussen macht en media aan het Binnenhof. Luyendijk besloot de sociëteit Nieuwspoort zelf aan een kritisch onderzoek te onderwerpen. Daar bivakkeerden Haagse journalisten achter gesloten vitrages en onder de belofte van zwijgzaamheid met politici, voorlichters en lobbyisten. Ze lieten zich bepraten en sloten volgens Luyendijk 'dealtjes', voor wat, hoort wat. Politici kregen een gunstiger onthaal in de krant of op televisie, suggereerde de Nieuwspoort-rapporteur, in ruil voor ingestoken primeurs of exclusieve interviews. De journalistieke onthullers zouden zelf het nodige te verbergen hebben.

Het verslag van zijn kort Haags verblijf werd tienduizendvoudig verkocht, nadat hij een paar jaar eerder al succes had gehad met zijn boek over de onmogelijkheid van serieuze journalistiek in het Midden-Oosten. De strekking daarvan was dezelfde als die van zijn Haagse avontuur. Journalisten doen alsof ze aan eerlijke nieuwsgaring doen. In werkelijkheid laten ze zich in met onoorbare praktijken, presenteren ze persbureaukopij als eigen werk, en lopen ze als makke schapen achter de pr-machine van regeringen aan. Dat was geruime tijd geleden en ik verbaasde me toen al over de kritiek van Luyendijk.

Er was alle reden om bezorgd te zijn over de economische basis van de ouderwetse journalistiek en de afbladderende onafhankelijkheid in verband met de commercie. Maar daar ging het niet over. Er was iets geks met het oordeel over de journalistiek als verlengstuk van de arm van de macht. Als de journalist zich zo liet ringeloren door politiek, voorlichting en pr, waarom lukte dat dan zo slecht? Luyendijk schreef over de zeer succesvolle propaganda van Israël tegenover de hopeloos amateuristische Palestijnen. We hebben intussen gezien hoe bitter weinig zoden dit aan de dijk zet, aangezien er sinds jaren geen krant of omroep te vinden is die Israël steunt, en zeker geen medium dat zichzelf als progressief en kritisch afficheert.

Een soortgelijke tegenspraak kon je vaststellen in Den Haag. Daar zouden journalisten onder een deken liggen met voorlichters, lobbyisten en politici. Het geklaag over de 'bontkraag' van 'communicatie' rondom de ministers was niet van de lucht – maar die pogingen tot afscherming werden juist gedaan omdat het niet wilde lukken om de beeldvorming te beïnvloeden. Als er al sprake was van een Haags huwelijk tussen journalistiek en politiek, dan was dat huwelijk mislukt. Het tegendeel was al jaren het geval. Argwaan tegen de politiek was in de journalistiek en verre omstreken geboden, en de onderzoeksjournalistiek rukte ijveriger dan ooit aan de sluier van de schone schijn.

Omdat het aan journalistiek wantrouwen bepaald niet ontbrak, moest er iets anders aan de hand zijn. Volgens Joris Luyendijk was sociëteit Nieuwspoort de hel op aarde, het symbool van verstrengeling en waren de gesloten vitrages het bewijs van het gebrek aan transparantie. Kenners wisten dat Nieuwspoort aardig personeel had en goede bitterballen, en dat het de saaiste kroeg was in Den Haag, zeker in de nieuwe betonnen behuizing van het voormalige ministerie van Buitenlandse Zaken. Journalisten, voorlichters, ambtenaren, bedrijfslobbyisten en politici liepen er inderdaad door elkaar, al kwamen er minder en minder politici omdat ook zij liever naar huis wilden. Die vermenging was niet nieuw, en leverde in de praktijk weinig problemen op. Iedereen kende zijn rol en de meeste journalisten wisten haarfijn wanneer zij met de lobbyist van Shell of Tata Steel aan de bar stonden. De 'dealtjes' die Luyendijk in Nieuwspoort meende te zien, zou hij na het succes van zijn boekje voor NRC *Handelsblad* gaan onderzoeken. Er werd een heus researchteam samengesteld. Maar de opbrengst was zo mager dat het team al vlot weer werd ontbonden.

Niet de rolvermenging in Nieuwspoort was nieuw, wel het soort verontwaardiging erover. En daar had Joris Luyendijk wel degelijk woorden gevonden voor de tijdgeest. Nieuwspoort was in antropologische termen een ritueel onrein oord, en de tolerantie daarvoor nam sinds de eeuwwisseling zienderogen af. Joris Luyendijk was van huis uit antropoloog. Weliswaar gebruikte hij de termen rein en onrein niet, zijn blik was onmiskenbaar die van de exotische studies. Rein of onrein was niet langer een classificatie die bij primitieve volken hoorde, maar van de moderne politiek. Dieren en kinderen waren het summum van zuiverheid en onschuld, en verdienden tot elke prijs bescherming. Om die reden kregen de dieren hun eigen politieke partij, als tegenhanger van de mens, die de schepping had bezoedeld. Anders dan mensen kon je dieren vertrouwen, die hadden geen verborgen agenda's. Het tegendeel daarvan waren de politiek én de journalistiek, in de optiek van Luyendijk.

Tegellichter H.J.A. Hofland dronk in de jaren zeventig van de vorige eeuw een goed glas whisky met de penoze in barretje Hilton. Hij sjouwde met zijn legerjas door Amsterdam, oefende ongenadige kritiek uit op de autoriteiten om zich vervolgens de lunch in bodega Keyzer goed te laten smaken, in gezelschap van deze of gene burgemeester, minister of fractieleider. Een andere journalistieke grootmacht, Jan Blokker, was scherp als een scheermes over het koningshuis. Maar hij converseerde even genoeglijk met prins Bernhard die hem met enige regelmaat opbelde met klachten over de kruiswoordpuzzel in *de Volkskrant*.

Zo'n dubbelzinnige houding werd niet meer geaccepteerd. Het Prins Bernhard Cultuurfonds werd omgedoopt in Cultuurfonds, omdat prins Bernhard lid was geweest van de nazipartij NSDAP. Dat was jaren voordien al bekend, maar ineens werd het ook een schandaal. De smetvrees greep om zich heen en ook journalisten mochten niet langer met pek omgaan, uit vrees daarvan een lik mee te krijgen. Hetzelfde puritanisme kenmerkte het populisme, ter linker- of ter rechterzijde. Amerika kende een lange geschiedenis van politiek populisme. De politieke beeldtaal liet geen misverstand bestaan: er was sinds eind vorige eeuw geen presidentskandidaat die zichzelf niet voornam om de augiasstal in Washington uit te mesten.[99]

Schoonvegen hoorde bij de buitenstaander die korte metten zou maken met de gevestigde politiek. Donald Trump beloofde het moeras in Washington te dempen. President Theodore Roosevelt noemde in 1906 de journalist die vieze zaakjes onthulde 'the man with the muckrake', de man met de stronthark. Dat was niet bedoeld als compliment maar werd later een geuzennaam. Ook de journalist sloeg aan het boenen, net als zijn neef de populist. *Volkskrant*-journalist Ariejan Korteweg publiceerde na zijn jarenlange Haagse ervaring een boek met als titel *Het Haagse moeras* (2023).

Ouderwetse politici van de vermaledijde middenpartijen waren niet schoon maar besmet. Zij hielden zich niet aan hun verkiezingsbeloften. Ze waren niet transparant maar bespraken de zaken in achterkamers. Zij sloten compromissen, ze moesten rekening houden met de achterban in Meppel, met de coalitiepartners en met de eisen van de Europese Commissie. Ouderwetse politiek was niet mooi, maar integendeel geknutsel en gerommel met eindjes touw en roestige spijkers. Vuil en vunzig, zei D66-leider Pechtold toen hij net minister was geworden, over de atmosfeer in de ministerraad. Voor de politieke smetvrees betaalden de oude middenpartijen de prijs, met hun pappen en nathouden, vaag rentmeesterschap of de coalitie tussen hoog en laag. Vergeet het politieke midden, zei de machtige ideoloog van Boris Johnson, Dominic Cummings. Commentatoren denken altijd dat in het midden de politieke winst te halen valt, omdat daar de meeste kiezers zitten. Vergeet het, zei Cummings. Waar rein en onrein, zuiver en onzuiver gelden als maatstaf, is het midden morsdood. En zo gebeurde het de afgelopen decennia dat de grote middenpartijen in heel West-Europa verschrompelden.

Nieuwe politiek, of ook wel nieuwe bestuurscultuur, rook naar groene zeep en hield zich altijd aan het gegeven woord. Geheimhouding was uit den boze: met een zuiver politiek geweten had je niets te verbergen. Pim Fortuyn zei wat hij dacht en deed wat hij zei. De Franse president Sarkozy bezwoer dat hij nimmer een leugen over zijn lippen zou krijgen. Later liep hij met een enkelband na een veroordeling wegens fraude. De hoofdzonde in de reinheidscultuur was uiteraard hypocrisie. De D66-leider Sigrid Kaag was het ideale mikpunt, omdat zij de politieke zuiverheid met zo veel verve uitdroeg. Als een voorbeeldige populist zette zij zich af tegen de leugens, de smoezeligheid en de klefheid van de politieke gebruiken, met 'hier scheiden onze wegen' en 'het juiste doen'.

Ze suggereerde hogere beginselen, had twee rozenkransen in haar damestas, en werd voorspelbaar het doelwit aangezien politiek nu eenmaal politiek is. Kaag kreeg te maken met scheldpartijen, bedreigingen en een man aan de deur met een fakkel. Zelf verklaarde ze de weerzin tegen haar persoon met het feit dat ze vrouw is. Geert Wilders noemde haar een heks. Dat was onsmakelijk maar zoals vaker bij Wilders ook doeltreffend, omdat het naadloos paste in het denkschema van rein en onrein.

De befaamde antropologe Mary Douglas – zo direct meer over haar – schreef een beroemd boek over rituele reinheid, *Purity and Danger*. Zij wees daarin op mensen in 'gevaarlijke dubbelzinnige rollen, aan wie ongecontroleerde, onbewuste, gevaarlijke en negatieve macht wordt toegeschreven – zoals hekserij en het boze oog'.[100] Kaag bleek net zo dubbelzinnig en dus bevlekt als haar politieke collega's, en betaalde daarvoor de prijs. Reinheid is de vijand van dubbelzinnigheid en compromis. Heldere lijnen, duidelijke concepten, schreef Mary Douglas.[101]

De politieke scheidslijn liep niet langer tussen ouderwets links en rechts maar tussen zuiver en besmet. De indeling in klassen bestond uiteraard nog wel, tussen de mensen met geld en de mensen zonder. Iets dergelijks was ook de media overkomen. Het internet overheerste, maar had de televisie niet definitief verdrongen, zoals ook de radio, de bioscoop en de krant nog altijd bestonden. Rijk en arm zijn objectiveerbare categorieën, en journalisten beschouwden zich nog altijd als de zaakwaarnemers van de ontrechten en de verdrukten. Journalisten keerden zich ijveriger dan ooit tegen 'de rijken', en begrepen niet dat ze op een kwade dag op een hoop werden geveegd met de vermaledijde politici. De indeling in rein en onrein had de scheidslijn tussen arm en rijk weggedrukt, en de zogeheten mainstreamjournalist bleek bij het keizerrijk te horen dat hijzelf met zo veel verve had uitgekleed.

Net als de politiek was de journalistiek een vlekkerig beroep en niet alleen omdat journalisten zich zo slecht kleedden. Ouderwetse journalisten hengelden en smoesden hun stukken bij elkaar. Zij zaten met foute types in het café, met politici, voorlichters, lobbyisten van bedrijven, hét voorbeeld van onreinheid. Ze konden niet alles opschrijven of uitzenden wat ze hoorden. Journalistiek bedrijven is onderhandelen, zei televisiemaker en historicus Ad van Liempt ooit. Net als politiek. The man with the muckrake stonk zelf. Het publiek werd, door zowel de politiek als de journalistiek, belazerd. De roep om zuiverheid klonk overal, niet in de laatste plaats in de beroepsgroep zelf.

Ik noemde al het boek *Het démasqué in de samenleving. De journalistiek van de anti-schijn*, geschreven door de socioloog en amerikanist A.N.J. den Hollander. Het verscheen in 1976, vier jaar na *Tegels lichten*. Den Hollander hield zich als een van de eersten bezig met de journalist als mensentype. Den Hollander was gekrenkt en boos, net zo boos als Hofland en om een gelijksoortige reden. Hofland was ontslagen als hoofdredacteur bij het *Algemeen Handelsblad*, Den Hollander was het slachtoffer geworden van de bezetting van de Amsterdamse universiteit en daaropvolgende radicale democratisering. Voor Den Hollander was de universiteit de plek 'waar de schijn welig tiert'. Hij hanteerde hetzelfde beeld als Hofland, van onder het plaveisel kijken en dan vaststellen 'wat er tevoorschijn komt zodra men de plavuizen optilde waarover de keurig geschoeiden zich voortbewogen...'[102]

Het eigenlijke onderwerp van Den Hollanders boek waren de muckrakers, de eerste generatie Amerikaanse onderzoeksjournalisten uit het begin van de vorige eeuw. Zij klaagden misstanden aan bij grote bedrijven zoals Standard Oil, hun bladen haalden miljoenenoplagen en zijzelf vierden grote successen. Hoewel Den Hollander zeker bewondering koesterde voor dit journalistieke werk, kon je niet zeggen dat zijn sociale typering van de journalist positief uitviel. Het menstype van de onthuller, aldus Den Hollander, was niet zoals de geleerde gericht op het vinden van de waarheid. De journalist wilde ontmaskeren, meer dan weten wat zich achter de schijn bevond. Details van het verhaal gingen over de geheimhouding, meer dan over de sociale werkelijkheid. De muckraker wilde boeien en onthutsen, maar ging zelden diep. Voor zover oorzaken werden aangewezen, behandelden die algemeenheden: 'het systeem', 'de plutocratie', 'de monopolies' – 'de rijken' dus, zoals wij tegenwoordig plegen te zeggen.

Het effect van een en ander was dat, helemaal in de sfeer van Hofland, het wantrouwen werd gezaaid. Iets verbergt iets anders en de onthuller laat zien hoezeer wij worden beetgenomen. Onthullen is een dankbare bezigheid, je bent bevoorrecht met kennis die anderen niet hebben in een ondoorzichtige omgeving. Maar de argwanende speurneus zag ook al snel te scherp en dan ontspoorde de onthulling in het complot. De onthuller kon ook nooit zelf gezaghebbend worden. Hij ontleende zijn identiteit aan de waardering over hetgeen hij had blootgelegd. Hij was afhankelijk van de bewieroking van anderen en moest voor zijn bevestiging dus steeds een nieuw object voor zijn verontwaardiging zoeken. Hij was wezenlijk een instabiele persoonlijkheid, aldus een weinig complimenteuze Den Hollander.

Het zichzelf versterkende element bleek vooral nadat het onthullen werd gedemocratiseerd. Er kwamen klokkenluiders, burgerjournalisten, zelfkazende ontmaskeraars en internetsites die een permanente aanklacht waren tegen de journalistiek als medeplichtige aan de macht. Als er één ding duidelijk werd, dan wel hoe moeilijk het was om het journalistieke roer recht te houden. Er werd meer onthuld dan ooit tevoren, en een cynicus zou betwijfelen of Nederland wel voldoende aanbod van schandalen had om aan de vraag te voldoen. Alleen al op de zenders van de publieke omroep bestonden de programma's *Argos*, *Meldpunt*, *Radar*, *Zembla*, *Kassa* en *Pointer*, die wekelijks om het hardst een misstand aankaartten, voorzien van suggestieve filmmuziek en verontwaardigde commentaarstemmen.

Het kon niet anders of het publiek kreeg de indruk permanent te worden geflest en opgelicht. Maar juist door die ongedifferentieerde hoeveelheid schandalen, leek het eenentwintigste-eeuwse onthullen meer ingegeven door gebrek aan kompas en zelfvertrouwen. De moderne journalist leed zelf aan smetvrees, hij moest ergens tegen zijn, kon niet zoveel schelen waartegen. In de beginjaren van deze eeuw verschenen boeken met titels als *Lies and the Lying Liars Who Tell Them.*[103] In hetzelfde jaar noemde John Lloyd, oud-hoofdredacteur van *The Times*, die ongerichte contramine 'spleen without purpose'.[104]

Al in 1919, kort na het einde van de Eerste Wereldoorlog, sprak de socioloog Max Weber over de journalistiek als een onreine beroepscategorie. In zijn befaamde redevoering *Politiek als beroep* ruimde hij drie pagina's in voor de typering van de journalist.[105] Weber noemde de journalist in het rijtje met de demagoog, de advocaat en de kunstenaar: geen vastomlijnde sociale categorie, in het Duits veel scherper, 'er gehört zu einer Art von Pariakaste', die in de samenleving altijd wordt beoordeeld naar haar laagst staande vertegenwoordigers. Geen politicus kan zonder de pers, en tegelijkertijd is de journalist aan zijn broodheren gebonden en is hij dus nooit echt vrij om te schrijven wat hij wil.

In de tijd van Weber tikten journalisten naamloos hun stukjes, en zijn oordeel was onbarmhartig: de journalistiek is een belangrijk beroep maar 'niet voor iedereen weggelegd, en al helemaal niet voor lieden die uitsluitend in een veilige sociale positie hun innerlijk evenwicht weten te bewaren'. Zij mogen aanschuiven in de salons van de machtigen, schijnbaar op gelijke voet en vaak gevleid want gevreesd. Maar ze weten ook dat ze hun hielen nog niet hebben gelicht of de gastheer zal zich tegenover zijn gasten verontschuldigen over de aanwezigheid van de 'kwajongens van de pers'. Weber sloot zijn drie pagina's af met de treurige vaststelling dat het niet verwonderlijk is dat we zo veel ontspoorde of verlopen journalisten ontmoeten. Dat laatste was een eeuw later veranderd. Journalisten zagen zichzelf nog wel als rebellen, maar na de werkdag haastten ze zich naar het vermaledijde gezin, en niet naar Nieuwspoort.

Een nieuwe moraal

Wat kwam er in de plaats van de oude fatsoensmoraal waarmee de generatie van Hofland korte metten had gemaakt? Daarover hadden de bevrijders van de jaren zestig en zeventig niet nagedacht. Deksels gingen van beerputten, misstanden bleven niet langer onder de pet. Maar wat zou de plaats innemen van het schimmelige fatsoen van de burgemeester van Saartje en die andere lachwekkende gezagsdragers van weleer? Hun gangen werden voortaan met argusogen gevolgd – Argus was de journalist uit de stripboeken van Ollie B. Bommel, voorzien van slappe hoed en net als Hofland met een sigaret in de mondhoek. Fatsoen verloor zijn positie, en daarvoor in de plaats kwam integriteit.[106]

Integriteit betekent letterlijk onaangeraaktheid, heelheid, onkreukbaarheid of onschendbaarheid. Reinheid of onbezoedeldheid liggen hier om de hoek. Het gaat niet langer om vastomlijnde ideeën over gepaste verhoudingen, van het gezag van de hoge hoed tot het kazuifel van de kapelaan. Integriteit gaat om gedrag. Zowel bij de overheid als in de bedrijven maakte het integriteitsbeleid zijn stormachtige opwachting. Er kwamen regels en geplastificeerde protocollen en in de jaren negentig ontstond er een hele integriteitsindustrie. Die greep zo snel om zich heen dat er niet alleen ook een hoogleraarsstoel integriteit kwam, maar dat de professor in kwestie al in zijn oratie in 2005 vaststelde dat sprake was van zogeheten 'integritisme' – een aanzwellend koor van onthullers en aangevers dat wees naar bestuurders die over de schreef gingen. De betreffende hoogleraar, L.W.J. Huberts, wees erop dat de beschuldiging van integriteitsovertredingen reuze geschikt was om politieke tegenstanders of dwarse ambtenaren uit de weg te ruimen.

Een beetje integer bestaat niet, heeft minister Ien Dales in de jaren negentig gezegd. Dat klonk als een echo van de antropologe Mary Douglas, die over rituele reinheid schreef als 'unequivocal', ondubbelzinnig. Reinheid kent geen genade of context, geen verzachtende omstandigheden. 'Bedoelingen, rechten of plichten spelen geen rol, de enige feitelijke vraag is of een verboden contact heeft plaatsgevonden.'[107] Die hand lag op dat been, en die vaststelling was voldoende voor ontslag. Integriteit als genadeloze maatstaf vroeg bij wijze van spreken om overtreding en dus ook om aangevers die hun eigen motieven eropna hielden.

In de gemeente Bloemendaal werd de burgemeester tweeëntwintig keer van integriteitsschendingen beschuldigd; steeds werden vermeende overtredingen gemeld, telkens bleek dat er geen grond voor was. In een interview somde de burgemeester op wat hem werd nagedragen: handelen in strijd met het vertrouwensbeginsel, schenden van privacyregels, politiek laakbaar handelen, bijdragen aan een verhard politiek klimaat, discriminatie, zwartmaken van raadsleden, intimidatie, handelen in strijd met de ambtenarenwet. Zijn tegenstanders waren een paar querulanten, die alles uit de kast haalden om de burgemeester in een kwaad daglicht te stellen; alle aantijgingen werden door een commissie beoordeeld, stuk voor stuk werden ze afgewezen. De burgemeester hield stand.[108]

Minder florissant verging het de directeur van het onderzoeksinstituut WODC, dat verbonden was aan het ministerie van Justitie. Een medewerkster luidde de klok bij het televisieprogramma *Nieuwsuur*, omdat haar baas haar onderzoek naar softdrugs had 'beïnvloed', onder druk van het ministerie. *Nieuwsuur* maakte er een geweldige misstand van, en meteen na het eerste bericht zei een paniekerige minister van Justitie op televisie 'dat er dingen niet goed waren gegaan'. Hij wist nog weinig maar hij besefte terdege dat een integriteitsschending bij een van zijn diensten ook voor hemzelf onaangename gevolgen zou kunnen hebben. De minister stelde ter plaatse maar liefst drie onderzoeken in naar de gebeurtenissen.

De directeur hield de eer aan zichzelf, in de juiste taxatie dat tegen aantijging van een integriteitsschending geen kruid gewassen was. De Tweede Kamer blies in stijl hoog van de toren dat de augiasstal van het WODC moest worden schoongespoten. De gang van zaken was een schoolvoorbeeld van een reinigingsritueel. Nederland heeft tientallen kennis- en adviesinstellingen die in opdracht van de minister dingen uitzoeken en rapporten schrijven. Strikte onafhankelijkheid bestaat daar niet, aangezien er nu eenmaal spanning bestaat tussen de politiek die iets wil en wetenschappers die de waarheid vertellen ('speaking truth to power'). Directeuren schuiven op dinsdag aan bij de vergaderingen van de ministerstaf, en zo kan beleidswetenschap naar haar aard nooit zuiver of onbespoten zijn.

De lange en behoorlijk succesvolle geschiedenis van de Nederlandse beleidswetenschap raakte door de zogeheten WODC-affaire bezoedeld. Niet langer telde het resultaat van het onderzoek, maar of er op de correcte manier om de totempaal van de procedures, protocollen, en onafhankelijkheidsgaranties was gedanst.[109] Het duizelde van de Chinese muren, instrumenten, afspraken, verboden en voorwaarden om grensoverschrijding tussen correct onderzoek en grijpgrage politici te voorkomen. De antropologe Mary Douglas zou haar vingers hebben afgelikt bij de smetvrees die eruit opsteeg.

Van relativering kon in deze zaak uiteraard geen sprake zijn. Afgaande op de verslaggeving door *Nieuwsuur* en de reacties in de Tweede Kamer was een manipulatie van Russische proporties ontdekt. Uit het laatste onderzoek bleek dat het WODC in het drugsonderzoek netjes werk had afgeleverd, waarna de hele kwestie was teruggebracht tot een arbeidsconflict tussen de ambtenaar en de directeur, die wel eens met stemverheffing had gesproken.[110] Voor het resultaat maakte het niet uit: het WODC moest 'op afstand' van het ministerie worden geplaatst, het vuil moest worden verwijderd. Kleine integriteitskwesties bestaan immers niet. Wetenschap was onafhankelijk en kon geen betrekking hebben met de politiek. Mary Douglas gaf het voorbeeld van een Afrikaans volk dat een haan had gedefinieerd als een dier dat 's ochtends kraaide. Toen er een haan was die 's nachts kraaide, werd het beest de nek omgedraaid.[111]

Net als het aantal integriteitsschendingen, rezen de meldingen van grensoverschrijdend gedrag de afgelopen jaren de pan uit. Hoogleraar Michiel de Vries schreef er het boek *Kapot.* over, met als ondertitel *Hoe vilein is de deugindustrie?*[112] Oorspronkelijk verwees integriteit naar aantoonbare fraude en corruptie. Gaandeweg verwaterde niet-integer gedrag en gingen ook seksuele intimidatie, pesten, discriminatie, stemverheffing of roddelen bij de koffieautomaat eronder vallen. De Vries haastte zich in zijn inleiding om te verklaren dat serieuze overtredingen als verkrachting en aanranding gewoon door de rechter horen te worden bestraft.

Maar hij zag steeds meer 'pietluttigheden' en wees op Mariëtte Hamer, de commissaris seksueel grensoverschrijdend gedrag die haar onderwerp als volgt omschreef, namelijk 'dat je de grens overgaat en iets doet wat een ander niet wil. Als wij samen zitten te dollen, dan is dat goed tot op het moment dat een van de twee het niet meer leuk vindt. Ik denk dat we naar een samenleving moeten waarin je sneller van elkaar aanvoelt wat prettig is.' Geen wonder dat de onderzoeksbureaus die zich met integriteitskwesties en grensoverschrijdend gedrag bezighielden, 'de laatste vijf jaar een enorme toename van onderzoeksverzoeken zien'.

De meest verbazende verandering die De Vries beschreef, was dat dergelijk onderzoek niet langer gedeelde feiten wilde vaststellen, maar koerste op gevoelens. Dezelfde subjectieve maatstaf hanteerde de overheid voor discriminatie – als ik vóel dat ik word gediscrimineerd, dan is het zo. 'Als je nooit racisme merkt, hoe weet je dan wat het is?' vroeg een televisiepersoonlijkheid 'van kleur' zich af in de krant.[113] Het begrip safespace deed zijn intrede, overgewaaid uit Amerika. Dat gevoelens een criterium vormen, sloot aan bij de nieuwe opdracht die men zich sinds de ontkerkelijking stelde in het leven, en waarover ik in een vorig hoofdstuk schreef: jezelf worden betekent dat jij de enige bent die kan beoordelen hoe de vlag erbij hangt. In de krant waren de gevolgen van die radicale verandering dagelijks leesbaar. Verslagen van vakbondswerk of Kamerdebatten bestonden uiteraard nog, maar het zwaartepunt was verschoven naar individuele emotie.

Hoe ik mijzelf werd, is hoofdonderwerp, of hoe ik daarbij werd tegengewerkt, hetzij door mijn eigen blokkades, of de barrières die anderen opwierpen. Seksualiteit, het allerintiemste onderwerp, werd de belangrijkste publieke zaak. De journalistieke vormen werden het interview en de reportage, interviews gingen steevast over de geïnterviewde zelf. De vraag was niet langer, wat vindt u hiervan, maar wat doet dat met u? En het antwoord was niet langer een standpunt, maar 'dat kwam behoorlijk bij mij binnen'. Opvattingen waren niet langer interessant, alles draaide om emoties. Voor televisiemakers was de snik of de traan de graadmeter.

Zo werd grensoverschrijdend gedrag een journalistiek onderwerp waar driftig tegels werden gelicht. Op grond van tientallen anonieme getuigenissen en vaak uitgeschreven over vijf of meer krantenpagina's, gingen de beerputten van populaire televisiepresentatoren en kunstenaars, hoogleraren, advocaten en de Kamervoorzitter open. Strijk-en-zet was het gevolg dat de betrokken grensoverschrijder bliksemsnel op non-actief werd gesteld. Voor onreinheid bestond immers geen genade. Waarna op de iets langere termijn de vraag rees of het sop de kool wel waard was geweest, maar wat als een paal boven water stond: de 'dader' in kwestie was definitief beschadigd. Een bekende presentator zei beeldend dat hij 'een scheur in zijn broek' had, die niet meer gerepareerd kon worden. Dat bleek eens te meer het geval na een mislukte poging om weer op het scherm te verschijnen.

De Vries was van huis uit bestuurskundige en methodoloog en besloot een aantal onderzoeken naar grensoverschrijdend gedrag langs de meetlat van het wetenschappelijk ambacht te leggen. Het strenge oordeel waarmee de directeur van het WODC had kennisgemaakt, contrasteerde opmerkelijk met de slonzigheid van al die bestelde onderzoekjes. Geen van alle voldeed aan de meest elementaire regels die aan waarheidsvinding gesteld mogen worden. De samenvatting van de conclusie van De Vries: 'Dubieuze opdrachten, dubieuze bevindingen.' Opdrachtgevers die niet alleen vroegen om een onderzoek maar zelf de onderzoeksvraag formuleerden; slodderige statistiek, ontbreken van een fatsoenlijk feitenrelaas, net als hoor en wederhoor. De onderzochte partij kreeg zelden de stukken te zien, of wist niet eens wat hem of haar werd aangerekend. En als kers op de taart was nogal eens sprake van omgekeerde bewijslast, die inderdaad vanzelf volgde uit het feit dat gevoelens de maatstaf waren. Bij een onderzoek naar grensoverschrijdend gedrag bij nota bene een politiekorps was 'aannemelijk maken van de juistheid van verdachtmakingen [...] al voldoende'.[114] Zelfs de politie had het bewijs laten varen.

De Vries had het over een 'mindset' en kwam verder helaas niet toe aan een verklaring van wat je toch een omkering van waarden mag noemen. Dat laatste sprak uit het feit dat rechters in de meeste gevallen korte metten maakten met de uitkomsten van de bestelde onderzoeken. Aan de meest elementaire eisen van een behoorlijke rechtsgang was zelden voldaan. In het invloedrijke rapport-Van Rijn over misstanden bij de Publieke Omroep stond expliciet dat de ambitie niet waarheidsvinding was geweest, gestoeld op bewijs en weging van feiten.[115] Er werd gesproken van 'ervaren grensoverschrijdend gedrag', geadstrueerd met een serie suggestieve citaten zonder enige context. Niets werd aangetoond of onderbouwd. Afgezien van Michiel de Vries en nog hier en daar een enkeling, deed iedereen alsof deze manier van klachtenafhandeling, waarbij de klager a priori gelijk heeft, de gewoonste zaak van de wereld was.[116]

Veelzeggend was dat ook na een vernietigend oordeel van de rechter, die keer op keer vonniste dat de procedure niet in de haak was, de klacht nog altijd recht overeind bleef staan. Zo wees de beroepsrechter het ontslag van een redacteur van *de Volkskrant* af, omdat het door de hoofdredactie ingestelde onderzoek naar zijn veronderstelde grensoverschrijdende gedrag rammelde. De hoofdredacteur legde in de krant verantwoording af, maar bij het vonnis legde hij zich niet neer. Hij meende dat de uitspraak van het Hof 'recht ingaat tegen het rechtvaardigheidsgevoel'.[117] De hoofdredacteur vond dus dat de rechter het bij het verkeerde eind had, wat hij in geen enkel ander geval in zijn hoofd zou halen. Dezelfde reactie vertoonde de directeur van een school op Terschelling. De rechter verwees de beschuldigingen tegen drie docenten naar de prullenbak, waarna de directeur verklaarde het de volgende keer weer precies zo te zullen doen.[118]

Grensoverschrijdend gedrag speelde zich kennelijk af in een ander universum dan het recht. Een gevoelde kwetsuur moest ongedaan worden gemaakt, geschonden eer gewroken, het gevaar bezworen. In postmoderne tijden waren niet langer gedeelde feiten maar krenkingen maatgevend, en daardoor leek de tijdgeest meer op die van een primitievere wereld, die van antropologe Mary Douglas. Zij schreef dat rein en onrein in veel culturen religieuze categorieën zijn, zoals de reinigende biecht of de onbevlekt ontvangen Maria. En in religie is tegenspraak taboe.

Ook in de journalistiek namen de gevoelens het over van de ambachtelijkheid om tot gedeelde feiten te komen. Er bestond in het vak een Code van Bordeaux en een gedragscode voor Nederlandse journalisten, waarin de omgang was vastgelegd met feiten, bronnen, lezers, kortom de regelen der kunst in beroepsethische kwesties. Na de dood van George Floyd, de zwarte Amerikaan die in 2020 door een politieman bij zijn arrestatie werd gestikt, kwam er in de Amerikaanse journalistiek een discussie op gang over hoor en wederhoor, met andere woorden de vakmatige traditie van waarheidsvinding. Zwarte journalisten maakten bezwaar tegen het beginsel van hoor en wederhoor, dat schamper 'bothsidesism', 'de blik van nergens' werd genoemd.

Door ook de andere partij te horen, werd er gesuggereerd dat aan alle kwesties twee kanten zaten. 'Onze kernwaarde moet de waarheid zijn, en niet de perceptie van objectiviteit.' En de waarheid was de beleving van de verslaggever in kwestie. Het was een opvatting die volgens *The New York Times* veld won, ook in de mainstreammedia: 'Journalistiek wordt persoonlijker, en verslaggevers schrijven op wat zij als de waarheid zien, zonder zich te bekommeren om eventuele conservatieve lezers.' Hoor en wederhoor was niet langer een middel om tot kennis te komen, gestoeld op een eeuwenoude juridische traditie, een gedeelde waarheid met andere woorden, maar een ideologie, de smoezelige ideologie van de voorbije wereld van witte oude mannen.[119]

De journalist als conformist

De nieuwe standenstaat draaide om kennis van reinheid en besmetting. Dat was in de oude standenstaat ook al zo geweest, maar dan anders. De oude adel was absoluut niet geïnteresseerd in het grensoverschrijdende gedrag van de burgerlijke moraal. Bastaarden waren geen probleem maar een voordeel. Zij bedreigden de erfenis niet en waren wel beschikbaar voor bestuursfuncties die dan binnen de dampkring van de familie bleven. De handel en wandel van prins Bernhard was ook hier exemplarisch, met zijn buitenechtelijke dochters. Nou en?

Kleinburgerlijk fatsoen was niet in tel. Men maakte zich daarentegen zeer druk over de reinheid van het bloed. Daarom had de aristocratie altijd het adelsboek ofwel het rode boekje bij de hand, dan wel zijn internationale tegenhanger de Gotha.

Als er bezoek kwam, was het in verband met de vereiste vormen van het grootste belang precies te weten welke rang men voor zijn neus had. Dat was vooral belangrijk als een eventuele huwelijkskandidaat zijn opwachting maakte. Hoe blauw was het bloed? Was het bezoek wel *ebenbürtig*? Willem van Oranje, Vader des Vaderlands, schreef na de vogelvrijverklaring die over hem was uitgesproken door koning Filips II, zijn beroemd geworden *Apologie* (1581). Hij verweet een fors deel van de adel dat ze hem hadden verraden en vergeleek ze met kooplui, onrein volk dat zich liet leiden door geldbejag. Geld was besmet, het slijk der aarde, iedereen kon eraan komen, hoog en laag, en ermee doen wat hij wilde. Jezus ranselde de geldwisselaars niet voor niets uit de tempel. De ethiek van de adel was dienen en niet verdienen. Vandaar dat de adel steeds armer werd. Geld overschreed naar zijn aard de grenzen tussen de standen en was dus onrein. Kennis van rein en onrein was beslissend.

Er bestond ook wetenschap die specifiek edele, zuivere kennis was. Dat was wezenlijke kennis, van de ware verhoudingen achter de schijn. Het kon sterrenkunde zijn, zoals beschreven in *De tijgerkat* van Tomasi di Lampedusa. De hoofdpersoon, de prins van Salina, klom als hij gedeprimeerd was naar zijn kleine sterrenwacht op het dak van het landhuis. Meestal was hij somber gestemd vanwege het bezit van het Huis dat onder zijn ogen slonk. Alles veranderde maar goddank stonden de sterren stil. Er was zelfs een kleine planeet naar de prins vernoemd, die hij met zijn telescoop had ontdekt. De stand van de sterren kon je berekenen, en meer in het algemeen was de adel even goed in wiskunde als slecht in boekhouden.

Onze prins Maurits, de zoon van Oranje, was een bekwaam wiskundige. Dat kwam mooi uit in de oorlogvoering om de baan van kanonskogels te berekenen. Het beheer van de wezenlijke kennis ging terug op Plato, die een onderscheid maakte tussen de zuivere en onzuivere waarheid. Er bestond aristocratische kennis, van de eeuwige, wezenlijke waarheid, waarvan wiskunde en sterrenkunde de uitwerking waren. En er was de tastende vorm van ambachtelijke kennis van de stuurman, de visser, de boekhouder of de politicus. Zij leefden in Plato's grot en zagen van het wezen der dingen alleen de schaduw. Geen wonder dat een adelstand van filosofen moest besturen en niet politici.

Copernicus stelde vast dat de aarde om de zon draaide en niet andersom. Dat was een schokkende vondst want ze brak met de dogmatiek waarin ware kennis toekwam aan koning, kerk of adel. Om een eind te maken aan de bloedige godsdienstoorlogen in de zestiende en zeventiende eeuw richtten alle grote filosofen, van Hobbes tot Spinoza en van Locke tot Descartes zich op dat ene grote vraagstuk: de waarheid losmaken van de standen, van de kerk en de adel die er patent op hadden. Descartes schreef over 'de methode'. Dat was geen aristocratische kennis maar daarvan juist het tegendeel, kennis die losstond van de denker zelf, gebonden aan regels die voor iedereen golden. Waarheid werd datgene waarover men het eens kon zijn, de gedeelde feiten, terwijl het andere deel van afspraak luidde dat men elkaar in het bovennatuurlijke geloof met rust zou laten. Zo kwam de wezenlijke tweedeling van de moderne samenleving tot stand, van staat en maatschappij, kerk en staat, feiten en fictie, wet en moraal, privé en openbaar.[120]

Kastegebonden kennis is er niet meer, maar dat wil niet zeggen dat het kennisprivilege is verdwenen. De nieuwe standenstaat kent andere onreinheden dan de oude, maar het beginsel blijft hetzelfde. De grootste vrees is smetvrees en het kennisprivilege draait om de wetenschap van gevaarlijke bedreigingen die in het kleinste hoekje kunnen zitten, en die gewone stervelingen niet zien. Angst en risico zijn de twee sleutelwoorden in de nieuwe standenstaat. In de vroegere standenstaat vreesde men God en dat was een goede zaak, want die vrees zorgde ervoor dat men de verhoudingen respecteerde en zijn fatsoen hield.[121]

Maar God is dood en met hem de ouderwetse fatsoensmoraal. Smetvrees werd sedertdien iets voor de spreekkamer van de psycholoog en de psychiater. De taal van de christelijke deugden en ondeugden was uit de gratie geraakt. Hoe je jezelf moest worden en wat daarbij in de weg zat, werd het werk van deskundigen. Psychologen, therapeuten, maar ook klimatologen en toxicologen gingen vertellen wat eraan schortte. De moraal van rein en onrein was niet verdwenen, maar hoe wij het goede leven moeten leven, was niet langer het domein van de pastoor. Het goede leven werd een leven zonder angsten en risico's, en de wetenschap wees daarbij de weg.

Angst hoorde niet want stond in de weg van de zelfontplooiing, en om die reden werd veiligheid het nieuwe samenlevingsideaal. Sedertdien school het gevaar in het kleinste hoekje. Water uit de kraan drinken werd een risico, en zelfs in elke kop koffie bleken paks te zitten, polycyclische aromatische koolwaterstoffen, en al was het maar een beetje, die formule klonk als een dreigement. Er was geen roltrap meer zonder waarschuwende luidspreker aan begin en einde. Overal waren 'kwetsbare mensen' en 'ik voel mij onveilig' was een uitspraak die geen tegenspraak duldde. Onderwijl leefden de mensen gezonder en werden ze ouder dan ooit tevoren, maar die vaststelling werd bijna als een belediging gevoeld.

Geprivilegieerde kennis in de moderne standenstaat was kennis van gevaar. Niet voor niets heette het boek van Mary Douglas *Purity and Danger* – geen rituele reinheid zonder besmettingsgevaar. In die gevaarlijke wereld was de dominante tegenstelling niet langer die tussen economische klassen, maar tussen degenen met kennis en de onwetenden. Niet langer bepaalde het zijn het bewustzijn, zoals bij Marx, maar andersom, het bewustzijn bepaalde het zijn. Douglas schreef haar beroemd geworden boek in 1966, ten tijde van de strijd om de gelijkberechtiging van de zwarte bevolking in de VS. Douglas wilde laten zien dat de ogenschijnlijk rationele blanke Amerikanen dezelfde classificaties gebruikten als de primitief genoemde stammen in Afrika. Zo dacht ze aan te tonen dat de discriminatie van het zwarte volksdeel berustte op simpele sentimenten over rein en onrein bij de blanken.

Het boek was nauwelijks verschenen of milieuvervuiling werd een groot onderwerp, in Nederland met het bekende rapport van de Club van Rome. Lucht en water bleken smerig, voedsel en oceanen vervuild. Razendsnel kwam een nieuwe studie op: de risicoanalyse. Tot haar eigen verbazing kreeg Douglas' boek een heel andere betekenis. Vervuiling hoorde thuis bij de harde expertise van milieukundigen, toxicologen en scheikundigen, maar wat Douglas liet zien was dat de symbolische betekenis ervan zeker zo belangrijk was. 'Dirt is matter out of place,' luidde de kortste samenvatting van haar idee. Vuil is iets wat daar niet hoort – met andere woorden een morele categorie, die in onze wereld begrippen als deugd en ondeugd verving. Het was geen toeval dat milieuvervuiling een groot thema werd in dezelfde periode dat de gelovigen massaal de kerk vaarwelzeiden.

Douglas raakte meteen verzeild in een discussie of het gesignaleerde besmettingsgevaar niet voortkwam uit de harde feiten zelf. Ze kreeg te horen dat bijvoorbeeld de joodse spijswetten het antwoord waren op een bestaande realiteit: wie varkensvlees at, zou eerder ziek worden. Ook de besnijdenis van jongens zou haar verklaring vinden in de hygiëne. Zij maakte er korte metten mee. 'Biologen denken dat vuil, bijvoorbeeld in de vorm van de afscheidingen van het lichaam, een universeel gevoel van afkeer teweegbrengt. Ze moeten zich realiseren dat er niet zoiets als vuil bestaat; er is niets wat van zichzelf vuil is, en dat losstaat van een classificatiestelsel waarin het niet thuishoort.'[122] Denken over vuil en rein betekende denken over orde en wanorde, over zijn en niet-zijn, vorm en vormeloosheid, goed en kwaad, leven en dood.

Risico is hetzelfde als taboe, en beschermt het goede gemeenschapsleven, schreef Douglas.[123] Dat wierp een ander licht op het debat over milieu en klimaat. Vervuiling is wanorde, natuur is terugkeer naar de orde. Net als vroeger het onfatsoen moest worden bestraft, gold dat nu voor de wanorde, opdat de natuurlijke orde kon worden hersteld. De boodschap van bijvoorbeeld Herman Wijffels dat wij heel anders moeten leven, werd geformuleerd in termen van wraak door de natuur.[124] Het water, de aarde of de planten vormen een leger dat de orde gaat herstellen, tegen de mensheid die een verbod heeft overtreden.[125] Natuur kwam zo heel dicht bij die oude gereformeerde God van 'Mij is de wrake' (Rom. 12:19). Angst werd weer net als vroeger: datgene wat het goede gedrag moest garanderen, ook al waren er geen christelijke hoofdzonden meer.

Douglas schreef in 1982 een boek over risicoperceptie, samen met de politicoloog Wildavsky. Vier jaar later kwam de Duitse socioloog Ulrich Beck met zijn bestseller *De risicosamenleving*,[126] die nauw aansloot bij het denken van Mary Douglas. Het was vlak na de explosie van de kerncentrale in Tsjernobyl en het boek werd meteen een enorm succes. Niet langer klasse typeerde de samenleving, maar risico, liet Beck overtuigend zien. Ongelijkheid als inzet van strijd bestond uiteraard nog altijd, maar was ruimschoots ingehaald door gevaar. De maatschappelijke aanklacht luidde voorheen: ik heb honger. Die kreet werd verruild voor: ik ben bang. Overal loerden het gevaar en het risico, niet alleen van klimaatopwarming en zeespiegelstijging, maar ook een pandemie zat in een klein hoekje, kanker dreigde voor de buurtbewoners van elke fabriek. En dan was er het gezin, voorheen een veilige haven maar nu een potentiële bron van kindermisbruik. Elke storm werd aangekondigd met code oranje en een aanslagdreiging werd breeduit in de media verspreid als 'fase vier'.

De gelijkenis met de godsdienst was het besef van een eindtijd, de komende catastrofe. Wetenschappers vervulden de rol van 'een nieuwe priesterkaste', zoals Beck schreef. De dreiging was overal, maar alleen kenbaar voor de specialist. Gewone stervelingen wisten van de *unknown unknowns*, en dat wat zij zagen niet de werkelijkheid was. Beck sprak van 'een nieuw schaduwrijk van goden en demonen',[127] waarin de wetenschapper de weg wees.

Die wetenschapper at van twee walletjes, want claimde tegelijk het monopolie van de rationele kennis én bewaakte de morele zuiverheid. Transitieprofessor Jan Rotmans bijvoorbeeld noemde zichzelf een 'scientivist', de wetenschapper die tegelijk ziener en activist is. In die dubbelrol kon het gebeuren dat de waarheidszoeker werd overklast door de bewaker van de goede orde. Omdat de toekomst ongekend was, wonnen de risico's de strijd van de aantoonbare feiten. Er waren feiten die het gevreesde gevaar weerspraken, zoals het bescheiden aantal atoomslachtoffers als gevolg van de ramp van Fukushima. Maar ontkennen hielp niet, want juist de feiten waren 'als mest op de akker waar de angst groeit, bloeit en gedijt', schreef Ulrich Beck.

De angst regeerde en dat bracht ook voor de journalist een nieuwe rol mee. Ogenschijnlijk deed hij nog hetzelfde als altijd. Hij onthulde net als voorheen schandalen, maar het werden steeds vaker schandalen die zich nog moesten ontvouwen. Overal dreigde de integriteit te worden geschonden, er waren legio gifschandalen die konden leiden tot ziektes, hij speurde naarstig naar gevoeld grensoverschrijdend gedrag. De journalistiek inventariseerde niet langer feiten maar risico's, en zoals Mary Douglas had laten zien, was de functie van het risico het in stand houden van een taboe, een maatschappelijke orde.

Sinds veiligheid de norm was geworden, droeg de journalist tot zijn eigen verbazing een politiepet. Hij was een koddebeier geworden, die zelf aan het publiek vroeg 'hoho, wat zijn wij hier aan het doen?' Precies het tegenovergestelde dus van zijn rol zoals H.J.A Hofland die had gespeeld, als tegenstem en rebel met pensioenopbouw. Hoflands eigen krant NRC bracht een 'collegacode' uit voor de omgangsvormen ter redactie, waarin de vrijdenkers van het trotse Lux et Libertas alleen nog op kousenvoeten kritiek op hun collega's mochten uiten. Veiligheid voorop, ook de redactie moest een safespace zijn. Maar een journalist die ook in zijn artikelen moest toezien op de veiligheid was een conformist geworden. Hetzelfde gebeurde bij dat andere bastion van de vrije gedachte, de universiteit. Iemand stuurde me het 'Statement Diversity & Inclusion' van de Groningse universiteit, waarin docenten worden aangemoedigd 'diversiteit te omarmen', de 'eigen positionaliteit te erkennen', 'eigen vooroordelen en imperfecties' te erkennen. Mijn zegsman had er een persbericht aan vastgeniet over een rapport van de Europese Unie dat vreesde voor de academische vrijheid in Nederland, in verband met een tekort aan uiteenlopende perspectieven en toenemende zelfcensuur.[128]

In een samenleving waar overal het gevaar loerde, dreigde de uitzonderingstoestand de gewone toestand te worden. In de coronatijd zagen we hoe de overheid maatregelen nam die in strijd waren met de grondrechten. De journalistiek kreeg het verwijt soepel mee te gaan met de inperking van de vrijheid die hijzelf zei met hand en tand te verdedigen. De nieuwe rol van de journalist was het gevaar aanwijzen en grenzen bewaken.

Op zeker moment stonden in verschillende kranten artikelen waarin de scribenten aan zelfonderzoek gingen doen. Konden ze nog wel Céline lezen, naar de muziek luisteren van Michael Jackson of genieten van de Harry Potter-boeken. De eerste was immers antisemiet, de tweede was een kindermisbruiker en schrijfster J.K. Rowling had het gewaagd om te twitteren dat alleen vrouwen een baarmoeder hebben. In de betreffende artikelen besprak de journalist de eigen smetvrees, om vervolgens de vraag op te werpen wat betamelijk was en wat niet.[129] De muziek van Michael Jackson horen we inderdaad nauwelijks meer, en J.K. Rowling vertelde dat ze haar huis kon behangen met doodsbedreigingen. Mary Douglas waarschuwde er al voor. In het puriteinse universum regeert het taboe, en taboe betekent dat 'kritiek wordt onderdrukt, en hele levensgebieden onzegbaar, en dientengevolge, ondenkbaar worden'.[130]

5

De historicus en de rechter

De Grondwet als opinion chic

In 1977 bundelde Karel van het Reve een veertigtal krantencolumns onder de titel *Uren met Henk Broekhuis*. Het werd een enorm succes. Hij besprak gemeenplaatsen, opmerkingen die je achteloos in het midden brengt in de veronderstelling dat iedereen het daarmee eens is. Zijn voorbeeld was de Franse schrijver Flaubert, die een eeuw voordien de *Dictionnaire des idées reçues* had geschreven, gevolgd door een *Catalogue des opinions chic*. Daarin viel bijvoorbeeld te lezen dat Italië niet zo mooi is als men wel zegt, dat zweetvoeten een teken van goede gezondheid zijn, dat architecten dom zijn en altijd de trap vergeten, en dat vasten eigenlijk een gezondheidsmaatregel is.

Ik moet nogal eens aan Karel van het Reve denken als ik iets lees over de Grondwet. Een uitgesproken opinion chic is dat niemand de Grondwet kent en dat het hoog tijd is dat daar verandering in komt. In het recent verschenen *Een nieuw commentaar op de Grondwet* van de rechtsgeleerden Afshin Ellian en Bastiaan Rijpkema las ik zelfs dat het tijd is voor een 'constitutioneel reveil'.[131] En dan moet er uiteraard een initiatief komen om de bevolking 'grondwetwijs' te maken.

Maar waarom zou je eigenlijk de Grondwet moeten kennen, zou Karel van het Reve vermoedelijk zeggen. Het omgekeerde is natuurlijk waar. Gelukkig het land waar men gewoon voort kan leven zonder iets te weten van de Grondwet, zonder bij het ochtendkrieken het Wilhelmus aan te heffen of met een plechtig gezicht de Nederlandse vlag te hijsen. Anders dan over de Grondwet hoor je over vlag en volkslied dan weer uitsluitend geschamper en gesmaal.

De grote Thorbecke schreef in 1848 als bijsluiter dat zijn fonkelnieuwe Grondwet moest werken als een 'nationale kracht'. Maar in dat licht wordt door juristen de Grondwet tegenwoordig beslist niet meer gezien. Integendeel. Voor hen is het woord nationaal als een kwal op het strand, om met een bekend historicus te spreken. Daar loop je met een grote boog omheen. Wij moeten ons hooguit verdiepen in de Grondwet om onze rechten te kennen en de politiek aan de teugel te houden, daar komt het op neer. Wel moeten we bij het woord Grondwet plechtig kijken, en stilzwijgend is daarbij de boodschap dat we zonder Grondwet aan de heidenen – lees populisten – zijn overgeleverd. De Grondwet zelf is kortom een idée reçue of een opinion chic.

Thorbecke maakte een tweede belangwekkende opmerking. De Grondwet kan zelf nooit 'de volksgeest' dragen. Weer zo'n ongemakkelijk woord, dat terugwees naar de Franse filosoof Montesquieu en diens *esprit des lois*. De geest der wetten gaat aan de wet zelf vooraf. Dat vonden de meeste liberalen die in de negentiende eeuw sleutelden aan hun constituties. Een Grondwet moet een zedelijke bedding hebben, zou je kunnen zeggen, als dat ook al niet zo oubollig klonk. Moderner klinkt dat hij moet rusten op gedeelde waarden, anders is het een fake tekst. Ten slotte hebben de Noord-Koreanen de mooiste grondwet ter wereld.

Daar wringt de schoen. De Grondwet is geen 'rustig bezit'

meer. Er kwam in 2022 een zogeheten 'preambule' die ons vertelt dat Nederland een rechtsstaat is waar de grondrechten gewaarborgd zijn. Dat was kennelijk noodzakelijk. Steeds vaker wordt de Grondwet aangeroepen als waarschuwing tegen het populisme, en na de overwinning van Geert Wilders in november 2023 kwam het zelfs tot een soort examen van de PVV-leider die plechtig moest beloven de grondrechten te zullen respecteren. Staatsrechtgeleerde Wim Voermans had eerder gewaarschuwd dat de Grondwet niet als wapen tegen het populisme moest worden ingezet.[132]

Voermans zag de laatste decennia de 'expressie' van de Grondwet kantelen, hij zag een Grondwet die gaandeweg het 'project van het establishment' aan het worden was. De Grondwet werd tegen wil en dank de arena van politieke strijd en wie wil weten hoe dat is gekomen, moet teruggaan naar de ingrijpende herziening van 1983 en eigenlijk nog voordien. De 'zedelijke bedding' van onze Grondwet is de vrucht van de revolutionaire jaren zestig. Maar de thorbeckiaanse geest werd alles behalve een 'volksgeest' en van een 'nationale kracht' is al helemaal geen sprake.

De oorlog als lakmoesproef

Ik woonde begin jaren zestig van de vorige eeuw in IJmuiden. Op het Plein 1945 voor het stadhuis van Dudok zie je daar nog altijd een indrukwekkend oorlogsmonument. Drie robuuste zandstenen kerels staan er rug aan rug, een visser, een zeeman en een soldaat. De tekst eronder luidt: 'Eén koers, één strijd, de vrijheid. In dankbare herinnering aan hen die vielen in dienst van het vaderland.' Ik zat net op de lagere school en van de sokkel kon je aardig afspringen.

Maar in mijn herinnering besefte ik al dat dat standbeeld ook een ernstige zaak was, iets van ons allemaal, tegen de moffen zoals ze bij ons thuis zeiden. Op verjaardagen kwamen daarover de verhalen. Zestig jaar later staat het monument er nog, op vier mei worden er bloemen gelegd. De oorlog is zeker niet vergeten. Toch is er iets ingrijpend veranderd. Er worden ook nog altijd monumenten onthuld die ons vermanen terug te denken aan de verschrikkingen van het fascisme. Maar het zijn nooit meer nationale monumenten. De oorlog is, om met Thorbecke te spreken, allang geen nationale kracht meer.

Nieuwe monumenten zijn namenmonumenten, of Stolpersteine. Niet meer de gezamenlijke strijd tegen de bezetter, maar de Holocaust is de kern van de Tweede Wereldoorlog. De monumenten vertellen ons ook wat anders. Niet meer de nationale vrijheid is de inzet, maar het idee dat ieder mens zich vrij moet kunnen ontplooien. En dat betekent vooral een vermaning tegen discriminatie, racisme en antisemitisme. Halverwege de jaren tachtig van de vorige eeuw ging het slecht met de belangstelling voor de nationale herdenking. In 1987 werd het Nationaal Comité 4 en 5 mei opgericht, dat moest voorkomen dat 4 en 5 mei 'als een nachtkaars' uit zouden gaan.

Het roer moest om, en men ging op zoek naar een andere betekenis van herdenking en bevrijding.[133] In 1995 verwoordde koningin Beatrix het zo: 'In mei 1940 stond de integriteit van het grondgebied voorop. Vandaag, vijftig jaar na de bevrijding, is de integriteit van de mens onze grootste zorg, de erkenning en waardering die elk mens verdient. Dit is nú het beginsel van het eerste artikel van de Grondwet. Zo hebben de ervaringen van de oorlog hierin hun neerslag gevonden.' Ze zei het scherp, en uiteraard was elk woord door een paar ministers en hooggeleerden op een goudschaaltje gewogen. In iets minder koninklijke bewoordingen vertaald: vrijheid betekende eerst dat Nederland niet langer hoefde te vrezen voor Duitsland. In een halve eeuw is de betekenis van vrijheid radicaal veranderd; de gezamenlijke vrijheid van de natie werd een particuliere, individuele toestand, namelijk de vrijheid om helemaal jezelf te kunnen zijn, of te worden wie je bent.

Loe de Jong, 'dr. L. de Jong' (1914-2005), had na de bevrijding de opdracht gekregen het Rijksinstituut Oorlogsdocumentatie op te richten. Hij werd later schamper 'geschiedschrijver des Rijks' genoemd,[134] alsof de minister hem op de vingers keek bij het schrijven van zijn enorme werk over de oorlogsgeschiedenis. Dat was niet zo. Maar hij stond wel onder invloed van koningin Wilhelmina, die meende dat het verzuilde Nederland één was geweest in het verzet. Oorlogsdocumentatie had een morele taak van 'staatszorg' om zich te bezinnen op het gevaar waaraan het Nederlandse volk zich had ontworsteld, en zo de nationale eenheid te bevorderen. Dat sprak niet vanzelf. De katholieke minister Beel bijvoorbeeld was tegenstander van 'staatspedagogiek' geweest – volksopvoeding was in confessionele ogen geen regeringstaak maar hoorde bij de zuilen. Maar de koningin wilde in haar hang naar 'vernieuwing' niets weten van de vooroorlogse 'hokjesgeest'.

De Jong zette zich aan 'het geschiedwerk', zoals hij het zelf noemde en maakte tussen de bedrijven door de bewierookte televisieserie *De bezetting*. Heel Nederland keek ernaar, voor zover men in 1961 televisie had en anders keek men bij de buren. De straten waren leeg. De Jong herdacht het verleden, sprak van dapper verzet en liet zien hoe Nederland sindsdien bouwde aan een gedeelde toekomst. De afleveringen eindigden met het Wilhelmus en het beeld van de dokwerker. Nederlanders hadden net als de dokwerker hun stoere mannetje gestaan. Dr. L. de Jong werd televisieleraar genoemd, volksopvoeder, schoolmeester des vaderlands, de dokter die Nederland genas. De oorlog was een nationale kracht.

1961 was ook een breuklijn. Of eigenlijk al 1960, toen Israël de oorlogsmisdadiger Eichmann op spectaculaire wijze ontvoerde uit Argentinië en zich daarna in Jeruzalem het geruchtmakende proces-Eichmann ontrolde. Daarover schreef de progressieve dominee Buskes als eerste: 'Wij veroordelen Eichmann en in Eichmann veroordelen wij onszelf... hebben wij niet allen, wanneer het om de redding der joden ging, met zeer dubieuze redenen ons geweten gesust?'[135] De uitspraak, in de socialistische krant *Het Vrije Volk*, leidde tot woedende reacties, onder meer van de oude Willem Drees die sprak van een belediging van het Nederlandse volk en van de geallieerden. Maar het was de aankondiging van veel meer, en van een radicale omslag in het denken over Nederland en de oorlog.

Loe de Jong was de schuldvraag tot dan toe uit de weg gegaan, want die 'zaaide verdeeldheid'. Hij gaf in 1949 de opdracht om een monografie te schrijven over de jodenvervolging aan Jacques Presser, een boek dat werd aangekondigd als een studie over de deportatie van Nederlanders. In dezelfde sfeer was kort na de bevrijding op de radio bekendgemaakt dat 'meer dan honderdduizend Nederlanders waren vermoord'. Dat het woord 'joden' niet viel, vinden wij nu onbegrijpelijk en verdacht, omdat de terugblik leert hoezeer werd weggekeken terwijl honderdduizend landgenoten werden afgevoerd, juist om de enkele reden dat zij joods waren. Maar destijds was er ook een honorabele motivatie om het woord 'joden' te mijden: men wilde wegblijven van het fnuikende racisme van de Duitsers; zo wilde ook Otto Frank het dagboek van zijn dochter absoluut niet zien als oorlogsdagboek en evenmin als een getuigenis van de Holocaust. Ook Otto Frank wilde in de geest van die jaren vooruitkijken en gezamenlijk opbouwen.[136]

Loe de Jong en Jacques Presser hadden een moeilijke verhouding. Ze waren allebei joods. Presser (1899-1970) was voor de oorlog de geschiedenisleraar van De Jong geweest, aan het Vossius Gymnasium in Amsterdam.[137] Ook schrijver Gerard Reve had als leerling in Pressers klas gezeten en schreef in *Moeder en zoon* harde en toch ook ontroerende woorden over zijn vroegere bevlogen docent, die eigenlijk geen eigen oordeel had en alles wat doorging voor grote kunst mateloos bewonderde. 'Hij zoude het liefst hebben, dat iedereen dol op hem was, want hij had de pathologische behoefte bemind te zijn.'[138]

Nu was De Jong de baas van Presser. Geen van beiden moest veel hebben van het traditionele jodendom. De Jong vond Presser emotioneel. Presser zette zich aan zijn onderzoek en zat maandenlang boven de stukken te huilen. Dat was maar al te begrijpelijk; niet alleen moest hij zich dagelijks een weg banen door de vreselijkste verhalen, ook zijn eigen, geadoreerde vrouw, Dé Appel, was door de Duitsers in Sobibor vermoord. Hij liep hopeloos vast, en dat kwam ook doordat er in de jaren vijftig nauwelijks belangstelling was voor de miljoenvoudige moord op de joden; het begrip Holocaust bestond nog niet.

Presser vond geen woorden, tot Loe de Jong hem de suggestie deed om eerst een novelle te schrijven. Dat werd *De nacht der Girondijnen* (het Boekenweekgeschenk van 1957) waarin Jacques, de hoofdpersoon, het jodendom accepteerde als zijn leven en lot. De laatste zin van het boekje luidde: 'Je krijgt je naam terug, Jacob.' Daarna vond Presser voor zijn boek over het lot van de Nederlandse joden de vorm en de toon en die was van moord, van daders en medeplichtigen. Het boek kreeg de verschrikkelijke titel *Ondergang. De vervolging en verdelging van het Nederlandse Jodendom, 1940-1945*. Het kwam in 1965 uit en werd in de pers toegejuicht als een 'openbaring'. Let op de religieuze connotatie. De strekking was dat het Nederlandse volk 'huiveringwekkend had gefaald', zo schreef een recensent.[139]

Presser verkocht tweehonderdduizend boeken en won daarmee ook de slag om de verkoopcijfers van De Jong. Zijn *Ondergang* bezegelde niets minder dan een kanteling in de kijk op de oorlog. Het idee van verzet, vooruitblik en nationale eenheid maakte plaats voor een veel donkerder besef, van schuldgevoel over het eigen zielenleven en gezamenlijk tekortschieten. Hannah Arendt schreef over de banaliteit van het kwaad in haar verslag van het proces-Eichmann, Harry Mulisch deed voor Nederland in grote lijnen hetzelfde. Mensen konden de verschrikkelijkste dingen doen zonder dat het geweten ze in de weg zat. Naarmate de jaren voortschreden, had Loe de Jong meer het nakijken met zijn nationale oorlogsgeschiedenis. De vooraanstaande journalist W.L. Brugsma, zelf belast met een zwaar oorlogsverleden, noemde hem een kwezel, 'een rijksbureauvooroorlogsdocumentatiekwezel'. Jan Blokker vond De Jong 'een rechtse bal' aan wie verder weinig verloren was. Jan Rogier van Vrij Nederland vond dat de Jong 'niet ontmaskerde, niet ontmythologiseerde', maar een beeld opdrong, 'een vals beeld bovendien'.

Ontmaskering en ontmythologisering, dat werd de nieuwe opdracht die zowel de historicus als de journalist zich stelde. Nog een verslaggever die zich meldde vanuit Jeruzalem was Han Lammers. Ook hij had een persoonlijke geschiedenis met het geloof, als gesjeesde theologiestudent. Lammers zou het met zijn generatie van 'nieuw links' in de PvdA spoedig voor het zeggen krijgen. Later werd hij wethouder in Amsterdam en als zogeheten 'landdrost' van de IJsselmeerpolders was Lammers de voorganger van de D66-burgemeester van Lelystad, Hans Gruijters. Net als Gruijters stond hij niet bekend om zijn geduld of compassie met de burgerij.

Lammers schreef vanuit Jeruzalem over de oorlog 'dat hij het Nederlandse volk in zijn geheel aan de schandpaal (zal) nagelen', en dat 'ze goed moeten weten, wat ze door nalatigheid hadden misdreven'. Bij Lammers viel de typering die een vlucht zou nemen – het Nederlandse volk was een 'klootjesvolk' omdat in dit land de jodenvervolging van een leien dakje was gegaan.[140] Geschiedenis en journalistiek werden de onthulling van de schone schijn, door een voorhoede die van de hoed en de rand wist. Enkele jaren later publiceerde H.J.A. Hofland zijn boek *Tegels lichten*, waarin het voltallige naoorlogse bestuur als een verzameling sukkels met een besmet verleden werd neergezet.

De nieuwe vrijheid

Dit was de ruwweg de thorbeckiaanse 'geest' die in de nieuwe Grondwet van 1983 zijn neerslag kreeg. De grondwetsherziening was een nabrander van de jaren zestig. Er waren aan de publicatie van de nieuwe Grondwet immers jaren van vergaderen en commissies van wijzen voorafgegaan. Vrijheid was jezelf vrijmaken, je eigen identiteit vinden, zoals Jacques Presser dat had gedaan met zijn boek *De nacht der Girondijnen* en koningin Beatrix het later in 1995 nog eens zou verwoorden. Maar die vrijheid eiste wel intensieve staatsbegeleiding, aangezien het klootjesvolk had bewezen maar al te gevoelig te zijn voor allerlei rattenvangers.

De radicale verandering in de opvatting over vrijheid voltrok zich meteen in artikel 1 van de Grondwet. Voorheen sprak men van het gelijkheidsartikel, sinds 1983 wordt gesproken van het antidiscriminatieartikel. Vier jaar na invoering van de nieuwe Grondwet schreef de historicus Ernst Kossmann een briljant essay onder de titel 'Tolerantie toen en nu'. Hij verbaasde zich over die nieuwe Grondwet en wees op de 'uitzonderlijk hoge eisen' die Nederland zich in ethisch opzicht met deze constitutie had gesteld.[141]

Bij Thorbecke bezegelde het gelijkheidsartikel in 1848 het einde van de standenstaat. De gelijkheid gaf vrijheid, omdat er de resolute scheiding uit sprak van wat privaat was en wat publiek. De gelijkheid voor de wet kon immers alleen bestaan als de overheid zich niet bemoeide met de particuliere verschillen van de burgerij. Burgers moesten vrij kunnen delibereren over hun eigen bestuur, en zodoende moest er een gebied zijn waar de staat buiten bleef. De klassieke vrijheidsartikelen beschermden de burger tegen de lange arm van de staat; de vrijheid om niet te worden lastiggevallen werd door de invloedrijke liberale historicus Isaiah Berlin getypeerd als 'negatieve vrijheid'.

De tekst van het nieuwe artikel 1 was daarvan de gemoderniseerde invulling. Die tekst luidt als volgt. 'Allen die zich in Nederland bevinden, worden in gelijke gevallen gelijk behandeld. Discriminatie wegens godsdienst, levensovertuiging, politieke gezindheid, ras, geslacht, handicap, seksuele gerichtheid of op welke grond dan ook, is niet toegestaan.' Het is een hele mondvol, twee van die slecht te verteren zinnen. Hier kun je jezelf zijn, zei een minister in een redevoering.[142] En vluchtelingen zijn welkom, want wij sluiten niemand uit.

De eerste zin is inderdaad de erfenis van Thorbecke en gebiedt de overheid om iedereen gelijk te behandelen. Nederland is geen standenstaat, wij kennen geen adellijke privileges. Wij kennen alleen burgers, Thorbecke schreef altijd 'staatsburgers', die gelijk zijn voor de wet. En dan komt die rare lange tweede zin, het discriminatieverbod. En dat merkwaardige aanhangsel 'op welke grond dan ook' waar die zin op uitloopt.

De historicus Kossmann wees erop dat Nederland het enige land ter wereld is waar de overheid haar burgers al in artikel 1 van de Grondwet bestraffend toespreekt. Over het algemeen moeten grondrechten de burgers vrijwaren van de staatsmacht, maar in Nederland wordt daaraan meteen toegevoegd: niet discrimineren jullie, foei. Kossmann vond dat raar. De verbodsbepaling in het eerste grondwetsartikel maakte de Nederlanders in zekere zin weer tot 'onderdanen' van de 'overheid'; wat in dat verband opmerking verdient, is dat het woord volkssoevereiniteit nooit de Grondwet heeft gehaald – ook niet bij de wijziging van 1983.

De tekst van het antidiscriminatieartikel dateert van eind jaren zeventig. Kamerlid Marcus Bakker van de CPN was de bedenker van dat rare aanhangsel 'op welke grond dan ook'. Over die formulering treuren staatsrechtgeleerden tot vandaag de dag, aangezien dit soort vage teksten vraagt om politisering. Dat is inderdaad gebeurd en sinds de invoering van de nieuwe Grondwet in 1983 is het hoogoplopende publieke debat over racisme in Nederland nooit meer weggeweest. Politiek-ideologisch was de CPN eind jaren zeventig op sterven na dood. In moreel opzicht glorieerde Marcus Bakker juist toen met de aanhoudende waarschuwing tegen het immer oprukkende fascisme. Hij vierde zijn 25-jarig jubileum als Kamerlid met de aanvaarding van zijn amendement op artikel 1 en in de Tweede Kamer werd ondanks Bakkers naargeestige verleden een zaaltje naar hem vernoemd.

Wat bij het debat over de vernieuwing min of meer geruisloos passeerde maar later beslissend bleek, was de zogeheten 'horizontale werking' van artikel 1.[143] Gelijkheid voor de wet betekende oorspronkelijk dat de staat geen onderscheid mocht maken, maar in de nieuwe opvatting mochten de burgers elkáár niet discrimineren. De staat nam de bewaking van het goede gedrag op zich, met als gevolg precies de bemoeienis met het persoonlijke leven die Thorbecke bij het einde van de standenstaat had afgeschaft. Het verdragen van verschillen werd meer dan een voorschrift, ging gevierd worden en uitgedragen, bij uitstek door D66. De partij van de ontvoogding ontpopte zich verrassend genoeg als de partij van de bevoogding. Partijleider Alexander Pechtold had Geert Wilders in het vizier, en na hem maakte Sigrid Kaag werk van de bestrijding van Thierry Baudet. Haar opvolger Rob Jetten beloofde 'keiharde oppositie' tegen Geert Wilders.

Vele malen is artikel 1 aangeroepen, in debatten over alle denkbare verschillen. Kossmann plaatste er in 1987 met milde ironie een vraagteken bij. Sommigen, schreef hij, gaan niet om met de minderheden volgens de normen van de 'geproclameerde grondrechten'. Maar 'van een discussie over de grondrechten is echter geen sprake, en de vraag rijst waarom dit zo is'. Ook dat was weer de spijker op de kop, want sedertdien zijn de grondrechten steeds meer een altaar geworden waarvoor op gezette tijden een plechtig gebed moest worden opgezegd. Er waren geleerden geweest die meenden dat de betekenis van de Grondwet niet moest worden overdreven, en dat zo'n Grondwet op zijn best beschreef hoe de Nederlanders in het leven stonden.

Het was, aldus bijvoorbeeld de rechtsgeleerde Jo van der Hoeven in de jaren zeventig, niet de rol van een Grondwet om het land in de goede richting te leiden. Grondwetregels zijn niet meer dan een 'min of meer correcte beschrijving van de politieke verhoudingen op dat ogenblik'.[144] Er was dus ruimte voor bescheidenheid. De staat moest de bevolking dienen, moest er zelf geen mening op na houden over de waarheid, 'dwingen tot een bepaalde vrijheidsbeleving' of 'de ware vrijheid' voorschrijven.[145] Maar die stemmen verstomden, en de zegetocht van de grondrechten ging onweersproken door.

Bijna hilarisch was de opsomming van de zogeheten sociale grondrechten in de herziene versie van 1983. De overheid moest 'voldoende werkgelegenheid, bestaanszekerheid en spreiding van welvaart' bevorderen, maar niet alleen dat; ook 'maatschappelijke en culturele ontplooiing' en 'een goede invulling van de vrijetijdsbesteding' was sedertdien een overheidstaak. Ook hier was de ratio dat de burger zichzelf, voorzien van staatssteun, vrij moest kunnen ontplooien. De sociale rechten waren de vrucht van het kabinet-Den Uyl, zoals bekend het meest linkse kabinet ooit. In geen van de grondwetten voordien was zo'n uitputtende lijst van opgaven voorgekomen. Tijdens de debatten over de nieuwe grondwettekst hadden de departementen zich tegen deze 'loze symboolwetgeving' gekeerd, maar uiteindelijk stemden alleen de kleine christelijke partijen tegen.

En net als bij artikel 1 was gebeurd, werd de nadruk op de sociale grondrechten steeds zwaarder gevoeld, die door critici ook wel een plaatsvervangende ideologie werden genoemd. Zo schreef de invloedrijke jurist Herman Tjeenk Willink in zijn boekje *Kan de overheid crises aan?* wat hij al vele malen eerder had betoogd, namelijk dat ook sociale grondrechten er niet voor niets zijn.[146] De verlossing moest van de overheid komen. Bestaanszekerheid is een grondrecht, zei de burgemeester van

Utrecht. Onduidelijk bleef wat dat precies betekende, het recht op bestaanszekerheid. Voorheen zeiden de middenpartijen met de oude Drees dat 'niet alles kan, en zeker niet alles tegelijk'. Dat was geen optie meer. Rechten moesten kunnen worden uitgeoefend, waarvoor zijn het anders rechten.[147] En als dat niet lukte, volgde voorspelbaar een slecht humeur bij de burgerij en als het voor de staat tegenzat een dagvaarding van een bevlogen advocaat.

Hierboven verwees ik naar de ideeënhistoricus Isaiah Berlin (1909-1997), die in 1958 een beroemde lezing hield onder de titel *Twee opvattingen van vrijheid*. We moeten de macht van ideeën niet onderschatten, zei Berlin, niet van de goede ideeën en vooral niet van de slechte. Als ideeën te vanzelfsprekend worden, worden ze onaantastbaar voor kritiek. Berlin noemde de klassieke liberale grondrechten 'negatieve vrijheid' omdat daarin het recht was vervat om gevrijwaard te blijven van gevaarlijke bemoeienis door de staat. Berlin, jood, in 1909 geboren in Riga, Letland, was een kind van zijn tijd. Voor hem was de staat, eerst de Sovjetstaat, toen de nazistaat, een gruwelinstrument. In zijn opvatting moest alles in het werk worden gesteld om de staatsmacht aan banden te leggen.

Berlin karakteriseerde de sociale grondrechten als 'positieve vrijheid'. Maar positief was hij beslist niet. Hier was de staat beschermer, helper en leidsman. De staat zorgde ervoor dat de mensen zich gedroegen zoals ze zouden doen als ze verstandig waren en ze hun eigen belang op een juiste manier zouden inschatten. Berlin noemde zelf volksgezondheid als belangrijk voorbeeld, en inderdaad kon je bijna geen krant opslaan of er werd aangedrongen op ingrijpen door de overheid, van de verplichte vaccinaties tot een suikertaks tegen de obesitas of een verbod op zoetwaren bij de kassa.

Zoals Isaiah Berlin het verwoordde in zijn lezing: in laatste instantie kunnen de mensen in hun eigen belang worden 'genegeerd, gekoeioneerd, onderdrukt'. Dat was ver verwijderd van de opvatting van de radicale liberaal Berlin, die meende dat vrijheid betekende 'dat je helemaal op je eigen manier naar de verdommenis kon gaan'. Dat laatste is ook mij te gortig, maar wijst wel op het bestaan van de eigen verantwoordelijkheid. Daarmee had Berlin een vooruitziende blik. Hij schreef zijn rede op het hoogtepunt van de Koude Oorlog. Sinds het einde daarvan met de val van de Muur waren de sociale grondrechten enorm uitgedijd. Altijd voor een hoger doel, en meestal was dat gelijkberechtiging, in alle opzichten. Onder het toeziend oog van de overheid, dat spreekt.

Gelijkberechtiging betekende diversiteit en inclusiviteit, later naar de Amerikaanse mode 'inclusie' genoemd. De viering van het verschil werd verbonden met de noodzaak van gelijkheid. Iedereen hoorde er immers bij, maar het ene verschil was het andere niet. Bestuurskundige Paul Frissen wees in zijn boek *De integrale staat* op de wereldkampioenschappen voetbal in Qatar, toen een voetballer wegens zijn islamitische achtergrond weigerde een regenboogarmband te dragen. De ene diversiteit is verkieslijker dan de andere, wat betekende dat het niet ging zonder een geweldige hoeveelheid beleid, advies, begeleiding, controle, subsidie en uiteindelijk staatsmacht.[148]

Als je erbij stilstaat is de vraag naar sociale grondrechten eindeloos, of eigenlijk bodemloos, want sociale grondrechten zijn minimumrechten. Daaronder mag het niveau van bescherming niet zakken. Maar wat is een minimumnorm? Vluchtelingen moeten dezelfde voorzieningen hebben als burgers. De uitkeringen moeten omhoog en waar blijft dat basisinkomen? Zo eten de sociale mensenrechten de politieke dilemma's op.

Bij Isaiah Berlin eindigen positieve mensenrechten in tirannie. In het Oostblok waren ze dol op sociale rechten. Noord-Korea kent een zeer lage criminaliteit. De kern is dat democratische politiek uitgaat van waardenpluralisme. Mensen zullen altijd van mening verschillen. Maar als het om grondrechten gaat, moet de politiek haar mond houden. Mensenrechten gelden immers altijd en overal. De vrijheid bijt in haar eigen staart. Het grondrecht om niet door de staat te worden gedwarsboomd, wordt ongedaan gemaakt door het sociale recht waarin de staat móet optreden, of je dat wilt of niet. Een griezelige gedachte, vooral griezelig omdat dit zo weinig wordt opgemerkt.

Geschiedenis als strijdperk

Het werk van de historicus A.Th. van Deursen (1931-2011) was voor mij een late ontdekking. De boeken waarmee hij faam had verworven, *Mensen van klein vermogen* of *Een dorp in de polder*, waren niet de boeken waarmee ik als eerste kennismaakte. Ik las zijn biografisch portret van Willem van Oranje uit 1995 en was meteen verkocht. Een stijl als een kale gereformeerde kerk. 'Willem van Oranje leefde in de zestiende eeuw. Daar zullen we hem dus ook moeten zoeken, want uitsluitend tegen die achtergrond tekent zijn gestalte zich af.'[149] Van Deursen had een prachtige lichte toon. Korte rake zinnen, met ingehouden humor. Hij vond dat de historicus moest vertellen en niet zelf voor zijn onderwerp moest gaan staan. Daarom had hij zo'n hekel aan Simon Schama, die de Gouden Eeuw in het keurslijf van zijn *Overvloed en onbehagen* had geduwd.

Bewijzen kan de historicus niet, vond Van Deursen. Maar hij oordeelde wel degelijk. Een oordeel schemert al door in de boven geciteerde zin. Willem van Oranje moeten we 'in de omlijsting van zijn tijd' zien, aldus Van Deursen, niet in onze eigen lijst. Wij kunnen de zestiende-eeuwer nauwelijks meer begrijpen omdat godsdienst destijds een rol speelde die wij niet meer begrijpen. Dat was tot voor kort een gangbare opvatting. Ook ik ben nog opgevoed met het idee dat anachronisme – het verleden meten met de maatstaf van nu – voor de historicus een doodzonde is.

Meer dan de ijverige archievenhistoricus die hij ook was, was Van Deursen voor mij de historicus van de samenballing, de synthese. De combinatie is zeldzaam. Voor Willem van Oranje kon Van Deursen met tachtig pagina's toe. Dan heb je een helder idee van wat opgeschreven moet worden en wat niet. Voor de hele Gouden Eeuw had hij in *De last van veel geluk* (2004) aan 380 pagina's genoeg.

Van Deursen was zeer gereformeerd en zijn essays waarin de huidige tijd werd gegeseld, bleven voor een voormalige katholiek als ik soms een raadsel. 'Mijn theologische ligging is niet in het geding,' schreef hij ergens. Van de betekenis had ik geen idee. Maar de uitgangspunten op grond waarvan hij geschiedenis bedreef, waren glashelder. 'Geschiedenis moet gaan over de dingen die mensen verbinden,' schreef hij als eerste zin in *De last van veel geluk.*[150] En de tweede zin: 'Zonder verbinding geen gezamenlijk lot.'

Zo is het. Lotsverbondenheid moet een vorm krijgen en die vorm is, zeker in een wereld zonder God en kerk, geschiedenis. Ook dat was tot voor kort een courante opvatting. In 2006 verscheen de historische canon voor scholieren, die bestond uit vijftig hoofdthema's uit de Nederlandse geschiedenis. Ook daarvan was de inzet een gedeeld verleden, al was de commissie die de canon had opgesteld als de dood om voor nationalistisch te worden uitgemaakt. In Frankrijk hadden ze hun *Lieux de mémoire*, een even opgewekte als omvangrijke bundel over historische plaatsen 'die de reis waard waren', om met de bekende toeristische Michelin-gidsen te spreken. Nederland kreeg een bescheidener pendant in de toch ook vierdelige reeks *Plaatsen van herinnering*. De hoofdredacteur was H.L. Wesseling (1937-2018), ook een historicus van formaat – wij zijn in Nederland verwend met generaties uitmuntende historici.

Van Deursen heb ik nooit ontmoet en dat spijt mij nog altijd. Eén keer had ik hem aan de telefoon nadat zijn uitgever me had gezegd dat de historicus een nieuw boek had. Het ging over Katwijk en als ik hem nog wilde spreken voor de krant, moest dat snel gebeuren. Van Deursen had een enigszins korzelige, intimiderende stem. Ik wist dat hij ooit zijn medewerking aan *Historisch Nieuwsblad* had opgezegd, nadat hij tweemaal had vastgesteld dat er een vloek in dat blad had gestaan. *De Volkskrant* zou hij denkelijk niet lezen. Tegen mij zei hij dat hij bereid was om te praten, maar hij zag er hoorbaar tegen op. Een week later belde een medewerkster de afspraak af en weer een paar dagen later was Van Deursen dood.

Wesseling kende ik beter. Hij deelde zijn uitgever met Van Deursen, net als de opvatting dat het verleden 'another country' was dat op zijn eigen merites moest worden beoordeeld. Verder waren de twee in alles tegenpolen. Van Deursen verlangde terug naar de rust van de jaren vijftig en de zekerheid van de zuilen. Wesseling was weliswaar een bewonderaar van zijn collega, maar noemde diens standpunten over de samenleving 'zo *unzeitgemäss* dat slechts weinigen belangstelling hadden om er kennis van te nemen'.[151] Zelf was Wesseling liberaal in hart en nieren en vond hij voor alles dat 'geschiedenis niet oordeelt en de tijd ons niets leert'.

Wesseling was van de lichte toets en de opgewekte anekdote. Hij vertelde me hoe hij in zijn proefschrift had geschreven over de Spaans-Amerikaanse oorlog van 1898. Hij citeerde Jacques Presser die het in dat verband had gehad over een 'leuke gezellige oorlog'. Dat mocht niet van de promotor van Wesseling. Hij moest erbij zeggen dat Presser dat gezellige op bitter ironische wijze had bedoeld. Oorlog was immers iets verschrikkelijks. Wesseling boog niet: hij wilde zijn lezers niet voorschrijven hoe ze moesten denken. Dan was de lol eraf.

Van Deursen en Wesseling deelden nog iets: de verbazing over de radicale wending die het vak geschiedenis begon te nemen. Van Deursen schreef in 2007 een fraai miniportret van Michiel de Ruyter, de zeeheld wiens roem zo immens was dat zijn praalgraf in de Nieuwe Kerk aan de Dam in Amsterdam op de plaats was gebouwd waar het katholieke altaar had gestaan voordat de reformatie daarmee korte metten maakte. Van Deursen typeerde de zeehelden Tromp, De Ruyter en Piet Hein als 'exempelen van moed en durf en ondernemingslust'.[152] In diezelfde tijd, zo rond 2007, stak een andere wind op, en ook de grootste zeeheld kreeg te maken met het alomtegenwoordige stigma van de Nederlandse betrokkenheid bij de slavernij. Van Deursen verwonderde zich over de neiging 'om telkens weer excuses aan te bieden uit naam van het voorgeslacht, voor de afschuwelijke wandaden die het willens en wetens bedreven heeft'.

Wesseling schreef een prachtig oeuvre dat draaide om Frankrijk, oorlog en koloniale geschiedenis. Ook hij kwam daardoor in aanraking met wat nog het meest wegheeft van de nieuwe erfzonde, de schending van het antidiscriminatieartikel van de Grondwet, zij het een paar honderd jaar geleden. Wesseling had in 1991 zijn belangrijkste boek geschreven,

Verdeel en heers, over de totstandkoming van de koloniale verdeling van Afrika. Hij vond de strijd om het Afrikaanse continent zelf een 'even krankzinnig als lichtzinnig verhaal', naar zijn aard met smaak en anekdotiek opgediend. Maar in de nieuwe benadering was de lichte toets taboe. Geschiedenis was niet langer 'een ander land' waar ze 'dingen anders doen'. In zijn laatste artikelenbundel schreef Wesseling over 'de hoge toon' waarop maatschappelijke kwesties werden besproken, waarmee hij doelde op 'kwesties als kolonisatie en dekolonisatie, slavernij en slavenhandel'.[153]

Sneller dan Wesseling had kunnen denken, werd zijn vrees bewaarheid dat in de nieuwe optiek 'het Rijksmuseum en het Mauritshuis, Hoorn en Middelburg, de Amsterdamse grachtengordel en het Lange Voorhout in Den Haag, ja zelfs Rembrandt en Vermeer, Huygens en Spinoza, Hooft en Vondel allemaal te danken zijn aan de slavenhandel. Weldra zullen Van Gogh en Mondriaan in onze musea plaats moeten maken voor brandmerken, zwepen, galgen en andere attributen van de slavernij. Niet alleen de Coentunnel en de Witte de Withstraat zullen hun naam verliezen, maar ook jongens met de voornaam Coen moeten op hun tellen passen.' Dat schreef hij in 2018, een paar maanden voor zijn dood.

Enkele jaren later was er geen museum meer dat niet een sterk moraliserende expositie over slavernij had gemaakt, en gold voor de hele culturele sector dat de vrijheid van de kunst het moest afleggen tegen het begrippenpaar diversiteit en inclusie – want anders geen subsidie. Dit alles gebeurde met brede instemming van de kwaliteitskranten, die een noodzakelijke vernieuwing van de kunsthistorische canon zagen waarin 'eeuwenlang een select groepje witte, westerse mannen het voor het zeggen heeft gehad'.[154]

History is an old man's game, beaamde Wesseling ergens, en hij doelde daarmee niet op het feit dat hooggeleerde historici pas na hun pensioen tijd hadden om mooie boeken te schrijven. Belangrijker was dat levenservaring hielp bij een bezonken oordeel, of anders gezegd het besef van de tragiek van de geschiedenis, die zich niet laat kneden naar hooggestemde idealen. Maar de uitdrukking kreeg voor zowel Van Deursen als Wesseling zelf een andere betekenis: twee oude witte mannen gaven blijk van oudewittemannenopvattingen.

Het begon met de zeperd van het Nationaal Historisch Museum. De populaire SP-politicus Jan Marijnissen nam in 2006 het initiatief voor zo'n museum. Hij maakte zich zorgen over het schrijnende gebrek aan historische kennis. Voor Marijnissen was geschiedenis niets anders dan een gemeenschappelijke taal. 'Als symbolen als Auschwitz of belangrijke teksten als het Plakkaat van Verlatinghe niemand meer wat zeggen, dan wordt het moeilijk om elkaar in deze samenleving nog te begrijpen. Als zo'n gemeenschappelijk kader er niet is, dreigt een samenleving uit elkaar te vallen.'[155]

Krachtige teksten, de Tweede Kamer stemde unaniem in met het idee van zo'n museum, en Wesseling nam zitting in de raad van advies. Maar al snel bleek dat het Nationaal Historisch Museum werd beschouwd als een soort levertraan; het is misschien goed voor je, maar wel erg vies. Er volgden politieke kleutervetes over de vestigingsplaats, niet één maar twee directeuren werden benoemd met visitekaartjes waarop het merk van hun maatpakken was afgedrukt, en die de opvatting huldigden dat 'geschiedenis niet te veel praatjes moet hebben'. Toen de klassieke chronologische benadering het moest afleggen, sprak een verbolgen Jan Marijnissen van 'postmoderne hutspot'. En toen Geert Wilders zich op een affiche liet afbeelden in de uitdossing van Michiel de Ruyter, was het pleit beslecht. Nederland kon een historisch museum met het woord nationaal in de titel niet verdragen.

Even slecht als met het museum liep het af met het idee dat geschiedenis de uitdrukking is van een gezamenlijke lotsbestemming, zoals Van Deursen had gezegd. De vrees om überhaupt nog iets over een gedeeld Nederlanderschap te zeggen, werd tot op het hoogste niveau gevoeld. In 2007 liet de Wetenschappelijke Raad voor het Regeringsbeleid (toen nog prinses) Máxima de woorden 'de Nederlander bestaat niet' uitspreken. Drie ministers hadden de speech goedgekeurd, naar aanleiding van een WRR-rapport over de Nederlandse identiteit. Er kwam een rel van, vooral in *De Telegraaf*: hoezo bestond de Nederlander niet? Onthullend was niet alleen de opmerking van de prinses, maar vooral dat haar speechschrijvers en politieke voorproevers de brandbaarheid ervan niet hadden voorzien. Wie een fraai voorbeeld wilde van standsgebonden opvattingen, hoefde niet verder te zoeken.

De grondgedachte was herleidbaar tot een WRR-deelrapport van twee historici, Maria Grever en Kees Ribbens. De titel daarvan luidde *Nationale identiteit en meervoudig verleden*, en de strekking was dat de nationale geschiedenis 'een constructie' is.[156] Het idee dat er één gezamenlijk verleden is, met een 'harde kern' of 'fundament' zou vooral bedoeld zijn om andere groepen – lees immigranten – uit te sluiten. In dat verband viel ook het woord postmodernisme, dat je op zijn kortst zou kunnen samenvatten met 'geschiedenis is ook maar een mening', in lijn met de gevleugelde uitspraak van de twee directeuren van het Nationaal Historisch Museum.

Het begrip 'meervoudig verleden' zou een vlucht nemen, of met een nog deftiger woord 'multiperspectivisch' verleden. De historische kernvraag verschoof van 'wie zijn wij' naar 'wie ben ik', aldus het WRR-rapport. Ieder zijn eigen geschiedenis, in de geest van het idee van koningin Beatrix in 1995 dat vrijheid niet langer de integriteit van het Nederlandse grondgebied is, maar jezelf kunnen worden, 'elk mens, uniek, anders in zijn eigenheid'. Geschiedenis als verbintenis, of als die gezamenlijke taal van Jan Marijnissen, was een ander woord geworden voor uitsluiting van de Ander. In het WRR-rapport kwam ook de vraag aan de orde wat goed geschiedenisonderwijs zou zijn. Jonge mensen moesten niet zozeer leren dat Karel de Grote ná Julius Caesar kwam, maar 'leren argumenteren over verschillende kennisclaims'. Met zo'n opdracht was het inderdaad geen wonder dat geschiedenis bij de jeugd weinig hartstocht opriep.

Het postmodernisme wilde korte metten maken met grote woorden, grote verhalen. Alles met een hoofdletter moest weg, God, de Natie, de Waarheid en dus ook de Geschiedenis. Grote verhalen waren niets anders dan verhulde machtsuitoefening. Jezelf worden was de opdracht, maar daar zat toch wel een flinke adder onder het gras. Ras en gender en verder alle uiterlijke onderscheidingen waren in artikel 1 van de Grondwet ontmaskerd als classificaties van de onderdrukking.

Maar een witte schrijfster die was gevraagd om het gedicht van een zwarte Amerikaanse collega te vertalen, kroop in haar schulp zodra er rumoer ontstond dat een witte het gedicht van een zwarte niet kon vertalen, omdat zij zich niet kon inleven in de zwarte onderdrukking. Zo leidde de eis van radicale gelijkheid tot een verbod op 'culturele toe-eigening', en muteerde de opvatting dat verschillen louter fictief waren, in het onderstrepen van een onoverbrugbare kloof, 'and never the twain shall meet'. Het was alsof artikel 1 zijn jas omkeerde en de verboden indeling ‘op welke grond dan ook’ met verdubbelde kracht op de deur bonkte. De eis van individuele gelijkheid leidde ertoe dat de overheid zich steeds meer concentreerde op groepskenmerken.[157]

De obsessie met ras kwam overwaaien uit Amerika en vond ook hier gretig aftrek. De zuilen hadden altijd al hun eigen verhalen en geschiedenissen gehad en het nieuwe ‘meerstemmig verleden’ werd dan ook geen strobreed in de weg gelegd. Meerstemmigheid heeft iets van een hoerawoord, met de vrolijke suggestie dat ieder zijn eigen verleden mag boetseren. Alsof er iets nieuws was, een net uit het ei gekropen, bijzondere vorm van geschiedenis. Maar verschillende visies op de geschiedenis bestonden natuurlijk sinds jaar en dag. Om maar wat te noemen, de Gouden Eeuw, die volgens sommigen de Grauwe Eeuw moest worden genoemd in verband met de slavernij, was door Van Deursen eerder van een nieuw perspectief voorzien in zijn driedelige meesterwerk *Het kopergeld van de Gouden Eeuw*. In de eeuw van grote rijkdom en befaamde stadhouders als Maurits en Willem III, beschreef hij minutieus de levens van de kleine man in de polder.

Recht doen aan de doden, dat wilde Van Deursen. Dat wilden de historici van het meerstemmige verleden ook. Ogenschijnlijk was er geen maatstaf, volgens het postmoderne recept is alle muziek welkom in het koor. De suggestie was een nieuwe vrijheid in de geschiedschrijving, de praktijk een dwingende waterscheiding tussen Goed en Kwaad, recht en onrecht. De historicus van het meerstemmige verleden beschreef niet langer de wereld zoals die was, maar trad op als een officier van justitie die onrecht aanklaagde dat ongedaan moest worden gemaakt. In die wereld was neutrale kennis een illusie. Wie zijn antiracisme niet demonstreerde, werd vanzelf een racist. Vandaar het voorschrift om consequent te spreken van 'tot slaaf gemaakten' en van 'witten' in plaats van 'blanken'. Wie het woord slaven gebruikte, onthulde onmiddellijk hoezeer hij aan de verkeerde kant stond.

Van een grap of een anekdote kon uiteraard geen sprake zijn, daarvoor was de toestand te ernstig. De nieuwe directeur van het Rijksmuseum, Taco Dibbits, zei dat 'de slavernij in de vezels zit van ons land'.[158] Er was geen ontsnappen aan. Dezelfde route die voerde van feitelijke beschrijving naar de onthulling van onrecht volgde de journalistiek. Kennis verwerven werd permanente ontmaskering: altijd was er onder de oppervlakte een verzwegen laag van macht en onderdrukking. Hoeveel exposities, plechtigheden, dissertaties en schoolcursussen er ook waren, slavernij en kolonialisme bleven hardnekkig verzwegen schandalen, die telkens weer in al hun verschrikkelijkheid moesten worden onthuld.

Die weg bewandelde ook Frank van Vree, hoogleraar geschiedenis en voormalig directeur van het NIOD, het instituut dat de Nederlandse oorlogsgeschiedenis onderzoekt. Hij was dus een verre nazaat van dr. L. de Jong. Van Vree was ook degene die het grote onderzoek leidde naar de dekolonisatie van Indonesië, dat door maar liefst drie grote instituten werd uitgevoerd in opdracht van de regering. Van Vree sprak in 2022 zijn afscheidscollege als hoogleraar uit over 'de politiek van de geschiedenis',[159] en brak daarin een lans voor de meerstemmige geschiedenis. Nieuwe perspectieven moesten hun gerechtvaardigde plaats hebben. Het oude perspectief, waarbij ook het uitgangspunt hoorde dat elke tijd naar zijn eigen maatstaven moest worden beoordeeld, was volgens Van Vree 'niet zelden een alibi om dingen niet te hoeven zien'. Er moest worden onthuld en ontmaskerd.

Hij wees met instemming op de Franse radicale dichter, denker en politicus Aimé Césaire, afkomstig uit Martinique, die in een beroemd essay over het kolonialisme suggereerde dat de Holocaust in Europa zo'n gewicht had gekregen omdat hier sprake was van de massamoord 'tegen de witte mens', terwijl de verschrikkingen van het kolonialisme nog altijd niet de plaats hadden die ze verdienden. Van Vree sprak van het 'vrijwel volledig negeren van het perspectief van de gekoloniseerden' en 'een geschiedschrijving die zo lang beheerst is door het rooskleurig zelfbeeld van Nederland'. Let wel, het essay van Aimé Césaire dateerde van 1950. Wat door Van Vree werd aangeboden als een nieuw perspectief dat een plaats verdiende, was al lang de voorgeschreven opvatting. Toen zijn grote onderzoek naar de dekolonisatie werd gepresenteerd, luidde het harde oordeel dat Nederland zich tussen 1945 en 1949 in Indonesië had schuldig gemaakt aan 'extreem geweld'. De samenvatting van het vonnis hoorde ik tijdens een geschiedenisprogramma op de radio: 'Goed dat wij met zijn allen nu kunnen zeggen, wat vreselijk dat dit is gebeurd.'[160] Een onthulling, maar hoe vaak was deze onthulling al gedaan?

Het officiële Nederlandse standpunt over de dekolonisatie dateerde uit 1969. Er waren weliswaar 'excessen' geweest, maar over het algemeen had de krijgsmacht zich 'correct' gedragen, aldus de toenmalige premier Piet de Jong. Maar onder historici was het omzwachtelde begrip 'politionele acties' in de decennia die volgden ruimschoots vervangen door 'koloniale oorlog'. De historicus Cees Fasseur, later afgeserveerd als onkritisch geschiedschrijver omdat hij destijds die Excessennota voor premier De Jong had geschreven, drong er in 1987 bij Loe de Jong op aan om het woord 'oorlogsmisdrijven' te gebruiken.

In deel twaalf van de omvangrijke oorlogsgeschiedenis van

De Jong kwam de dekolonisatie aan de orde. Het woord 'oorlogsmisdrijven' haalde het niet, destijds nog onder druk van de georganiseerde veteranen, maar zij werden toen al beschouwd als relicten uit een versteend verleden en in de kringen die ertoe deden was ook destijds al het woord oorlogsmisdaden courant. De deserteur Poncke Princen, in de optiek van veteranen zonder twijfel de meest gehate landgenoot, kreeg in 1995 een visum waarmee hij na bijna een halve eeuw terug kon komen in Nederland. Hijzelf beschouwde dat visum als een vorm van eerherstel. En het Van Heutsz-monument aan de Apollolaan in Amsterdam was in 2004 herdoopt als *Monument Indië-Nederland.* Generaal J.B. van Heutsz was de bevelhebber van het Nederlands-Indische leger die begin twintigste eeuw Atjeh met harde hand onder Nederlands bewind bracht. Het monument werd opgericht in 1935 en was meteen omstreden. In 1965 werd het beklad door Provo, in 2004 werd de naam Van Heutsz verwijderd. Ik geloof niet dat iedereen daarmee tevreden was gesteld, maar de angel was eruit.

Veertien delen zou het officiële onderzoek naar de dekolonisatieoorlog in Indonesië tellen, het resultaat van vier jaar spitten en schrijven, waarvan vier delen klaar waren toen het resultaat begin 2022 aan de minister-president werd aangeboden. Premier Rutte maakte nog dezelfde middag 'diepe excuses' aan het Indonesische volk voor het 'extreme geweld' dat Nederland tijdens die oorlog had gebruikt. Dat was raar, omdat de serie nog niet af was, het kabinet eerst het onderzoek zou bestuderen, en ook het beloofde Kamerdebat erover nog niet was gevoerd. Maar het aanbieden van excuses was vooral merkwaardig vanwege de beloofde 'meerstemmigheid' waarin alle perspectieven op de dekolonisatie aan bod zouden komen.

Waarom waren verontschuldigingen noodzakelijk, als elke opvatting respectabel was?

Dezelfde middag vond er in een naargeestig zaaltje in het nieuwe Tweede Kamergebouw een geschiedenisles plaats. Daar zagen we een proeve van meerstemmigheid, toen de veteranen en de vertegenwoordigers van de Indische gemeenschap hun beklag deden. Niet zozeer over die veertien delen, want, zo zei de voorzitter van de Stichting Herdenking 15 augustus 1945, 'die las toch niemand'. Het waren de twee velletjes regeringsstandpunt die als een graat in hun kelen bleven steken, evenals het begrip 'extreem geweld'. Alsof er in die vijf jaar tussen 1945 en 1950 niets anders was voorgevallen. En daarbij had het kabinet het makkelijke oordeel van nu op een ingewikkelde kwestie van driekwart eeuw geleden geplakt, aldus de veteranen.

Later in de middag was het de beurt aan de onderzoekers. Een van hen, Rémy Limpach, zei dat hij juist heel tevreden was omdat het kabinet hun 'harde oordeel' had overgenomen. Het kabinetsstandpunt vond hij 'bemoedigend'. Zijn boek, *De brandende kampongs van Generaal Spoor* uit 2016, was de aanzet voor het onderzoek geweest. Het was een misselijkmakende, onafzienbare opsomming van strafexpedities, executies, marteling en afpersing. Iedereen die het wilde weten, wist van de hoed en de rand. Zoals Wesseling opmerkte: het officiële onderzoek naar de dekolonisatie zal weinig toevoegen, het gaat om het stempel dat erop wordt gezet. Extreem geweld dus, en dat was niet zozeer een nieuw of ander perspectief, het was een nieuwe orthodoxie, de voorgeschreven opvatting, andere smaken waren er niet meer. De maskers waren afgetrokken en de geschiedenis zou de wereld op het juiste pad houden.

De miscommunicatie lag er dik bovenop, want de veteranen

hadden al in vele toonaarden gezegd dat ze de feiten niet betwistten. De academici daarentegen grepen naar hun dikke boek met conclusies, met gele plakkertjes op de bladzijden waar het allemaal stond. Zij luisterden maar hoorden niet wat de veteranen bedoelden: horen wij er nog wel bij? In de zogeheten klankbordgroep hadden de veteranen nog met klem gevraagd of de boektitel van de conclusies, *Over de grens*, van een vraagteken mocht worden voorzien. Het mocht niet. Voorheen maakten de veteranen deel uit van de geschiedenis. Nu was hun laatste, onuitgesproken, smeekbede genegeerd om de toegeving dat ze in Indië ook maar hun best hadden gedaan. Het vonnis luidde dat ze over de grens waren gegaan, grensoverschrijdend gedrag dus, en de ironie wilde dat dat precies het etiket was waarmee de overheid zich steeds verder met de particuliere omgangsvormen bemoeide. Grensoverschrijdend gedrag duldde geen wederhoor, tegenspraak of beroep.

Wat meerstemmigheid wilde zeggen, werd de laatste jaren steeds duidelijker: een oefening van berouw en koekoek één zang. De koning opende een tentoonstelling in het Amsterdam Museum met de gerestaureerde gouden koets, inclusief het omstreden paneel *Hulde der Koloniën*. Het persbericht maakte gewag van een 'meerstemmige tentoonstelling'. Wat dat was, bleek toen de koning uitlegde dat de gouden koets niet meer zou rijden, zolang de Nederlandse bevolking daar niet aan toe was. Dat laatste was een vrome leugen; in werkelijkheid gingen de gekrenkte gevoelens van een kleine groep vóór de viering op Prinsjesdag van wat ze in Frankrijk 'la fête de la démocratie' noemen. Ogenschijnlijk haalde iedereen zijn schouders op en werd er een andere, even opgepoetste koets voorgereden. Maar dit waren kleine dingen die wel optelden.

In hetzelfde Amsterdam Museum organiseerde het Scheepvaartmuseum 'een eerlijk gesprek' over diversiteit en inclusie, het koloniale verleden, en hoe dat doorwerkt in het heden. De directie zat met het VOC-schip de Amsterdam in haar maag. Weliswaar was de Amsterdam op haar eerste tocht al voor de Britse kust vergaan, zodat het van de slavenhandel niet was gekomen, maar de replica van het schip straalde onmiskenbaar trots uit en de inventiviteit van generaties Nederlanders die de wereldzeeën bevoeren. Dit was niet langer de bedoeling. Trots moest schaamte worden en het museum bezon zich op herinrichting. Tijdens een 'meet-up' zou ook de vraag worden behandeld: hoe gaan we als musea om met wat er nu in Gaza gebeurt?[161]

Gaza? Was dat niet een verrassend grote sprong vanaf een zeventiende-eeuws VOC-schip? Alleen maar ogenschijnlijk, en voor niet-ingewijden. Na een walgelijke slachtpartij in oktober 2023 door de terreurgroep Hamas, brak de oorlog om de Gazastrook uit. Voor Israël betekende vrijheid al sinds de oprichting in 1948 overleving, ofwel de bescherming van het grondgebied. Dat motiveerde de bevolking op een manier die wij niet meer begrijpen. Internationaal ging de sympathie allang uit naar de Palestijnen. Zij belichaamden in de publieke opinie het jongere vrijheidsbegrip dat iedereen zichzelf moest kunnen zijn.

Grote verhalen waren ontmaskerd, en tegelijk vervangen door het laatste Grote Verhaal dat Onrecht heette, anders gezegd racisme of ook wel kolonialisme. Wit onderdrukte zwart, en het reëel bestaande koloniale project heette Israël. Was niet volgens Aimé Césaire de Holocaust de maat van alle dingen geworden omdat daar de witten andere witten vermoordden, terwijl de vloek van het kolonialisme werd genegeerd? Jacques Presser, die ooit worstelde met zijn joodse inborst, zou zich omdraaien in zijn graf. In de nieuwe wereld van Goed en Kwaad werden joden, vermoedelijk het meest vervolgde volk in de wereldgeschiedenis, tot de 'witten' gerekend, de onderdrukkers.

Als er ergens een macaber voorbeeld was van 'culturele toe-eigening' dan hier: in Europese hoofdsteden werd volop gedemonstreerd tegen 'de nieuwe Holocaust'. Ook de beroemde aanvoerster van het verzet tegen de opwarming van het klimaat, Greta Thunberg, liet zich in Den Haag zien in een betoging tegen Israël. Want ook klimaatopwarming viel onder koloniale onderdrukking: het zijn de westerse landen die de Derde Wereld nog altijd exploiteren, eerst door de slavernij, daarna door de grondstoffen te stelen, en uiteindelijk door het klimaat te vervuilen, waarvan de Derde Wereld opnieuw het slachtoffer is.

De strijd tegen het grote Kwaad speelde zich vooral af aan de universiteiten. Tijdens de opstand van 1968 demonstreerden studenten nog met de slogan 'nous sommes tous des juifs allemands', wij zijn allemaal Duitse joden, om Rode Dany te steunen. Studentenleider Daniel Cohn-Bendit was jood, Fransman én Duitser, en dreigde het land te worden uitgezet. Een halve eeuw later waren de studenten Palestijnen geworden, riepen ze op om een eind te maken aan Israël, en durfden hun joodse collega's niet meer naar college omdat ze zich zacht gezegd niet meer op hun gemak voelden. Dat was nauwelijks verbazend, in een omgeving waarin het meerstemmige verleden vooral de vorm van een beschuldiging had aangenomen.

Aan Nederlandse universiteiten werd volop gedemonstreerd voor de Palestijnse zaak, met slogans die het einde van Israël beloofden. Joodse studenten voelden zich bedreigd, lezingen over de Holocaust werden uitgesteld of afgeblazen.

Universiteitsbesturen stelden zich schuchter op. Aan de universiteit van Leiden riep een docent op tot het bombarderen van Tel Aviv; de rector magnificus verschool zich achter de privacy van de betreffende docent – het was degene die naar de kwestie vroeg die het verwijt kreeg 'een kruistocht' (!) te ondernemen.

Geschiedenis was een rechtbank geworden, de rechtbank van het goede geweten. Soms in letterlijke zin, waar schadevergoeding werd geëist, en excuses. De historicus was niet langer beschrijver en beoordelaar, maar officier van justitie en tegelijk rechter over het verleden. Van Deursen, overleden in 2012, vond nog dat de historicus niet kon bewijzen, alleen vertellen. Wesseling, overleden in 2018, zou bij dit alles een wenkbrauw hebben opgetrokken. Hij vertelde een paar jaar voor zijn dood dat hij was toegetreden tot een Franse actiegroep. Niets voor Wesseling, die zich niet snel opwond, en zich naar aanleiding van alle commotie over het standbeeld van J.P. Coen in Hoorn droogjes afvroeg 'of er dooien bij gevallen waren'.[162]

Een actiegroep was niets voor de liberaal Wesseling, maar dit was een chique actiegroep van vooraanstaande historici in Parijs, onder leiding van de beroemde Pierre Nora van de boekenreeks *Les lieux de mémoire*. Het gezelschap noemde zichzelf 'Liberté pour l'histoire' en adverteerde met een hele pagina in *Le Monde*. Nora keerde zich tegen de bemoeienis van de politiek met de geschiedschrijving. In Frankrijk had de opgewekte benadering van de lieux de mémoire waarin de Franse geschiedenis werd gevierd, plaatsgemaakt voor de bittere 'guerre des mémoires'. Van gedeelde herinnering naar herinneringen, van enkelvoud naar meervoud – de meervoudige geschiedenis was uitgedraaid op een oorlog tussen herinneringen.

Niet langer eenheid maar diversiteit was het streven, maar de eenzijdigheid die de oude generatie werd nagedragen was vervangen door een nieuwe, onliberale orthodoxie. De juiste opvatting werd in Frankrijk zelfs vastgelegd in zogenoemde geheugenwetten, die historische leugens moesten tegengaan. Het werd verboden om geringschattend te doen over slavernij of slavenhandel. Wesseling was er ook in Nederland niet gerust op en sloot zich, geheel tegen zijn liberale beginselen, aan bij de Franse actiegroep. We kunnen nu zeggen dat het niet heeft geholpen.

6

Het Hoogovens-gevoel

Een apocalyptisch terrein

Wie in Velsen-Noord de hoofdingang van Tata Steel neemt, passeert eerst de brug over de staalhaven. Een ophaalbrug is het niet, wel een strakke scheiding tussen buiten en binnen. Daarachter torent het strenge hoofdkantoor, in de jaren vijftig ontworpen door architect Dudok. Boven de toegangsweg is een glazen overkluizing waarop nog de trotse naam prijkt van Koninklijke Hoogovens en Staalfabrieken. Het gebouw is een rijksmonument van een groot bouwmeester, een monument ook van industrieel zelfbewustzijn. Eenvoud en functie regeren hier, fabrieken zijn in het algemeen niet gebouwd voor de mooi.

Verder het terrein op is alles groter dan groot, en vooral een totaal andere wereld dan het kantoor waar de meesten van ons hun dagen doorbrengen achter de pc. Grijze en bruine fabrieken wisselen elkaar af, onbevattelijke staketsels en overal buizen waar een volwassen man in kon staan. Bergen kolen en ijzererts in verschillende tinten zwart, rood en bruin. Toen ik het terrein bezocht, liepen er maar weinig mensen rond. Als je veel mensen ziet, gaat het niet goed want dan moet er iets worden gerepareerd, zei Timo Rijnbeek. Hij verzorgde de rondleiding die ik had gevraagd, per busje over het immense fabrieksterrein.

Links achter het toegangshek bevond zich de ruwe kant van het bedrijf, met de onderdelen waarom veel te doen was. De Sinterfabriek stond er slecht op, de Pelletfabriek produceerde grote hoeveelheden stikstof. Steen des aanstoots was vooral Kooksfabriek 2, waar ruwe kolen werden omgebakken tot het product waarmee de hoogovens werden gestookt. Als het misging, heette het product rauwe of ongare kooks. Dat leverde stank en schadelijke gassen op, vooral voor het dorp Wijk aan Zee. Er waren waarschuwingen uitgedeeld, door de provincie dwangsommen opgelegd, en het bedrijf was door de provincie onder 'verscherpt toezicht' geplaatst. Volgens het RIVM leefden de inwoners van Wijk aan Zee twee maanden korter dan de rest van Nederland, onder invloed van de kwalijke dampen van Tata. Het rondleidingbusje reed over een viaduct en vandaar kon ik de eerste huizen van het dorp bijna aanraken. Zo dichtbij kwam de Staalfabriek.

Tijdens mijn rondleiding werd er onderhoud gepleegd aan de Kooksfabriek 2. Boven de gebouwen brandde een felle vlam om het kooksgas af te fakkelen. Wat ik nog niet wist: dit gebeurde niet onopgemerkt. Nog dezelfde dag twitterde Marjan Minnesma van Urgenda: 'Negen dagen onderhoud. Tata kan zijn kooksovengas niet reinigen/opslaan, dan maar affakkelen. Mensen in de buurt lijden hieronder!' Wat zich afspeelde bij Tata werd ook per camera nauwlettend in de gaten gehouden. Volgens de fabriek voelde dat als grensoverschrijdend gedrag, maar de rechtszaak daarover werd verloren. Minnesma was maar één van de tegenstanders, en niet de geringste: zij had eerder met haar klimaatproces de hele overheid op de knieën gedwongen.

NRC-columniste, later Kamerlid Rosanne Hertzberger kreeg net zo'n rondleiding als ik en schreef in haar krant over 'een apocalyptisch terrein'.[163] Voor buitenstaanders was zware industrie een wezensvreemde, bedreigende activiteit, een beetje zoals ook tegen boeren wordt aangekeken. Kinderen moet je vertellen dat melk uit een koe komt. Hun ouders zijn vergeten dat het staal van hun bierblikje of hun batterij ooit ergens moest zijn gemaakt. Maar op het terrein kon iedereen je zeggen dat elke Nederlander per dag een kilo staal verbruikt.

Zelf ben ik een Hoogovens-kind, zoals dat heet. Wij woonden op minder dan een kilometer van die brug naar het hoofdkantoor. Ons raam keek uit op fabriekspijpen. Ik viste in die staalhaven, waar je met een schepnetje tropische visjes kon vangen omdat het koelwater van de elektriciteitscentrale zo lekker warm was. Mijn vader heeft bijna zijn hele leven bij de Hoogovens gewerkt, als bedrijfsverpleger in de blauwe ploeg van de vierploegendienst. Mijn moeder haalde een doekje langs de lijn voordat ze de was ophing, anders zat er roet aan de schone lakens. Nooit ging het aan tafel over vuil of ziekte door rook of stof. De schoorstenen waren bronnen van welvaart, en iedereen in Nederland was trots op de Hoogovens. Iets dergelijks gold ook voor Shell, Philips, KLM.

De blik van buiten op Tata was ondubbelzinnig. Die werd overheerst door de rookwolken die de televisie graag liet zien. In de talkshows ging het over de 'enorme lading giftige stoffen' (Beau), dan wel over 'megavervuiler Tata' (Khalid). De gedeputeerde van Noord-Holland, Jeroen Olthof, zei me dat hij was gevraagd voor een talkshowtafel over Tata. Olthof probeerde namens de provincie het evenwicht te bewaren, op een wiebelig koord tussen werkgelegenheid en milieuzorgen. Hij zat al in de auto op weg naar Hilversum toen hij werd afgebeld door een redacteur van de talkshow. Hij vertelde dit om te illustreren dat als de naam Tata viel, de belangstelling voor nuance ophield. Tegenstanders van Tata hadden het over vieze troep en oude zooi. Derderangsfabriek, kwam ook voorbij. Wie werkte bij Tata, sprak van staal maken als hightech bezigheid. Zonder twijfel was Tata veel minder verontreinigend dan Hoogovens in de tijd van mijn ouders. Maar in korte tijd waren de opvattingen en de gevoelens ingrijpend veranderd, en de mensen van Tata keken met grote ogen van de andere kant van hun brug naar de buitenwereld. Wat gebeurde hier eigenlijk?

Booswichten en slachtoffers

Het klassieke Hoogovens-gevoel vertolkte André Alfonsi (55), die ik ontmoette in een uitspanning in Beverwijk. Rechte rug, felblauwe ogen, en het zwarte haar van de Italiaan die hij van oorsprong was. Achtendertig jaar werkte hij inmiddels bij dezelfde baas. Toen hij na zijn diensttijd thuis op de bank ging liggen, zei zijn vader: ga jij maar naar de Hoogovens. Die vader kwam indertijd uit Italië. Hij was de oudste thuis, voorbestemd om priester te worden. Daarvoor moest hij naar Rome, waar het vrouwelijk schoon hem meer lokte dan het priesterambt. Hij trok naar het noorden om te werken, zoals velen, en kwam uit bij de Hoogovens. In de blokvormgieterij, waar André later ook is begonnen.

André Alfonsi was trots. Ook op die blokvormgieterij waar zijn vader keurmeester was. Ze maken dingen die de hele wereld overgaan, zei André, contragewichten, shovels, kielen voor schepen en assen voor molens. Op de vraag wat de Hoogovens en later Tata hem heeft gebracht, zei hij zonder aarzeling: alles. Hij was de zoon van een eenvoudige gastarbeider, nu opgeklommen tot de bedrijfsrecherche. Integriteit en onderzoek. ‘Alles wat je kunt bedenken gebeurt in dit bedrijf. Het is met negenduizend mensen een groot dorp.’ Zijn broer werkte ook bij Tata, zijn zoon liep er stage. Dankzij Tata hoefde hij geen lening voor de studie van zijn kinderen af te sluiten. Het Hoogovens-gevoel bestaat nog, zei hij. ‘De beste baas van Nederland, en een van de weinige maakindustrieën die nog over zijn.’

Hoogovens-gezinnen zoals dat van André Alfonsi zijn er nog te over, in Beverwijk, Velsen, IJmuiden en Alkmaar. In de regionale krant kun je met regelmaat lezen over Tata-vaders en Tata-zonen of Tata-dochters. De Hoogovens-school van weleer is er nog, heet inmiddels Tata Steel Academy, en leidde honderden jongeren op voor een serieus vak. Ook het wereldberoemde schaaktoernooi bestaat nog, nota bene in Wijk aan Zee, en heet nu Tata Steel Chess. Tata steunt de jeugd van voetbalclub Telstar, de Hoogovens-harmonie van vroeger gaat door het leven als Tata Steel Orkest. Niet lang geleden zou zo’n bedrijf geschaard worden onder de alom bewonderde civil society, van een werkgever met hart voor zijn personeel, en andersom. André Alfonsi koesterde zeker warme gevoelens voor zijn baas, maar kreeg andere geluiden van radio en tv. Je stond er weer mooi op met de Kankeratlas, zei zijn zwager dan. Dan zei hij terug: ‘Ben je op de fiets of met de auto? En wie heeft die dan gemaakt?’

Er was ook een nieuwe generatie met enthousiasme over staal maken. Jongeren, juist jongeren, vonden dat hun fabriek meer krediet verdiende. Friederike Renzelmann (28) was een goedlachse jonge vrouw. Een echte bèta, zei ze zelf. Ze had Industrial Engineering gestudeerd en daarna Materiaalkunde in Groningen. Ze liep stage in IJmuiden en was vanaf dag één gegrepen door die intense installaties. Laatst was er een tandwielkast kapot, en stond ze te sleutelen met de jongens. Hoe dichter bij de haven, hoe directer en hoe ruiger.

Ze was de enige vrouwelijke leidinggevende in de Pelletfabriek. Daar werden de ertsen die de hoogovens ingaan, omgebakken tot kleine balletjes. Ze waren druk met de bouw van een installatie om stikstof af te vangen. Daar ging 250 miljoen in zitten, en over drie jaar zouden de zes schoorstenen weg zijn die je in alle televisiefilmpjes zag walmen en waar overigens geen rook maar stoom uitkwam. De vuistregel is: wit is stoom, alles wat een kleur heeft, is rook. Maar dat vertelde de televisie niet. Aan de noordkant van het bedrijf lagen de hallen waar de rollen staal uitkwamen, keurig en klaar voor de klant. De voorkeur van Friederike was de zuidkant, aan de haven. 'Een echte fabriek, zonder opsmuk, lekker aanpakken en gaan met die handel!'

Ze geloofden heilig dat er straks een groene fabriek zou staan waar schoon staal uit zou gaan rollen. State-of-the-art, zei Renzelmann. Het wordt schoon, zei Judith Krale (27), anders zou ze er niet willen werken. Het zal niet morgen zijn maar het moet lukken. Krale werkte sinds vier jaar bij Tata, studeerde chemische technologie. Zij wilde 'spullen maken', dat zat in haar. Of neem businesstrainee Justin Lever (25), student economie en filosofie. Hij praatte over zijn opwinding bij het zien van zo'n immense pan staal, het leek wel lava.

Allemaal keken ze in de supermarkt wel even of de blikjes van de sardines bij Tata waren gemaakt. Ze bespraken het verschil tussen de ploegen. Elke ploeg had zijn eigen gezamenlijkheid, atmosfeer en ambitie. De blauwe ploeg is de beste, vond Friederike Renzelmann. Dat was ook de ploeg van mijn eigen vader. De ploegenkalender bestond nog altijd. Daarop waren de diensten aangegeven met kleurtjes, zodat je in een oogwenk zag of je moest werken en of dat in de ochtend, middag of nacht was. Bij ons thuis hing de kalender aan de binnenkant van de etenskast.

Het Hoogovens-gevoel bestaat nog. Moeilijker is het woorden te vinden voor het antwoord op de vraag wat er bijzonder is aan Tata. Werk is routine, werk is er gewoon. Een goeie baas, goed pensioen, geen zorgen verder, zei Amy Otte (33). Ze werkte bij de warmbandwalserij en bij de vrijwillige brandweer. Met haar lange blonde haar, flinke tattoos en gelakte nagels kwam ze wel eens op televisie, in haar brandweeruniform. Ze ging met plezier naar het werk. 'Ik wals, ik zit op de heftruck, kranen ook.' Haar vader werkte in dezelfde walserij, haar broer ook. Dan kende je de mensen wel. Ze dacht dat ze hier wel oud zou worden. Dat hoorde ik vaker.

De macht der gewoonte betekende zekerheid en geborgenheid.[164] Elke dag naar je werk gaan, bracht hetzelfde teweeg als handen schudden bij een begroeting of etiquette meer in het algemeen – niet voor niets betekent etiquette kleine ethiek. Samen de dingen doen zoals je die altijd deed, daaruit spraken orde en respect. Voorspelbaarheid gaf rust en regelmaat. Gezamenlijkheid was bij Tata ook gelijkheid, want iedereen droeg hetzelfde blauw-gele werkpak, met dezelfde witte helm. De verhalen over de Limburgse mijnen kennen we. Het was vies werk, de mijn was een inkomstenbron, mensen kregen last van hun longen. Maar de kompels maakten deel uit van een gemeenschap die groter was dan zijzelf. Over het leven dat helemaal in het teken stond van de mijn werd ook zoveel jaar later met vertedering gesproken. De mijn bracht identiteit, een gevoel van gezien en erkend te worden.

Tata was beslist in alles groter dan jezelf. Alleen al de kraanhaken waar de enorme pannen staal in hingen, waren manshoog. Maar mensen praten nu eenmaal niet over hun baan in termen van identiteit of erkenning. Het gewone was er gewoon en dat was juist de kracht ervan, maar het leidde ook tot een gebrek aan woorden. De Limburgse mijnen zijn allang dicht en dus kan het geen kwaad meer om oog te hebben voor de positieve kant ervan. Voor de betekenis van Tata ontbrak die belangstelling. Tata was een dorp met negenduizend inwoners, zoals André Alfonsi had gezegd, maar antropologen reisden liever naar Zuid-Amerika om het dagelijks leven in het oerwoud van de Amazone te bestuderen. Afgezien van de milieueffecten was IJmuiden voor de wetenschap te ver, en ook de journalistiek hield het meestal op een niet al te ingewikkeld schema van booswichten en gedupeerden.

Iedereen kende natuurlijk de spektakelbeelden van gloeiende plakken staal die onder geweldig geraas door de walserij gaan. Nostalgie was er ook, in het bescheiden Hoogovens-museumpje aan de Staalhaven, dat overeind werd gehouden door vrijwilligers. Er hingen schitterende zwart-witfoto's van de honderden arbeiders die op de fiets naar het werk gingen, broodtrommel onder de snelbinder. De beelden onderstreepten wat werk is, niets bijzonders, wel een levensvervulling. Een collega van Amy Otte, begin twintig pas, die liever haar naam niet noemde: 'Ik heb mijn ploegenrooster tot het pensioen. Dan kun je beter plannen.'

Het dagelijks leven laat zich moeilijker vangen dan het drama, het ongeluk of het misdrijf. Hier legden de mensen van Tata, van directeur tot kraandrijver, het af tegen hun formidabele tegenstanders. Te lang hadden ze gedacht dat de naam Hoogovens en later Tata voor zich sprak; inmiddels bleek tot hun schrik dat hun woorden geen indruk meer maakten. Actiegroep FrisseWind.nu gaf persberichten uit met in de eerste zin Tata en in de tweede zin kanker. De Dorpsraad Wijk aan Zee wist de weg naar de talkshows te vinden, waar advocate Bénédicte Ficq ook een graag geziene gast was. Zij begon een strafzaak tegen de directie van Tata, wegens het 'moedwillig schaden van de gezondheid van mens en dier'. Daar staat vijftien jaar gevangenisstraf op. Ficq vertelde aan iedereen die het wilde horen dat 'Tata alleen maar bezig is met geld verdienen, alleen maar meer meer meer'.[165]

Zo'n geluid was vroeger ondenkbaar, toen alle vaders uit mijn buurt bij de Hoogovens werkten en iedereen wist: wij maken het beste staal ter wereld. Een beetje roet op de waslijn hoorde erbij. Later werd alles anders. De president-directeur van Tata zei dat ze staal maakten met de laagste CO_2-uitstoot per ton. Maar het hielp niet. Vuil poets je niet meer af onder de douche, vuil is moraal geworden. Ik schreef in een eerder hoofdstuk over de antropologe Mary Douglas. Zij legde uit hoezeer het leven wordt beheerst door ideeën en gevoelens over vuil en schoon, rein en onrein, en niet alleen bij de stammen in het Zuid-Amerikaanse oerwoud.

'Jij werkt bij de vuilste fabriek, jij bent een slecht persoon,' vatte Judith Krale de stemming buiten de poort samen. Tata was niet langer welkom op de bedrijfsdagen van de Universiteit Utrecht. Bij het provinciehuis in Haarlem werd een monumentje beklad, door Extinction Rebellion. TATA DICHT NU! was erop gespoten. Daarna volgden excuses maar het kwaad was geschied. Net als Shell is Tata een 'daderbedrijf' geworden, zoals ik in de krant zag staan. De wereld was verdeeld in daders en slachtoffers, goed en slecht, vuil en schoon. En de bange vraag luidde of het bedrijf tegen die stemming was opgewassen.

Luuk Klaassen (66) ontmoette ik in restaurant Kop van de Haven in IJmuiden. We aten een gebakken visje zoals je daar doet, met uitzicht op het water en aan de overkant de fabriek, zover het oog reikt. Hij liep tegen het pensioen, werkte zelf niet bij Tata, wel bij een leverancier van technische producten. Klaassen vreesde voor het lot van Tata en had daarom de stichting IJmond IJzersterk opgericht. Hij had een plastic tas bij zich boordevol knipsels, grafieken, kaartjes en Excelsheets. Om te laten zien 'dat Tata levens redt, want wij kunnen niet zonder staal'.

Maar eerst over Luuk Klaassen zelf. Hij was geboren in de Lange Nieuwstraat in IJmuiden. Zijn vader werkte als smelter bij Hoogovens. De baaien hemden tegen de hitte hingen thuis aan de waslijn. Later was vader teamleider bij de bouw van Hoogoven 7. Hij rookte twee pakjes shag per dag en overleed op zijn negenenzestigste aan longkanker. Geen van de vaders in de flat haalde de zeventig. De moeders werden ruim tachtig, en daarmee kwam Luuk Klaassen op zijn boodschap.

Het was de boodschap die steeds terugkwam: de feiten liggen anders. Tata was kanker, aldus de krachtigste samenvatting van degenen die het bedrijf dicht wilden hebben, advocate Bénédicte Ficq voorop. En die kanker kwam door de uitstoot van Tata. Het Integraal Kankercentrum Nederland (IKN) publiceerde een zogeheten Kankeratlas.[166] Cabaretiers en columnisten maakten er grif gebruik van om te laten zien dat deze fabriek dood en verderf zaait. En inderdaad, er stond een kaartje in, waarop de IJmond bloedrood kleurt. Asbestkanker kwam er veel voor en ook andere vormen van longkanker.

Je moet naar het hele land kijken, zei Luuk Klaassen. Dat

stond ook in de Kankeratlas zelf, die erop aandrong de zaken in perspectief te bezien. Asbestkanker kwam voor in alle oude industriegebieden, net zo goed in Rotterdam, Zuid-Limburg en Zeeuws-Vlaanderen. Asbestkanker was intussen een ziekte geworden van oude mannen, want asbest was al dertig jaar verboden. Kijk naar dit tweede kaartje, zei Klaassen, alleen de mannen kregen asbestkanker, de vrouwen niet, want die bleven thuis. Met andere woorden, die kanker had naar zijn idee niets met de uitstoot van Tata Steel of destijds Hoogovens te maken.

De vinger van Klaassen ging over de kolommen van zijn Excelsheet, want het geheim van de Kankeratlas school in het detail. Wat betreft longkanker moest je naar de postcodes kijken. De Creutzberglaan in Beverwijk had het niet, Velsen-Noord en IJmuiden wel. Aan de Creutzberglaan woonden de wat welgesteldere Beverwijkers, in Velsen-Noord de arbeiders. Anders gezegd, longkanker had meer met leefstijl te maken dan met luchtvervuiling. Bij navraag bevestigde de woordvoerster van IKNL, de maker van de Kankeratlas, het standpunt van Luuk Klaassen: longkanker was voor 80 procent het gevolg van roken, 10 procent luchtverontreiniging, en de laatste 10 procent oorzaak onbekend. Luuk Klaassen had gelijk: de longkanker van zijn vader was meer aan die twee pakjes shag te wijten dan aan de rookwolken van Hoogovens.

Klaassen had nog een paar troeven. Het pensioenfonds van Tata moest onlangs extra inleggen, omdat de levensverwachting van de oudjes van Hoogovens anderhalf jaar hoger ligt dan het landelijk gemiddelde. En dan de uitstoot. Op grond van het aantal microgrammen fijnstof per kubieke meter zou het leven in Velsen tien maanden korter moeten zijn dan het gemiddelde, terwijl ze bijvoorbeeld in Stadskanaal, op grond van de schonere lucht daar, twintig maanden langer zouden moeten leven. In werkelijkheid leefden ze in Velsen langer!

Negenduizend mensen werkten bij Tata, veertigduizend indirect. De hele IJmond, tot ver in Noord-Holland, leefde nog altijd van Tata. Dus als dat bedrijf zou sluiten, was het ook afgelopen voor bakker Leek in Beverwijk, waar ze de broodjes voor het hoofdkantoor klaarmaakten. Urgenda en Greenpeace hadden een rapport gepubliceerd waaruit opsteeg dat er zat werk was als Tata dicht zou gaan. Dat was volgens Klaassen een slag in de lucht. Wat hij wist, was dat langdurige werkloosheid vijf jaar van je leven kost. In sommige delen van Heerlen en Kerkrade was de levensverwachting een halve eeuw na de mijnsluiting inderdaad nog altijd zes jaar korter dan elders.[167] Zo groot was het belang van zinvol werk.

De feiten liggen anders, hoe vaak heb ik het in IJmuiden gehoord. Maar ging dit gevecht wel over feiten? Dezelfde feiten bestonden al vele tientallen jaren. Kooksfabriek 2 lag daar al heel lang te walmen. En de heersende windrichting was ook al heel lang zuidwest, pal over Wijk aan Zee. Vroeger kwam uit de schoorstenen welvaart, trots, zingeving. Nu ziekte. Wie er werkte, zag een fijn bedrijf. Friederike Renzelmann van de Pelletfabriek kwam 's ochtends aan bij de poort, zag een witte rookpluim en dacht opgewekt, kijk mijn fabriek eens draaien. Zij zag onschuldige stoom, een ander zag levensbedreigende rook. Een feit is een zak, zoals ik de socioloog A.N.J. den Hollander eerder aanhaalde. Alleen als je wat in die zak stopt, blijft hij rechtop staan.

De feiten laten ruimschoots ruimte voor gevoelens, zeker als het om ziekte en gezondheid gaat. Dat gevoelens in gezondheidskwesties een cruciale rol spelen, is evident. Pijn en narigheid in lichaam en geest bestaan onmiskenbaar maar zijn moeilijk te objectiveren. Pijn is een oud filosofisch probleem, u heeft er last van en niemand anders. Vandaar de eerste vraag van de dokter: hoe voelt u zich? Pijn is alleen van uzelf, en tegelijk zijn er anderen voor nodig. De dokter geeft woorden aan het gevoel ziek te zijn, familie en vrienden bieden troost en brengen een bloemetje, collega's sturen een kaart. Zo is ziek zijn ook een betrekking en zijn er denkers die menen dat ziekte zich niet zozeer in het lichaam van de patiënt bevindt maar ergens tussen de betrokkenen. Gevoelens zijn 'sociale feiten', om met de beroemde socioloog Durkheim te spreken. Gevoelens hebben zeer tastbare gevolgen, ongeacht of ze zelf voortkomen uit de aantoonbare werkelijkheid.

Voor arbeiders verklaard betekent dit sociologische beginsel dat het aanbod de vraag bepaalt, en dat gaat beslist op voor ziekte of gezondheid. Ruim een halve eeuw geleden schreef de marxistische socioloog Ivan Illich kritisch over de farmaceutische industrie, die mensen ziekte aanpraatte om meer medicijnen af te zetten. Die klacht bestaat nog altijd, bijvoorbeeld rondom de inentingscampagne tegen corona. Tegenstanders van de prikactie werden wappies genoemd en complotdenkers, en hun demonstraties werden door de politie hard aangepakt. Maar de overheid was beslist niet altijd zo streng in de leer om feiten en alternatieve feiten uit elkaar te houden. Als de naam Tata viel, had de overheid de harde afspraken verruild voor de onlustgevoelens van de omwonenden.

Het mijnenveld van de gezondheid

Een paar weken na het gesprek met Luuk Klaassen zat ik in de raadszaal van Beverwijk. De bevolking was uitgenodigd voor de presentatie door het RIVM, van een nieuw rapport over de neerslag van grofstof in de IJmond.[168] Grofstof is het zwarte spul waarover ik me als kind alleen druk maakte omdat ik van mijn moeder de ramen moest lappen. Het RIVM zag geen verbetering in de depositie van pak en lood. Pak, polycyclische aromatische koolwaterstof, en lood, dat zijn geen woorden die je in de buurt wilt hebben.

Ir. Janneke Elberse verzorgde de presentatie, met boven haar hoofd een groot scherm waarop grafieken werden getoond. Lood is 'behoorlijk schadelijke materie', en Tata was een belangrijke bron van pak en metalen. Het RIVM mat sinds 2019 en zag sindsdien geen verbetering. De zaal was gevuld met een stuk of vijftig Beverwijkers, de meesten op leeftijd. Het waren rustige Noord-Hollanders, niet snel onder de indruk. Afgezien van de boze inwoners van Wijk aan Zee, die zich roerden op televisie, en over wie de mensen van Tata zich weer opwonden omdat ze 'import' zouden zijn terwijl die fabriek er al een eeuw lag. Op de grafiek boven het hoofd van Janneke Elberse torende bij Wijk aan Zee een paal met lood dreigend omhoog. 'Extreem veel hoger lood, en Tata is een grote uitstoter van lood.' Maar wat al dat lood en grofstof behelsden voor de gezondheid, bleef in wetenschappelijke voorzichtigheid gehuld. De wind doet mee en de wisseling van de seizoenen, er kunnen andere bronnen zijn, olieschepen bijvoorbeeld, aldus Janneke Elberse.

Diezelfde week sprak ik over de telefoon met een toxicologisch expert van PWN, het drinkwaterbedrijf van Noord-Holland. Zij deed onderzoek naar gif in de duinen rondom Tata Steel. Ze was niet optimistisch over de afbreekbaarheid van de Zeer Zorgwekkende Stoffen die ze had aangetroffen. Maar ze zei meteen dat juist die slechte afbreekbaarheid het moeilijk maakte om Tata aan te wijzen als verantwoordelijke. De oorzaak zou de afvalverbranding in Alkmaar kunnen zijn, waar jaren geleden een gifschandaal mee was, het zouden passerende schepen kunnen zijn of zelfs de fabriek bij Antwerpen die in het nieuws is geweest wegens de pfas-verontreiniging van de Westerschelde. Ik wilde haar daarover interviewen, met naam en toenaam, maar de volgende dag belde ze terug: het mocht niet van haar bazen. Weinigen hebben zin om zich in een politiek mijnenveld te wagen als het om gezondheid gaat. Dat was zeker het lot geweest van deze PWN-gifexpert, als ze het eenvoudige beeld van daders en slachtoffers was gaan verstoren.

Lood en pak zijn schadelijk, dat is evident. En bij de RIVM-presentatie wilde je als Beverwijker geen onzekerheid, maar hom of kuit over wie daarop kan worden aangesproken. Twee jaar geleden had de staatssecretaris in de Kamer geconcludeerd 'dat het RIVM terughoudend is met het maken van heel uitbundige analyses van één individueel bedrijf'.[169] Hij had daar toen begrip voor, want er stond veel op het spel en wie beweert moet bewijzen. Desondanks was daar het scherm met grafiek en die dreigende paal met lood, en het advies van ir. Janneke Elberse dat in Wijk aan Zee de kinderen na het buiten spelen hun handen moesten wassen.

De onzekerheid deed zijn werk. De aanwezige wethouder zei dat de feiten over het zichtbare stof 'een stap zijn in het moeilijke, soms emotionele proces op weg naar gezond leven in de IJmond'. Op weg naar gezond leven, dat suggereerde dat het leven in de buurt van Tata bepaald niet aan te raden is. Het klonk weinig geruststellend. Een paar dagen nadien kwam het RIVM over het rapport vertellen in de Tweede Kamer. Een VVD-Kamerlid stelde verontwaardigd vast: grofstof op kinderspeelplaatsen is onacceptabel. De mededeling dat Tata al een tijd lang bij het ochtendkrieken elke speelplaats in Wijk aan

Zee schoonmaakte, maakte het er niet beter op, en vermoedelijk erger.

Op het hoofdkantoor had ik toen al een sessie achter de rug met twee directeuren die de duurzame transitie van Tata moesten leiden. Marco Workel was directeur veiligheid, gezondheid, milieu. Jeroen Klumper van duurzame transitie. De laatste moet ervoor zorgen dat hier in 2030 groen staal wordt gemaakt. Dat was toen ik hem sprak over zeven jaar. Zeven jaar is heel erg kort om zo'n ingrijpende verandering voor elkaar te krijgen. En tegelijk is zeven jaar verschrikkelijk lang, voor een fabriek die onder vuur ligt vanwege de rook, het stof, de herrie en de paks.

Marco Workel vertelde over de klachten over stank, stof en herrie. Er zijn veel meer klachten dan tien jaar geleden, zei hij, terwijl de stank, het stof en de herrie aantoonbaar drastisch zijn verminderd. Bijna wekelijks ging er een nieuwsbericht uit met nieuwe milieumaatregelen. Rondom de kolen- en ertsopslag moest er een windscherm komen van anderhalve kilometer lang en achttien meter hoog. De vergunning hing nog af van de eventuele gevolgen voor vleermuizen die ook op het Tata-terrein wonen. Er werd gebouwd aan de afzuiginstallatie boven de Staalfabriek, de Pelletfabriek kreeg een investering van liefst 250 miljoen om de stikstofuitstoot drastisch te verlagen. Dat was een heel ander geluid dan het verhaal, kort voordien weer nieuw leven ingeblazen door Bennie Jolink van Normaal, dat boeren werden aangepakt, terwijl Tata gewoon mocht doorgaan met rotzooi uitstoten.

De dialoog tussen Tata en het RIVM was er een van slechthorenden. De uitstoot van paks was in vier jaar tijd gehalveerd, zat inmiddels zeven keer onder de grenswaarden, zei Marco Workel. Lood: een factor vijftig onder de norm. 'Lood zit ruim onder de vergunde waarden,' had ook de staatssecretaris in 2021 in de Tweede Kamer bevestigd. 'Ik vind het fair om dat te zeggen.' Maar het RIVM meet nu eenmaal geen uitstoot, het RIVM meet neerslag, wat er in Wijk aan Zee op de grond ligt.

In de slag om de werkelijkheid, dat wil zeggen om de gevoelens, de harten en de geesten, lag Tata een paar flinke scheepslengtes achter. Dat beseften ze op het hoofdkantoor maar al te goed. Klachten zijn altijd reëel, zei Marco Workel. Of ze subjectief dan wel objectief waren, mensen klaagden niet voor hun lol. 2018 was het sleuteljaar geweest, toen daalden de grafietregens neer op Wijk aan Zee die alles hebben veranderd. Een zwart goedje dat bleef plakken aan je vingers. Toen is het RIVM voor het eerst onderzoek gaan doen naar grofstof, toen kwamen de rapporten met dreigende woorden en afkortingen.

Tata liet een hal over de fabriek bouwen en dacht dat alles weer was als voorheen. Grafietregens waren er niet meer, maar ze zagen niet dat gezondheid zich niet laat meten met grafieken en grenswaarden. Ziekte en gezondheid domineren het levensgevoel. De zorgbegroting overschaduwde de begroting sociale zaken of onderwijs ruimschoots. In ziekte en gezondheid, schreef de eerste medisch antropoloog van Nederland Sjaak van der Geest in zijn oratie in 1995, komen de meest centrale intuïties van een cultuur naar boven. Niet langer gelijkheid, maar gezondheid is waarde nummer één, en wat dat betreft is gezondheid vergelijkbaar met de vroegere plaats van religie. Gezondheid en ziekte vormen een gedeeld geloof en aan de orthodoxie daarvan moet iedereen zich houden.[170]

De Onderzoeksraad voor Veiligheid (OVV) publiceerde een rapport over de bescherming van omwonenden,[171] en had onder meer Tata Steel en Chemours in Dordrecht als voorbeelden onderzocht. De bedrijven overschreden de normen niet,

niet in de lucht, in het water of op de grond, maar de OVV stelde vast dat desondanks 'de *berichten* over bovengemiddelde aantallen zieken, emissieoverschrijdingen en rechtszaken' voor onrust zorgden. Niet de aantoonbare overtreding, maar de 'gevoelde aantasting' leidde tot angst en stress. De krant maakte gewag van een 'snoeihard rapport', de Tweede Kamer raakte in opwinding en de staatssecretaris haastte zich om te spreken van 'een serieuze en zorgelijke boodschap' en dat haar 'inzet' was dat 'de gezondheidsrisico's van grote uitstoters als Tata Steel omlaaggaan'.[172]

Een overheid die niet koerste op gedeelde feiten maar op angsten, gevoelens en stress, een overheid met de ambitie om ook de gemoedsrust van de bevolking te bewaken, die maakte zich kwetsbaar voor partijen die goed waren in het bespelen daarvan. Dat kon de farmaceutische industrie zijn op zoek naar klandizie, zoals de radicale Ivan Illich schreef, maar net zo goed Greenpeace, Urgenda of Extinction Rebellion, die zeiden op te treden in het algemeen belang. *Quis custodiet ipsos custodes?* schreef de Romeinse dichter Juvenalis tweeduizend jaar geleden al. Wie controleerde deze zelfbenoemde controleurs?

Net als de klager over Tata had de patiënt altijd gelijk, en wie het waagde dat te ontkennen was een ketter, een ongelovige en hem wachtte de brandstapel. De rook van Tata, de herrie en de stank hadden veel meer invloed dan je in Wijk aan Zee kon zien, horen en ruiken. Ze waren de verstoring van een orde, en een belediging voor de dorpsbewoners. Voorheen was een vergunning de goedkeuring dat een fabriek kon gaan draaien. Langzamerhand werd een vergunning de toestemming voor iets wat eigenlijk moreel niet door de beugel kon. De vergunningen aan Tata waren gegeven, de waarden officieel acceptabel. 'Maar je hoort dat de maatschappij vindt van niet,' verzuchtte de milieudirecteur van Tata, Marco Workel. 'Wie is dat, de maatschappij? Er is veel boosheid, maar wij horen er ook bij. Wij wonen hier ook in de buurt, waar wil je heen met je bedrijf?'

De emmer loopt over

Die avond kwam zijn collega en mededirecteur Jeroen Klumper in Wijk aan Zee het Groen Staal-plan uitleggen. Het was de boei waaraan Tata zich had vastgeklampt. Binnen zeven jaar moest de omstreden Kooksfabriek 2 dicht zijn, en een van de twee hoogovens. Ze gaan straks groen staal maken, met waterstof, de haarlemmerolie die de klimaattransitie mogelijk moet maken. In 2045 moet ook Tata helemaal op schema van Parijs liggen, dat wil zeggen géén CO_2-uitstoot meer. Waterstof klinkt goed en schoon, de toenmalige minister Jetten en EU-commissaris Timmermans hadden hun kaarten erop gezet. De elektriciteit ervoor zou komen van wind op zee, waaraan ook Marjan Minnesma van Urgenda haar zegen had gegeven. Wat kon er nog misgaan?

Heel veel. De Wijk aan Zeeërs in Café de Zon wilden het helemaal niet over groen staal hebben. Zelf kwam ik vroeger vaak in Wijk aan Zee, aangezien wij vijf kilometer verderop woonden. De dorpsweide lag er nog precies zo groen bij als toen, men sprak een beetje hoogdravend van het achtste wereldwonder. Maar ook ik was mijn jeugdige zelf kennelijk niet meer, want boven de duinen torende het silhouet van de hoogovens dat ik vroeger nooit opmerkte, en ook hoorde ik voor het eerst in de verte het gegrom van het fabrieksterrein. Tijdens de rondleiding op het Tata-terrein was me ook de geur van rotte eieren niet ontgaan. De fabriek was nog steeds de fabriek van vroeger, maar deze avond in Café de Zon leerde bovenal hoezeer de mensen waren veranderd.

Jeroen Klumper deed zijn best. Achter onze rug klotsten de biljartballen in het café gemoedelijk tegen elkaar. In het zaaltje liep de temperatuur op. Klumper zei iets over vertrouwen terugwinnen en luisteren naar wat u wilt. Probeerde twee zinnen over hoe je groen staal maakt. Maar de zaal wilde wat anders weten: wanneer kooks 2 dichtging. Een halfuur voordat de bijeenkomst begon, besteedde de talkshow *Khalid & Sophie* aandacht aan Tata. De aanwezigen waren als het ware door hun tv opgewarmd, met een filmpje uit hun eigen Wijk aan Zee waarin een vrouw vertelde hoe ze bij haar in de straat allemaal kanker hadden.

Bij Khalid was ook de boze huisarts die vertelde dat groen staal helemaal niet bestond. De kolen zijn dan wel weg, maar de ertsen niet en dus de Zeer Zorgwekkende Stoffen ook niet. Weer een vraag in het zaaltje: over zeven jaar groen staal, maar hoe zit het in de tussentijd met de pak? Jullie zeggen 50 procent minder uitstoot, maar dan blijft er nog 50 procent over. Wij willen helemaal geen pak meer! De presentator in Café de Zon moest alle zeilen bijzetten om de boel in goede banen te leiden.

Dat lukte, maar de spanning was voelbaar. Toen ik een paar maanden voordien voor het eerst de brug over de Staalhaven passeerde, was het ogenschijnlijk rustig. In het bedrijfsrestaurant was een burendag geweest, waar ook Extinction Rebellion zijn zegje had gedaan. Dat verliep zonder incidenten en iedereen vond het een goede zaak. We moeten worden opgejut om steeds beter te worden, meende Friederike Renzelmann. Ook president-directeur Hans van den Berg zei op televisie dat ze zonder maatschappelijke druk niet zo waren opgeschoten als nu.

Tijdens een debat in De Balie aan de vooravond van de provinciale verkiezingen werd de stemming wel geprikkeld. Directeur Van den Berg zat nog niet op het podium of een boze jongeman met een spandoek sprong op en riep 'dat het nu moet stoppen!' Het enige kandidaat-Statenlid dat het voor Tata opnam was de vertegenwoordiger van de nieuwbakken partij BBB, een man uit Lisse. Hij had het over 'een stukje negativiteit', waarop de zaal in gejoel uitbarstte. Alle Tata-mensen die ik later sprak, hadden thuis op hun pc meegekeken. Allemaal vonden ze het een eenzijdig debat daar in de Balie.

En toen liep de emmer ineens over. Het begon ermee dat een vrouw was overgestapt van de Omgevingsdienst IJmond, de toezichthouder, naar Tata Steel. Advocate Bénédicte Ficq wees in de krant op 'de macht van het geld – dat je kennis wegkoopt bij de overheid die je controleert, zodat je makkelijker je vervuilende gang kunt gaan'.[173] Dat viel heel slecht. De overgestapte vrouw werd bedreigd en de Ondernemingsraad schreef een boos persbericht: 'De maat is vol.' Daarna volgde de aankondiging van een actiegroep om elke eerste maandag van de maand een 'die-in' te houden voor het Dudokhuis. 'Kappen met kolen' was de noemer, van betogers die verwant waren aan Extinction Rebellion. Na de aankondiging vergaloppeerde een vooraanstaand lid van de Ondernemingsraad zich in een WhatsAppgroep.

'Gelijk de oven in dan gaat het niet stinken,' wenste hij de demonstranten per app toe. Er kwamen ergere, antisemitische apps voorbij. Het digitale verkeer kwam naar buiten, de directie haastte zich zich te distantiëren en ook de burgemeester van Velsen was geshockeerd. Het OR-lid maakte excuses. Ineens was het er allemaal uit gekomen. Boosheid over de bejegening in de media, teleurstelling over het gebrek aan erkenning voor het mooie Groen Staal-plan, waarin directie en FNV met hart en ziel samenwerkten. De man van de buitensporige app betreurde in een verklaring dat de milieugroepen niet inzien dat zij en Tata hetzelfde doel nastreefden: zo snel mogelijk kappen met kolen.

Het incident kwam hard aan. Ik had een ander lid van de Ondernemingsraad gesproken. Hij trok meteen zijn medewerking aan dit verhaal in. Daarna loeide op maandag om precies twaalf uur de sirene en lagen er een stuk of dertig actievoerders dood te wezen voor de deur van het Dudokhuis. 'Wat willen wij, kolenvrij!' riepen ze. De man die de luidspreker hanteerde, heette Peter Jamin. Hij kwam niet uit de IJmond maar uit Utrecht. In zijn versterker riep hij over 'bloedkolen' uit Colombia.

Niet alleen in Zuid-Amerika maar ook in de IJmond vallen doden, riep hij. Kolen zijn immers de meest schadelijke fossiele brandstof. 'Tegen de medewerkers van Tata zeg ik – wij laten jullie niet in de steek!' De OR-man die niet meer genoemd wilde worden, had eerder verteld dat ze op de markt in IJmuiden stonden te folderen in hun FNV-jasjes, voor het Groen Staalplan. Alleen maar steun daar, voor het plan, voor het voortbestaan van Tata. De mensen van Tata voelden zich minstens zozeer in de steek gelaten als de actievoerders of de bewoners van Wijk aan Zee.

De eenzame president-directeur

Heeft Tata nog vrienden? Ik zat op de kamer van Hans van den Berg, de president-directeur van Tata. Een bescheiden kamer voor zo'n enorm bedrijf. Bescheiden man ook, die net als iedereen hier al tientallen jaren werkte. Ik zag hem met zijn dienblad in het bedrijfsrestaurant, in hemdsmouwen en aanspreekbaar voor iedereen. Hier waren geen topmanagers ingevlogen om de boel om te turnen en er een paar duizend mensen uit te gooien.

Een van de verwijten aan Tata was dat de eigenaar zich ver weg bevindt, in India. De ervaring leerde dat de loyaliteit van een multinational primair aan de aandeelhouders is. Niet aan de lokale gemeenschap die te maken had met de overlast van het bedrijf. Het was een bekend verwijt, dat ook hout snijdt. Wat je minder vaak hoorde, was dat hetzelfde bezwaar opgaat voor de pressiegroepen die de grote bedrijven als de vijand hebben aangewezen. Greenpeace was net zo goed een machtig bedrijf dat niemand verantwoording was verschuldigd, en wat was het telefoonnummer van Extinction Rebellion dat de weg blokkeerde maar zelf nergens voor aanspreekbaar was? Multinationals brachten ministers in verlegenheid met het dreigement het land te verlaten, Greenpeace zette ministers onder druk door ze aan te wijzen als medeplichtigen van een fabriek die kanker produceert.

Hans van den Berg woonde zelf onder de rook van Tata in Beverwijk en straalde in alles uit dat hij een van de jongens is. Heb ik nog vrienden, ja, goede vraag, zei hij. Hij is anderhalf jaar geleden begonnen als president-directeur. Voordien was ditzelfde Dudokhuis het hoofdkantoor van Tata Europe. Met witte vloerbedekking. Hoe kom je erop voor een staalbedrijf, zei Van den Berg. Sindsdien was de bedrijfsstructuur veranderd, ging Tata Nederland meer over zijn eigen investeringen. Ze hebben stemmiger vloerbedekking, zo te zien goedkoper ook.

Bij de vakbond, daar had Van den Berg nog vrienden. Tata was niet alleen een ouderwets bedrijf omdat ze staal maakten, maar ook omdat de helft van de werknemers nog altijd een lidmaatschapskaart van de bond op zak had. De FNV had het Groen Staal-plan bedacht. De staalarbeiders demonstreerden ervoor in Den Haag, in hun blauw-gele werkpak. Maar verder, vrienden? In het gesprek viel een stilte. Van den Berg lag wel eens wakker, zo gepolariseerd was de toestand. 'Ook over onze eigen rol. Het is wel duidelijk dat we niet staan waar we willen staan.' En anders dan Greenpeace moest hij wel degelijk verantwoording afleggen. Een dag later moest hij spitsroeden lopen in de Tweede Kamer, die de president-directeur op het matje had geroepen in verband met het RIVM-rapport over grofstof.

In een grijs zaaltje in het nieuwe Kamergebouw zaten Van den Berg en naast hem milieudirecteur Marco Workel de volgende dag tegenover de klimaat- en milieucommissie. Zo'n rondetafelgesprek was eigenlijk bedoeld om de Kamerleden van informatie te voorzien. Ditmaal leek het meer op een kruisverhoor. Een Kamerlid van D66 zette de toon met haar vraag over grofstof: 'Hoe gaat u de gezondheidsschade compenseren en voorkomen dat het opnieuw gebeurt?'[174] Het enige Kamerlid dat zijn steun uitsprak voor een nationale staalindustrie was de vertegenwoordiger van de PVV van Geert Wilders. En zelfs hij vond dat Tata wel erg laat was met de bestrijding van het kolenstof.

Dat de Kamerleden kritisch zouden zijn, was te verwachten. Het onderwerp was immers de gezondheid in de IJmond. Twee weken eerder vergaderde dezelfde Kamer over industriebeleid. Toen kwam ook de strategische functie ter sprake van een nationale staalindustrie. Het was een voor de hand liggend thema in een bedreigende wereld. Al snel bleek dat Tata niet op de welwillendheid van links hoefde te rekenen. Het boegbeeld van de Socialistische Partij wilde Tata nationaliseren. In socialistische ogen was de vervuiling een direct gevolg van het winststreven dat hoorde bij het verderfelijke kapitalisme. Je hoefde geen kenner te zijn van de geschiedenis van het socialisme om te weten dat de communistische landen veel meer vervuiling hadden gekend dan wij hier, aangezien een onafhankelijke controleur het klasseloze heil alleen maar in de weg had gezeten. Niemand in de Kamer die de geachte SP-woordvoerster het reëel bestaande verleden voorhield.

Ook de woordvoerder van de Partij van de Arbeid was streng. Hij was eertijds de directeur van Greenpeace geweest, nu vertegenwoordigde hij de partij die bij uitstek wortels had in de industrie. Die tijd was voorbij. Het sociale contract tussen de arbeiders en de gestudeerde middenklasse, ooit de trots en het merkteken van de PvdA, was verruild voor het hogere belang van diversiteit en duurzaamheid. Hans van den Berg zei erover in zijn directeurskamer: ‘Bij Tata stemmen nog maar heel weinig mensen links, eerder het andere uiterste.’ Dat klopte. In de uitslag per stembureau die de Kiesraad na de Provinciale Statenverkiezingen publiceerde, kwam de BBB van boerin Caroline van der Plas in de hele IJmond als grootste partij uit de bus. Eén stembureau uitgezonderd, als een soort Asterix-dorp, maar dan vele malen invloedrijker: in Wijk aan Zee eindigde de Partij voor de Dieren als grootste.

De laatste jaren was de Tata-strategie vooral meebuigen geweest. Rapport buitelde over rapport, het was bijna niet bij te houden. Ook het rapport van de Onderzoeksraad voor Veiligheid, met de vaststelling dat ook de ‘gevoelde aantasting’ van de leefomgeving moest worden gewogen, had Tata onderschreven. Dat was de lijn. Klagers hadden immers gelijk. Hetzelfde idee sprak uit het zogeheten voorzorgbeginsel, dat de grondslag vormde van het Europese milieubeleid. Het voorzorgbeginsel bekommerde zich om de mogelijke effecten van toekomstige industriële bezigheid. Bij risico niet doen, zei het voorzorgbeginsel. Daarna deed zich meteen de vraag voor wie bepaalde wanneer er sprake was van risico.

Als je dacht dat er een risico was, dan bestond dat risico.[175] Daar kwam het op neer. En als er een risico was, volgde er een geweldige aandrang om te verbieden. Het was een duizelingwekkende cirkel, waaruit vooral opsteeg dat angst weliswaar een slechte raadgever was, maar vooral een machtig politiek wapen. Enige tijd geleden werden populisten aangemerkt als 'handelaren in angst', onder anderen door de populaire schrijver Geert Mak. Het voorzorgbeginsel was in wezen niets anders dan georganiseerde angsthandel. Medisch antropoloog Sjaak van der Geest noemde ziekte en gezondheid in zijn oratie de meest centrale intuïties van onze cultuur. Hij suggereerde dat het medisch bedrijf zo wezenlijk is, dat weerstand bestaat tegen het erkennen van het machtspolitieke element ervan – ja dat feitelijk sprake is van een taboe.

Bij Tata durfden ze er niet eens hardop over na te denken. Bij het verkiezingsdebat in De Balie nam Hans van den Berg deemoedig een zwarte tulp in ontvangst. Bij elke publieke gelegenheid zei hij dat ze de bocht naar schoon staal te laat hebben genomen. Eén keer is hij uit zijn slof geschoten, en zei op televisie dat hij niet accepteert dat zijn mensen voor nazi's en kindermoordenaars worden uitgemaakt. Nee, het was geen lolletje als een presentator van een televisieprogramma je uitmaakt voor de baas van een kankerbedrijf.

Hier en daar sijpelde bitterheid door. De overheid denkt vanuit gezondheid, zei Van den Berg keurig. Dat begreep hij en hij was het ermee eens. 'Maar wat wij weten en meten, dat wordt niet gebruikt. Nu gaat het over fijnstof,' verzuchtte hij.

'Straks hebben we ultrafijnstof, maak je borst maar nat.' Het beeld is eenzijdig, Van den Berg had andere cijfers. 'Als je het bijvoorbeeld over fijnstof hebt, voegt Tata daar een paar microgram aan toe. Dan kun je inderdaad berekenen dat je daardoor een paar weken korter leeft. Zo werkt statistiek. Maar het is niet meer dan het Vondelpark in Amsterdam.' Hij gaat de cijfers niet betwisten, zegt hij. 'Dan sta ik morgen buiten.'

Wat Van den Berg vertelde, werd een paar maanden later werkelijkheid. Alweer een rapport van het RIVM. Voor het eerst wees het onderzoeksinstituut onomwonden Tata als dader aan. De bewoners van Wijk aan Zee leefden tweeënhalve maand korter dan het landelijk gemiddelde. En dat komt door Tata, vertelde een onderzoeker op het journaal. Waarom het RIVM ineens zeker wist wat voordien zorgvuldig werd vermeden, bleek nergens uit. Nieuw onderzoek was er niet gedaan, mogelijk speelde de almaar toenemende druk een deuntje mee. Zoals gebruikelijk was de staatssecretaris er als de kippen bij om het woord 'onacceptabel' uit te spreken. De leden van de Dorpsraad Wijk aan Zee, langzamerhand ook bekende Nederlanders, mochten ook hun woordje doen op het journaal. Tata kwam in een schriftelijke reactie, in zijn gewoonlijke rol, niet verder dan wat gemompel over het zeer serieus nemen van de cijfers.

Niemand die de vraag stelde wat dat betekent, tweeënhalve maand korter leven dan het landelijk gemiddelde. Ook het RIVM niet. Toevallig verspreidde de gemeente Amsterdam bijna gelijktijdig een onlinefolder om uit te leggen waarom dieselauto's en -busjes binnen afzienbare tijd de stad niet meer in mochten.[176] In de folder staat dat Amsterdammers gemiddeld elf maanden korter leven dan het landelijk gemiddelde, vanwege fijnstof door het verkeer en wat dies meer zij. Een Amsterdammer die op hoog niveau schaakte, vertelde dat hij goed zat, omdat hij sinds onheuglijke tijden elk jaar een maand in Wijk aan Zee verblijft, in verband met het Hoogovens Schaaktoernooi. Dankzij Wijk aan Zee leefde hij langer dan de modale Amsterdammer, grapte hij. Zo absurd was het rekenwerk over maanden korter leven. Amsterdammers hechtten uiteraard aan hun gezondheid, maar het bericht dat ze bijna een jaar minder hadden, werd voor kennisgeving aangenomen en ook de staatssecretaris hoefde niet langs te komen in de Kamer. Evenmin was er een actiegroep die sluiting van de hoofdstad bepleitte.

Meebuigen, het onderschrijven van rapport na rapport, ik vroeg Hans van den Berg wat het eigenlijk had opgeleverd. Hij vertelde hoe het woord 'gezondheid' viel toen het eerste RIVM-rapport in 2019 verscheen, na de grafietregens, en nadat de directeur van de GGD hem had gewaarschuwd. 'Dit is zwart-wit, had hij gezegd, dit gaat over veel meer dan stof, over vertrouwen en wantrouwen, over geloofwaardigheid.' Zo ging het verhaal van Tata over vervuiling en een omgeving die er genoeg van had; over een provincie die jarenlang veel door de vingers zag en daarna de rekening kreeg. Maar meer dan dat was het een parabel over de tijdgeest waarin gevoelens soeverein zijn en de wereld is verdeeld in rein en onrein, goed en slecht. En over een nieuwe machtsvraag die weinig werd gesteld: wie maakt hier de dienst uit, wie bepaalt wat goed is en wat slecht, wie dader is, en wie slachtoffer?

Men dacht kennelijk: als die daderfabriek nu maar weg is, komt alles weer goed. Van den Berg zei dat hij zich realiseerde dat het hem aan woorden ontbrak. 'Wij zijn nu eenmaal ingenieurs, we praten als ingenieurs.' Hij stelde voor dat er een gesprek zou komen. Deze kwestie moest niet met een absoluut gelijk worden beklonken, maar met een compromis waarbij alle partijen hun zegje moesten kunnen doen, al was duidelijk dat het pijn en moeite zou kosten. Alle betrokkenen aan tafel, bewoners, tegenstanders, RIVM, provincie, en Tata zelf. Onder leiding van iemand met gezag, een soort Johan Remkes. Hij zei het niet, er was pers bij, maar ik zag hem denken: anders gaat dit niet goed aflopen. Een dag nadat ik bij hem op de kamer met de stemmige vloerbedekking zat, deed Van den Berg dezelfde suggestie in de Tweede Kamer. Geen van de Kamerleden reageerde.

Naschrift

In juni 2024 gaf de Tweede Kamer zijn fiat aan het ministerie van Economische Zaken om met Tata Steel verder te praten over een miljardensubsidie voor het Groen Staal-plan, in een zogeheten 'maatwerkafspraak'. In de tussentijd was er een bedrag van drie miljard uitgelekt, dat het ministerie niet wilde bevestigen. De Kamer verbond aan het akkoord wel allerlei voorwaarden, voorop een waarborg voor de gezondheid van de omwonenden. Dit met verwijzing naar een rapport van de expertgroep onder leiding van hoogleraar Marcel Levi, die vond dat er 'veel strengere regels' moesten komen voor het bedrijf.

7

De terugkeer van de politiek

Het denkraam van de vanzelfsprekendheid

Een jaar is verstreken sinds ik begon te schrijven aan dit boek. In Den Haag kwam ik minder dan voorheen, en als ik er was, ging alles ogenschijnlijk zijn gangetje. De Wiener Konditorei had nog altijd dezelfde humeurige baas, die ergens in mijn Haagse periode was verlaten door zijn echtgenote. Als ik een achtergrondgesprek had met een vrouwelijke bron, nam ik haar mee naar 'de Wiener', om op sachertorte te trakteren. Mannen kregen bier en bitterballen bij De Posthoorn, een ouderwets Haags café met een eigenaar die ik ook had leren kennen. In de coronatijd leidde hij het protest tegen de lockdown.

De schutting rondom het Binnenhof was iets verder opgerukt en ook weer hoger geworden. De verbouwing werd duurder en duurder, inmiddels bijna viermaal de oorspronkelijke raming. Een datum voor voltooiing durfde niemand meer te noemen en als symbool voor de verdwijning van de politiek bleef dat afgesloten en onbereikbare Binnenhof nog altijd dienstig. De toestand van de gebouwen bleek aanzienlijk treuriger dan gedacht: de Hofvijver had zich tot onder de zaal van de Eerste Kamer ingevreten, tot een paar gevaarlijke decimeters onder de stopcontacten. De zogeheten chambre de réflexion werd gestaag ondermijnd en ook dat leende zich uitstekend voor een beeld over de beklagenswaardige bedoening van de politiek.

Op het Plein begon het voorjaar met het geroezemoes op de terrassen. Even verderop had het ministerie van Defensie als vanouds uitzicht op het beeld van Willem van Oranje. Ook daar was ogenschijnlijk weinig veranderd. Als er hoog diplomatiek bezoek kwam, presenteerden twee militairen de sabel. In de stijlkamer keek de minister van Defensie nog steeds naar dezelfde zeeslag uit de zeventiende eeuw. De kantoren erachter waren zonder twijfel even sleets en afgebladderd als voorheen. Nederland had nog kogels en kanonnen voor een week oorlog, vertelde een oud-minister me. Al was dat nu om een andere reden dan een paar jaar geleden – het land had bijna de hele voorraad aan schiettuig weggegeven aan Oekraïne, sinds de Russische inval in 2022.

Dat defensie er slecht voor stond, was geen nieuws. Een andere oud-minister, die zelf in die stijlkamer met zeeslag had gebivakkeerd, had tijdens de eurocrisis van premier Rutte de opdracht gekregen nog eens een miljard in te leveren. Hij vond dat zijn departement de bodem allang had bereikt en weigerde, waarna een razende Rutte hem telefonisch toeriep dat hij bij de koning zijn ontslag moest gaan indienen. Het kwam er niet van, van dat ontslag bedoel ik, want de bezuiniging ging wel degelijk door.

Nog weer een paar jaar later begon de oorlog in Oekraïne. Premier Rutte had zich aan het hoofd van de troepen gesteld, overdrachtelijk dan, met dezelfde vanzelfsprekendheid als toen hij de laatste tank naar de lommerd bracht. Defensie kreeg er zo veel miljarden bij dat ze niet wisten waar ze het geld moesten laten. Het was oorlog maar de terrassen zaten even vol als voordien en afgezien van een randpartijtje met iets te mooie betrekkingen met Moskou, keek niemand ergens van op. Ik schreef hierboven over de burgemeesters in Nederland die zo meesterlijk deden voorkomen dat allerlei politiek omstreden kwesties volkomen voor zich spraken.

Een oorlog is een kwestie van leven of dood, politieker keuze dan oorlog of vrede bestaat niet. Maar men deed voorkomen alsof er een lantaarnpaal gerepareerd moest worden of het riool hersteld. Geen elastischer elite dan de Nederlandse elite, schreef James Kennedy al in zijn boek *Nieuw Babylon in aanbouw* (1995). Toen ging het over de bezetting van het Maagdenhuis, eind jaren zestig, waarna de behoudende bestuurders niet wisten hoe snel ze progressief moesten worden. De geoliede ommekeer was een Nederlandse traditie die al terugging op Willem van Oranje. Hij kreeg het verwijt dat hij net zo makkelijk van religie veranderde – luthers, katholiek, calvinistisch – als een ander van overjas. Dan was er natuurlijk koning Willem II die in één nacht van conservatief liberaal was geworden. Nu zag ik op Twitter dat de minister van Defensie, Kajsa Ollongren (D66), de corpsstudenten van het Leidse Minerva had toegesproken, en ze iets meer van de geest van de Soldaat van Oranje toewenste.

Soldaat van Oranje! Zou de minister zich hebben gerealiseerd dat ze een beeld opriep van de Tweede Wereldoorlog dat teruggreep op de geschiedschrijver des Rijks, Loe de Jong? Een paar maanden voordien was ik naar de gelijknamige musical geweest, op het voormalige vliegveld Valkenburg bij Leiden. Het toneel kon draaien en op de oude landingsbaan stond een echte Dakota. Een goed getroffen koningin Wilhelmina drentelde rond, er waren verraders en schurken en heldhaftige studenten die in het donker de sloep naar Engeland namen. Er waren spektakel en trots, want wij vochten met zijn allen tegen de mof.

Het was kortom een versie van de geschiedenis – vlag en volkslied aan het einde – die juist in de D66-kring van de minister als populistisch zo niet erger werd beschouwd. De koning zelf had zich nog niet lang geleden verontschuldigd voor het gebrek aan empathie van zijn oma Wilhelmina tegenover het joodse volksdeel. Eigenlijk was het sentiment dat *Soldaat van Oranje* uitdroeg in de officiële geschiedschrijving ongewenst en bijna taboe. Desondanks was er een miljoenenpubliek op afgekomen, en nu deed uitgerekend deze minister een beroep op Soldaat van Oranje, de minister van de partij die sinds jaar en dag verkondigde dat de natie lang en breed ingehaald was door de Europese Unie, het recht en de Rede. Omstreeks diezelfde tijd ageerde de leider van D66 op het partijcongres tegen de 'on-Nederlandse' Geert Wilders. Hij deed dat op een spreekgestoelte waarachter een kolossale Nederlandse vlag prijkte.

Niemand trok een wenkbrauw op, maar het onverwachte aanroepen van nationale gevoelens riep het zeurende gevoel in herinnering waarmee ik al die jaren in Den Haag heb rondgelopen, een gewaarwording van ongrijpbaarheid, van zonder dat je het wist min of meer 'embedded' te zijn als journalist op die ene vierkante bestuurskilometer. Met embedded bedoel ik niet dat ze uitsluitend willen laten zien wat uitkomt, zoals tijdens de georganiseerde tripjes naar de Nederlandse troepen in Afghanistan. Evenmin bedoel ik dat er een sluier van schone schijn moet worden afgerukt, in de geest van de boze H.J.A. Hofland en zijn boek *Tegels lichten*. Van bestuurlijke complotten ben ik nooit zo onder de indruk geweest, en evenmin van de heilige plicht tot ontmaskering.

Veel belangrijker dan het actief verbergen van onwelgevallige zaken, was de 'inbedding' in de vanzelfsprekendheid die zich opdrong, en die zo effectief was omdat ook het dagelijks leven zo werkt. Heel veel dingen vraag je je niet af, omdat het te vermoeiend is of omdat je ze domweg niet hoeft te weten. Niemand staat op met het vraagstuk of hij vandaag eens rechts of links naar zijn werk zal rijden, en weinigen hebben een idee hoe een iPhone in elkaar zit. En juist omdat je je dat soort vragen niet hoeft te stellen, functioneert het allemaal. Volgens hetzelfde beginsel werkt de zogeheten publieke opinie, populair gezegd de bubbel waarin je je bevindt en die ervoor zorgt dat vragen niet worden gesteld omdat ze buiten het denkraam van de normaliteit vallen. Het is immers de vis die zich niet kan voorstellen dat er zoiets als water bestaat.

Zonder het zelf te beseffen had een deel van de kritische journalistiek zich ontpopt als de woordvoerder van de vanzelfsprekendheid, waarachter zich een norm had verstopt die wel degelijk vragen opriep. 'Doe normaal tegen elkaar', was het motto geweest van het rapport van oud-minister Martin van Rijn over grensoverschrijdend gedrag bij de publieke omroep. Normaal doen, dat sprak voor zich. Maar Maxim Februari had in het boekje *Doe zelf normaal* helder laten zien dat een overheid die de normaliteit uitdraagt, bezig was het zaad van de juiste opvattingen te zaaien. Normalisering werd al heel snel disciplinering. Doe zelf normaal betekende in de praktijk maar al te vaak een poging om tegenspraak te dempen. Normaliteit is de vissenkom die het beweren dat water bestaat bemoeilijkt.[177]

Juist bij de belangrijkste politieke kwestie die je kunt bedenken, oorlog of vrede, ontbrak het aan vragen. De minister nam haar toevlucht tot een beroep op vaderlandslievende gevoelens, maar op welk Nederland had ze gedoeld, en wat betekende die uit de kluiten gewassen Nederlandse vlag op het D66-congres? Was de voorgeschreven schaamte over het nationale verleden eigenlijk verholen trots, om te demonstreren dat de Nederlandse lat zo hoog ligt, zoals de historicus Arie van Deursen had gesuggereerd in zijn opstel over Michiel de Ruyter?[178]

Je zou bijna denken dat de Nederlander, indertijd door prinses Máxima afgeserveerd, toch bestaat. De cultuurstrijd daarover was in wezen dezelfde als over de gehaktbal, aangeblazen door *De Telegraaf*. Welke Nederlander was dat dan, de Nederlander voor wie de betekenis van vrijheid was zichzelf te worden, zoals koningin Beatrix ter gelegenheid van vijftig jaar bevrijding had gezegd. Dan was het beslist een opgave om die Nederlander, zo druk met het voeren van zijn eigen worsteling, ervan te overtuigen dat hij Oekraïne moest steunen. Vijftienhonderd kilometer hemelsbreed is tegenwoordig niet ver, maar tegelijk een wereld verwijderd van het Haagse terras. Of bedoelde de minister misschien dat er zoiets ouderwets in het geding was als de vrijheid van het Oekraïense grondgebied, de strijd voor de natie die in de ogen van de verstandigen volstrekt niet meer van deze tijd was?

Iets van de verwarring kwam aan de oppervlakte toen de vraag rees wat er moest gebeuren met de volwassen mannen uit Oekraïne die zich in Nederland hadden gemeld als vluchteling. Het was een onderwerp dat alleen besmuikt werd besproken. Vluchtelingen waren natuurlijk welkom, en het was buiten kijf dat Oekraïners te vrezen hadden voor have en goed. Maar de Oekraïense president Zelensky vond dat de mannelijke vluchtelingen feitelijk deserteurs waren, wel op de vlucht maar dan voor hun nationale plicht. Nederland kwam er niet uit, en steunde zo tegelijk de strijd van Oekraïne tegen Rusland en de Oekraïners die de voorkeur gaven om hier zichzelf te worden, boven hun aandeel in de nationale overlevingsstrijd.

De gewetens zijn overbelast

Het was inmiddels al twee jaar oorlog en nog altijd ontbraken de woorden. Nederland had een nieuwe, rechtse meerderheid die een halfjaar had geknutseld aan een nieuw, rechts kabinet. De politiek was terug, zou je kunnen zeggen, althans de weerzin tegen de technocratie en de overheidsbemoeienis met de juiste opvattingen was groot. Maar de oorlog in Oekraïne speelde in de formatie opnieuw nauwelijks een rol, en ook al niet tijdens de campagne voor de Europese verkiezingen. Ja, overal waren de problemen huizenhoog en de overheid moest ze allemaal oplossen, daarin verschilden links en rechts weinig. Maar het woord oorlog ontbrak tijdens alle debatten op televisie.

Mijn laatste jaar in Den Haag viel samen met het eerste jaar van de oorlog in Oekraïne. Ook in de vissenkom van onze Haagse redactie bleef die oorlog een fremdkörper, iets aparts, dat er niet bij hoorde. Wij schreven zoals altijd over de pensioenhervorming, de ruzies in de coalitie en de jongste mislukkingen om het aantal asielzoekers terug te dringen. Over defensie en buitenland ontfermde zich een uitstekend geïnformeerde collega. Hij was gepassioneerd, voormalig correspondent in Moskou, en schreef steevast in de toonsoort dat Nederland en meer in het algemeen Europa zich het lot van de Oekraïners te weinig aantrokken. De geur van appeasement hing over Europa, schreef hij bitter.

Daarna kwam Georgië, waar demonstranten met de Europese vlag zwaaiden uit protest tegen de russificering. Mijn collega beschreef de botsing als een stuiptrekking van Sovjetkolonialisme en dat paste in de tijdgeest. Ook tegenover de Georgiërs had de Europese Unie een dure plicht. Ouder worden heeft weinig voordelen maar een ervan is dat je je dingen herinnert. Ik dacht aan de oorlog in Joegoslavië van zo'n dertig jaar eerder, toen de afscheiding van Slovenië, Kroatië en de andere deelrepublieken op de burelen van de krant beslist niet als een bevrijding van een koloniaal juk werden beschreven. Integendeel, juist in de ogen van de progressieven moest Joegoslavië bij elkaar blijven en werden de afscheidelingen in dezelfde termen – fascisten – beschreven die Poetin zoveel jaar later voor de regering in Kyiv bezigde.

Het gemak waarmee onze politici hun jasjes hadden omgedraaid, droeg bij aan het ongemak. Poetin was tot het neerhalen van MH17 een partner geweest, geen vijand. En tot de dag van de inval in februari 2022 kon bijna niemand geloven dat ónze wereldordening zozeer geschokt zou worden. Onze defensie was weliswaar bijna opgeheven, maar van de ene dag op de andere was niemand verbaasd dat Rusland een vijand was geworden. De Oekraïners vechten voor onze vrijheid, was het officiële parool geworden. En als hij niet verloor, zou Poetin doorgaan met rotzooi trappen. Ik had het idee dat Poetin net zo goed zou doorgaan met rotzooi trappen, of juist meer, als hij met man en macht Oekraïne zou worden uitgegooid.

De schrijver Hans Magnus Enzensberger noteerde ooit dat de gewetens overbelast waren. Volgens peilingen wilden Nederlanders best meer voor defensie betalen, en ook waren ze voorstander van een Europese defensiepoot. Dat kon ik mij indenken, we geven sinds jaar en dag ontwikkelingshulp en vragen over het hoe en waarvoor worden gemakkelijk weggewuifd. Wat maakte een beetje geld uit, als men zegt dat het voor een goed doel is. Maar een onderzoek van de Europese Raad voor Buitenlandse Betrekkingen (ECFR) leverde heel wat anders op: alleen maar drie op de tien Europese burgers vonden dat we Oekraïne moesten steunen, niet meer dan 10 procent geloofde in een Oekraïense zege.[179] Europese burgers zijn niet in een erg heroïsche bui, concludeerde de ECFR met wat je een understatement mag noemen.

Men deed zijn best om de burgerij te overtuigen van de ernst van de toestand. Ik was op bezoek bij het strategische centrum van professor Rob de Wijk en zag een grote tafel die de Noordzee voorstelde en waar op de schaal van een speelgoedtrein was verbeeld hoeveel kabels en pijpen op de zeebodem lagen, en hoe kwetsbaar die waren. De dag ervoor was de minister langs geweest om hetzelfde college te krijgen. Een collega bij de krant schreef al veel langer over de hybride oorlogvoering en spionage en de destabiliseringstactieken van Poetin. De bazin van de werkgevers zei in een vraaggesprek dat het hoog tijd was voor een oorlogseconomie en dat wij kogels moesten maken in plaats van kleurpotloden.

En de opperbevelhebber, generaal Eichelsheim, vond dat we een opwindradio moesten kopen en flessen water inslaan in de kelder, voor het geval dat. Het klonk alarmerend en dat was vast ook zo. Maar toen de nieuwe voorzitter van de Atlantische Commissie werd geïnterviewd, bekende ze dat ook zij nog geen flessen water had ingeslagen, net als ik, en dus lag de vraag voor de hand waarom die oorlog in Oekraïne ons maar niet wilde raken en meer iets bleef voor de defensiespecialist. Het leven ging zijn gebruikelijke gang, weinig heroïsch zoals het onderzoek van de ECFR had vastgesteld, en men kon zich eenvoudig niet voorstellen dat onze vrijheid werkelijk in het geding was.

Mart de Kruif, ex-bevelhebber landstrijdkrachten, daarna commentator, zei op de radio dat je de voorgeschiedenis moest kennen om de huidige toestand te begrijpen. Daarmee bedoelde hij hoe het zover gekomen was dat het defensieapparaat bij lange na niet in staat was om ons te verdedigen, laat staan de Oekraïners serieus te helpen. In mijn vijftien Haagse jaren heb ik me menigmaal verbaasd over de opperbevelhebbers. Defensie was min of meer opgeheven, geen van hen had de moed gehad om daarover publiekelijk alarm te slaan, en allemaal hanteerden ze de gebedsmolen van de uitspraak dat ze 'de taken' nog konden uitvoeren. Een kwarteeuw geleden intussen had zich de slachting in Srebrenica afgespeeld, waar Nederland een weinig heldhaftige rol had gespeeld. Die bevelhebbers zouden op grond daarvan toch moeten weten dat het onophoudelijk afknijpen van de strijdkrachten, en tegelijk volhouden dat je aan alle verlangde opdrachten kunt voldoen, een hachelijk idee is.

Het kwam erop neer dat de verschuiving van het idee wat vrijheid eigenlijk is, zich ook onder de generaalspetten had voltrokken. Vrijheid betrof niet langer de verdediging van het Nederlandse grondgebied, maar het recht om je individueel te ontplooien. Dat was de Nederlandse opdracht, die gold voor de hele wereld. In 2008 verscheen de Mensenrechtennota van Buitenlandse Zaken. Ik interviewde de minister, Maxime Verhagen, die zonder met zijn ogen te knipperen zei dat mensenrechten 'overal en altijd' golden.[180] Het leek mij toen al een hele kluif voor een bescheiden land, maar Den Haag was al de stad van het recht, en dat Nederland daar wereldwijd een opgave te vervullen had, stond buiten kijf.

En zo vertelde de eerste opperbevelhebber die ik meemaakte, Dick Berlijn, dat wij veertig jaar in Afghanistan moesten blijven, om ervoor te zorgen dat de meisjes daar naar school konden. Het werd vier jaar. Zijn opvolger, Peter van Uhm, maakte dezelfde hooggestemde geluiden, en de legerchef na hem, Tom Middendorp, meende dat het klimaat de grootste bedreiging was. Een ouderwetse vijand meldde zich niet aan de horizon, want na het einde van de Koude Oorlog was Fukuyama's einde van de geschiedenis aangebroken. De liberale democratie had gewonnen en de rest was een kwestie van het wereldwijd opruimen van de schillen en de dozen. Aan die taak zette zich het restant van onze strijdkrachten.

Na twee jaar oorlog in Oekraïne voelde iedereen wel dat veel was veranderd. Nederland raakte stap voor stap meer betrokken, maar een overtuigend verhaal ontbrak nog altijd. Onze hoogste militaire man bij de NAVO, Rob Bauer, probeerde aarzelend iets te zeggen over het ik-tijdperk.[181] We zijn bezig met ons eigen kleine zelf, zei hij, en veiligheid betekent dat onder het klimrek rubbertegels moeten liggen voor als de kleintjes vallen. Het verhaal over het dikke ik was bekend, daarover klaagden meer staatsdienaren, of ze noemden het de snoeptrommeldemocratie, of de compensatiemaatschappij waarin de overheid elk pijntje of gevoeld tekort teniet moest doen.

Maar wat Bauer noch iemand anders kon of durfde zeggen, is dat de staat zélf het meest actief predikte dat er geen hogere waarde bestaat dan je eigen ontplooiing – en dan uiteraard intensief begeleid door diezelfde overheid. Die klimrekken en rubbertegels moesten natuurlijk wel zijn voorzien van veiligheidskeurmerk. Het laatste voorbeeld gaf de prinses die zich had ontfermd over de slachtoffers van de toeslagenaffaire. Het onrecht dat zij aanklaagde, bestond eruit dat je moest aantonen inderdaad een slachtoffer te zijn. De geschatte compensatie op grond van de zogeheten 'methode-Laurentien' liep in de vele miljarden, maar toen het ministerie van Financiën erover aan de bel trok, liep de verontwaardiging hoog op. Niet over die miljarden, maar men sprak er schande van dat een ministerie een bewijs vroeg voor gevoeld leed.

Waarop NAVO-chef Bauer bewust of onbewust doelde, was dat de veiligheid van het klimrek geen gezamenlijk streven opleverde, waarvoor men bereid was offers te brengen. Iedereen had zijn eigen Nederland, zijn eigen sores, zijn eigen geschiedenis en zijn eigen achterstelling. De verbeelding daarvan was de veelkleurige regenboogvlag, met een strook voor elke achtergestelde groep, en die door de Amerikaanse historicus Mark Lilla 'een uiteengespat spectrum zonder hart' was genoemd.[182] Zelfs de Nationale Herdenking van de oorlogsslachtoffers op 4 mei, zo ongeveer de laatste gelegenheid die nationale verbinding uitdrukte, werd inzet van deelbelangen.

De oud-GroenLinks-politica Andrée van Es, voorzitter van de Amsterdamse tak van het Comité 4 en 5 mei, zei in de krant dat iedereen moest kunnen meedoen. Amsterdam herbergt in al zijn diversiteit zo veel mensen van overal op de wereld, zei ze, met hun eigen ervaring van oorlog en onderdrukking. 'Wij vinden dat die ook recht hebben op hun plek.'[183] Zo werd 4 mei net als artikel 1 van de Grondwet de inzet van strijd van allerlei groepen die ook hun achterstelling in de spotlights wilden zien. De historische ervaring die Nederland had gemaakt wat het was, werd omgekneed in het recht op verschil. Maar een positief idee van een gezamenlijke toekomst op grond van historisch gedeeld lief en leed leverde dat natuurlijk niet op.

Het ontbreken van een gedeelde inspanning was geen nieuwe zorg. Nog voordat de Koude Oorlog was beëindigd, had de Franse denker Raymond Aron in zijn afscheidscollege in het jaar 1978 aan het Collège de France de vinger op de gevoelige plek gelegd.[184] Het liberalisme heeft twee kanten, zei hij, aan de ene kant de mens als doel en niet als middel. En dat is heel goed en nastrevenswaard. Maar die andere kant, het gezamenlijk streven naar een algemeen belang dat de natie maakte, waarover Thorbecke al schreef, die publieke kant komt er bekaaid af. De individuele mens als hoogste gebod helpt niet bij het bepalen van politieke verhoudingen en al helemaal niet bij internationale conflicten.

Aron wees er in zijn afscheidsrede op dat vooraanstaande liberale denkers als Hayek het buitenland totaal negeerden. Voorbij de grens begon een blinde vlek. Ook in het Fukuyama-liberalisme deelde in beginsel iedereen onze liberale opvattingen, of was op weg dat binnenkort te gaan doen. Wij gingen onze waarden uiteraard niet opleggen, in China of Iran moesten ze immers ook zichzelf worden, maar tegelijk was de gedachte dat ze daar onherroepelijk deze kant op zouden komen. Het liberalisme was het voorland van de hele wereld, en als iedereen zich nu maar aan de internationale afspraken hield, dan kwam het vanzelf goed. Als het anders was, dan hadden we te maken met slechte leiders en een onderdrukt volk. Wij moesten helpen de modale Rus, Chinees of Iraniër net zo vrij te maken als wijzelf.

We zijn nog altijd bezig met ruw ontwaken uit een hovaardige droom. China werd lid van de Wereldhandelsorganisatie om daarna alle regels aan zijn laars te lappen. De gedroomde democratisering van de Arabische landen werd een faliekante mislukking. De socioloog J.A.A. van Doorn zei het al, op grond van zijn ervaring in Indonesië lang geleden: de islam is een brok graniet dat tegenwoordig in onze eigen polder ligt, maar waar het Westen zijn tanden op stuk bijt. Hij kreeg driewerf gelijk.

Poetin bleek geen partner maar een ploert, en genoot met zijn ideeën over het herstel van het Russische Rijk ook nog eens de steun van heel veel Russen. Het duurde tot ver na het neerschieten van de MH17 dat onze premier en de bondskanselier inzagen dat de uitvoering van Fukuyama's idee van *Wandel durch Handel* een sprookje was. Ook nu nog past het besef dat die eeuwige vrede van de verlichtingsfilosoof Kant op zich laat wachten, niet in het Nederlandse denkraam. Tot woede van onze NAVO-topman Bauer, had het grootste pensioenfonds ABP zijn goede geld teruggetrokken uit defensiefondsen. 'Daar kan ik met mijn pet niet bij,' mopperde hij.[185]

Aron kreeg steeds meer gelijk met zijn opmerking dat het liberalisme ervan uitging dat iedereen eigenlijk liberaal was, zoals eertijds D66 meende dat eigenlijk iedereen op D66 zou moeten stemmen. De beroemde wereldvrede van de filosoof Kant veronderstelde dat die wereldvrede er al was. Vandaar dat onze minister van Buitenlandse Zaken in de krant zei dat haar belangrijkste zorg niet de Russische agressie was, maar 'het belang van multilateralisme' en 'overal ter wereld te zorgen dat je bruggen bouwt'.[186] Nee, het was niet volgens de regels van de internationale rechtsorde om zomaar een land binnen te vallen, zei ze.

Maar die bruggen van aanstonds boden geen veiligheid nu, en Nederland had een riskant voorschot genomen op de vreedzame toekomst door de kanonnen voortijdig naar de schroot te brengen. De uitspraak van de minister deed mij denken aan premier Balkenende die na de moord op Theo van Gogh in 2004 zei dat we zo niet met elkaar omgaan in dit land. Daarover was iedereen het wel eens, dat de dood van Theo van Gogh niet volgens de afspraak was verlopen. De schok was dat er nogal veel mensen rondliepen met andere ideeën over wat de afspraken zijn.

Het was Martin van Creveld, de harde strategiedenker uit Israël, waar ze ervaring hebben met vijanden in plaats van gesprekspartners, die de vinger op de zere plek legde. '*Power politics* trekt weer aan het langste eind,' zei Van Creveld in NRC, 'ook al schreef Francis Fukuyama in de jaren negentig dat dit voorbij was. Wat een illusie was dat.'[187] En: 'Jullie hebben met je kop in de wolken gezeten, en gedacht dat alles draait om een moreel kompas. Zo naïef. Als ik nog één boek zou schrijven, dan zou het gaan over dingen die nooit zijn veranderd in de geschiedenis. Eén van die dingen is, helaas, barbarij.'

Geen vogels maar kogels

Poetin begrijpt alleen machtspolitiek, zei menig commentator in een praatprogramma op televisie. Dezelfde opvatting was te horen over de Iraanse ayatollahs of over de Chinese leider Xi. Zelden werd erbij verteld dat wijzelf vergeten zijn hoe dat ook alweer moet, machtspolitiek. Een paar jaar geleden publiceerde de VVD-fractie in de Tweede Kamer een notitie onder de noemer 'realistisch buitenlands beleid'.[188] Het voorbeeld dat erbij werd aangehaald was dat de minister óók handen moest schudden met de Egyptische dictator Sisi, als dat het landsbelang diende. Dat viel niet goed. De Europese Commissie onder Ursula von der Leyen presenteerde zichzelf als 'de geopolitieke commissie', wat stoer klonk zonder dat duidelijk was wat het behelsde.

'Fasten your seatbelts,' zei Luuk van Middelaar in 2016 als pas benoemd hoogleraar Grondslagen en praktijk van de Europese Unie en haar instellingen.[189] De wolken trokken zich al samen. Twee jaar voordien was de MH17 neergeschoten en de Krim ingenomen door groene mannetjes. 2016 was het jaar van de Brexit, van Trump aan de macht en in Nederland van het referendum over het vriendschapsverdrag met Oekraïne. Van Middelaar heeft een fijne politieke neus en bovendien ervaring van binnenuit met de raderen van de Europese Unie. Hij zag hoezeer de gebruikelijke Brusselse gang van zaken, van een geduldig heen-en-weer over rechtsregels en mestoverschotten, tekortschoot als de nood ineens aan de man was.

Van Middelaar sprak nog heel keurig over de 'regelpolitiek' van de Europese Unie en de 'gebeurtenissenpolitiek' die zich aandiende, naar de 'events dear boy' waar de Britse premier Harold Macmillan het meest bang voor was. Bij acute kwesties, een eurocrisis, een pandemie, een plotselinge vluchtelingenstroom en bovenal een oorlog, moest er gehandeld worden. Gevaar vraagt om snel ingrijpen, overzicht en sturing, initiatief, durf en moed. Dat zijn ineens heel andere eigenschappen en deugden dan die van een ambtenaar, die koerst op gelijke behandeling, efficiency en verantwoording.

Van Middelaar beschreef hoe de dienaren van de Europese Commissie dachten dat de vluchtelingencrisis in 2015 kon worden bezworen met de gebruikelijke verdelende rechtvaardigheid over de lidstaten, bij wijze van spreken zoals de kabeljauwquota werden vastgesteld. Dat mislukte grandioos. Het was niet zo moeilijk om plechtig te beloven dat iedereen 2 procent van het nationaal product moest betalen voor de landsverdediging. Maar toen het woord oorlog viel, staken oude nationale gevoelens, familiebetrekkingen en gewoonten de kop weer op. De geschiedenis is terug, zei de Poolse premier Tusk in 2014, na de inname van de Krim door groene mannetjes.

Na de Russische inval in 2022 kon over de geschiedenis geen twijfel meer bestaan. Lidstaat Polen grensde aan Oekraïne, had daarmee een lang gemeenschappelijk verleden en ontving bijna een miljoen vluchtelingen. Duitsland wilde Oekraïne aanvankelijk alleen vijfduizend helmen leveren, in verband met de schaamte over hetgeen Rusland in de Tweede Wereldoorlog was aangedaan. Spanje lag ver weg en was door de oorlog minder geboeid, en de Grieken waren terughoudend met militaire hulp omdat ze hun wapentuig zelf dachten nodig te hebben om zich de Turken van het lijf te houden. De vanzelfsprekendheid van het gelijke speelveld Europa was verdampt. Steek op een willekeurige plek in Europa je vinger in de grond, zei ooit de befaamde hoogleraar moderne geschiedenis Maarten Brands, en het verleden spuit eruit.

'Waar verschillen zichtbaar worden, moet het draagvlak stevig zijn,' sprak Van Middelaar tijdens de oratie. Burgers gaan zich roeren, en terecht, want er staat veel op het spel en vooral de vraag: waarom ons land, wat heeft Nederland ermee te maken en welke offers worden er dan gevraagd? In Brussel hield men niet van dat soort vragen, sterker, die werden actief verzwegen. De geschiedenis van de Europese landen stond immers voor verdeeldheid en oorlog, en daaraan had de Europese Unie een miraculeus einde gemaakt. Bezoek het Huis van de Europese Geschiedenis in Brussel, en u zult zien dat de geschiedenis begint omstreeks 1950, met de aartsvaders van de Unie, Monnet en Schuman. Voordien bevindt zich een zwart gat van onmin en akeligheid. De stilte erover was een verre echo van het gebod van middeleeuwse koningen die na het tekenen van een vrede hun onderdanen niet alleen per decreet 'vergeven' maar vooral ook 'vergeten' oplegden.

Het Europa van de Unie zag zichzelf als een beschavingsproject, een moreel bouwwerk dat de wapens had verruild voor 'normatieve macht'. Dat er ook dingen verzwegen moesten worden, begreep ik toen ik de grote filosoof en hartstochtelijk voorvechter van de EU, Jürgen Habermas, per mail mocht interviewen. Ik vroeg hem hoe het verder moest met de verdeeldheid tussen Noord en Zuid over de euro en werd gekapitteld om de kritische toon. De Europese Unie was goed en juist, en verdiende zo'n veroordeling niet. Journalisten hadden ook een verantwoordelijkheid, schreef Habermas. Andere kwesties bleven evenzeer onbespreekbaar, zoals waar de buitengrens van de Unie lag. Europa sloot niet uit maar bouwde bruggen, die waren te zien op het papiergeld. Maar het waren bruggen die niet echt bestonden om te voorkomen dat ergens de nationale trots werd geprikkeld. Het deed denken aan onze bruggen bouwende minister, terwijl er meer reden was om loopgraven te spitten.

Europa was het continent dat gezworen had de fles te laten staan, zoals de Franse denker Alain Finkielkraut geestig opmerkte. Aan pakkende beelden ontbrak het niet. Hans Magnus Enzensberger schreef over een treincoupé, waar iedereen met (of zonder) kaartje binnen kon stappen. De socioloog A. de Swaan deed een duit in datzelfde zakje met zijn boektitel *Perron Nederland*, met dezelfde boodschap, een land als doorgangshuis, een plek zonder eigenschappen voor mensen met individuele rechten maar zonder collectieve eigenaardigheden, familiebanden, zeden, gedeelde gevoelens of een nationale geschiedenis.

Nederland was een bijzonder geval, omdat het zich al veel langer hulde in de mantel van het internationale recht en het beste geweten. Al sinds Napoleon was het kleine Nederland weggekropen achter de rug van de machtigen, eerst Engeland, na de Tweede Wereldoorlog Amerika. Wij hoefden al heel lang zelf geen kastanjes uit het vuur te halen en sloegen ons op de borst met de neutraliteit en het volkenrecht, terwijl de grote jongens elkaar de koppen insloegen op het schoolplein.

Vandaar dat Nederland zich lange tijd zo thuis had gevoeld in het Europa van het grote gelijk, en graag de vinger mocht heffen tegen de tekortkomingen van de grote politieagent Verenigde Staten. De Amerikanen maakten vuile handen en wilden om die reden niet meedoen aan het Internationaal Strafhof in Den Haag. Het kenmerk van Europa was dat hier juist géén machtspolitiek werd bedreven. Europa was een soort Nederland met andere middelen, een continent zonder eigenbelang en ruim voorzien van idealen. Europa zal supranationaal zijn of niet zijn, sprak Henri Spaak, een van de grondleggers. Europa zal multicultureel zijn of niet zijn, sprak een verre nazaat, Frans Timmermans. Wie het bezwaar opperde dat Brussel was afgedreven van de burgers, kreeg te horen dat hij terugverlangde naar het verleden, een verleden dat bovendien nooit had bestaan.

Maar nu die oorlog stap voor stap dichterbij kwam, drong zich de oudste politieke vraag op: waarom gehoorzamen. Burgers gingen zich ermee bemoeien, want het aanroepen van een gelijk speelveld, de welvaart of de administratieve orde voldeed niet meer. En tamelijk plotseling was ook het idee dat we het bestuur beter konden overlaten aan een adelstand van verstandigen een bijna lachwekkende herinnering geworden. Dat idee had niet alleen postgevat in het Nederland van de paarse jaren.

De invloedrijke Amerikaanse commentator Fareed Zakaria schreef halverwege de jaren negentig dat het westerse model het beste wordt uitgedrukt door de onafhankelijke rechter, en niet door het massaplebisciet.[190] Nog in 2016 schreef het eminente blad *Foreign Affairs*, als een echo van de uitspraak van Guusje ter Horst uit 2008, over een gerechtvaardigde opstand van de elite tegen het volk.[191] Maar als er offers moesten worden gevraagd, en er mogelijk zelfs moest worden gevochten, sloeg het sentiment van een belangeloze voorhoede tegenover een domme middenklasse die alleen aan zijn barbecue en zijn vliegreisjes dacht, ineens de plank geweldig mis.

Het tij was verlopen om de meerderheid bestraffend toe te spreken met de Rede en het recht. Niet de Rede is de sleutel, maar de hartstocht, zoals de Franse geograaf André Siegfried (1875-1959) schreef. 'C'est dans les passions que repose la clef des choses.' Vandaar dat de politieke strijd zich in Nederland verrassend afspeelde op het erf van de boeren en in de vissershavens. In eerste aanleg draaide het conflict om een administratieve logica, van mestquota en algoritmen om stikstofneerslag te bepalen. Maar er speelde veel meer en daarom spraken die omgekeerde vlaggen zo aan – in Frankrijk hadden ze in dezelfde tijd een vergelijkbaar symbool: daar draaiden ze de borden met de namen van gemeenten ondersteboven. Jullie administratieve orde is de onze niet, zeiden die omgekeerd wapperende vlaggen, tot ontsteltenis van de progressieve stedelingen die normaliter juist hun neus ophaalden voor het nationale rood-wit-blauw.

Het betekende meer dan een botsing over een ogenschijnlijk rationele bepaling van wat natuur moest zijn. Boeren en vissers, werd geschamperd, vertegenwoordigen nauwelijks een paar procent bbp. Maar ook daar ging het niet om, zoals de Belgische socioloog Mark Elchardus schreef in zijn boek *Over grenzen*. De landbouwer was het model van vrijheid en waardigheid, een levenswijze van stugge zelfredzaamheid, verbondenheid met de natuur en het land, hechtheid van familiebanden over generaties. Plattelandsprogramma's op televisie als *Boer zoekt Vrouw* bleven jaar in, jaar uit populair. 'Dat men het landbouwbedrijf vandaag kan omschrijven als een agrobusiness doet daar geen afbreuk aan,' aldus Elchardus.[192]

Hij beschreef hoe een eerdere generatie van 'afgehaakten' opstond tegen de stedelijke kosmopolieten, die ook toen het recht en de rede in pacht hadden. En hij kwam uit bij Stefan Zweig, die we aan het begin van dit boek al ontmoetten, in het zorgeloze Wenen van voor de Grote Oorlog. Zweig beschreef 'de wereld van gisteren', maar eigenlijk ook de wereld van vandaag. Hij reisde zonder paspoort door heel Europa, bezocht vrienden in hoofdsteden her en der, discussieerde met intellectuele soortgenoten in allerlei landen. Het vrije verkeer van mensen en goederen nam in de negentiende eeuw een geweldige vlucht, en het is geen toeval dat Zweigs terugverlangen naar die wereld een snaar raakte bij de voorvechters van Europese eenheid van vandaag. De economische vervlechting aan de vooravond van de Eerste Wereldoorlog werd pas in de jaren zeventig van de vorige eeuw opnieuw bereikt.

Dat er in diezelfde periode ook onbehagen bestond, schemerde bij Zweig tussen de regels door. De thema's komen ons bekend voor, de individualisering, de nieuwe mens die een man zonder eigenschappen was, het verdwijnen van tradities en gedeelde gewoonten. Alle grote sociologen van een ruime eeuw geleden, van Durkheim tot Tönnies en Weber, piekerden over de leegte van het moderne bestaan, de 'ijzeren kooi' van de rationaliteit, of in hun bewoordingen de overgang van 'organische naar mechanische solidariteit', of van 'Gemeinschaft' naar 'Gesellschaft'.

Het eindigde zoals we weten in de loopgraven van de Eerste Wereldoorlog, slotstuk van een verbazend snelle oprisping van nationalisme, overal in Europa. J.A.A. van Doorn beschreef in zijn boek *Duits socialisme* (2007) hoe de socialistische beweging de gevoelens van de arbeiders volkomen verkeerd had ingeschat. De voorhoede meende dat de arbeidersklasse niets te verliezen had dan haar ketenen. Maar er was iets belangrijks over het hoofd gezien: de nationale gevoelens.

Na de Eerste Wereldoorlog waren de grenzen terug, en binnen de grenzen gingen de arbeiders terugpraten. Zij hadden in de modder van de loopgraven gestaan, zij waren weggemaaid door de mitrailleurs van de vijand. En ze stelden zich de vraag: waarom gehoorzamen. Revoluties braken uit, en ook in de landen met een kalmer gemoed werd de eis van het algemeen kiesrecht gehoord. Nederland kreeg in 1917 algemeen mannenkiesrecht. Voordien was dat censuskiesrecht geweest, uitsluitend voor ambtenaren, mensen die voldoende belasting betaalden en hoger opgeleiden. In de decennia die volgden werden de eerste bouwstenen gelegd voor armenzorg en volksverzekeringen. Alles gebaseerd op nationale wij-gevoelens. In de jaren dertig groeide ook de socialistische beweging in de natie, zoals voorman Wiardi Beckman het uitdrukte, en ging ook de SDAP het Wilhelmus zingen. Internationalisme was een schone zaak, meende Wiardi Beckman, maar 'te veel internationalisme voert naar het vaderland terug'.[193]

In de eenentwintigste eeuw kan een kind zien dat gezamenlijk optrekken in Europa bittere noodzaak is. Op gebied van defensie, financiën, de pandemie. Noem maar op. Er is altijd meer te zeggen voor centralisatie dan voor de officieel bezongen decentralisatie of subsidiariteit, dat hebben de afgelopen decennia wel geleerd. Er was al die tijd eigenlijk maar één argument voor decentralisatie: zelfbeschikking, en dat argument legde het negen van de tien keer af tegen de rationalisering. Maar de sleutelvraag wat wij in Europa precies delen en wat dat zo vaak aangeroepen 'grotere wij' is, werd tot vandaag niet beantwoord. Dan volgde algauw een gestotter over mensenrechten, sociale economie, of kathedralen en koffiehuizen.

De bevolkingen in de lidstaten gingen terugpraten en de elites raakten in paniek, spraken van een glijbaan richting extreemrechts, want de democratie van 'rechters en ngo's' liep gevaar. Er werd gelachen over de maakbaarheidsillusies van rechts, dat dacht de migratie tegen te houden. Maar de gele hesjes in Frankrijk markeerden de veranderde windrichting. De Franse regering wilde de klimaatdoelen halen met een flinke belasting op diesel. Daarmee gaf ze een voorbeeldige demonstratie van het dedain van een klasse die niet voorbij de *périphérique* keek, aangezien ze in Parijs geen auto's hadden en de rest van Frankrijk op diesel reed. Met de opstand namen de afgehaakten wraak op de kosmopolieten in de Franse hoofdstad.

Die wraak herhaalde zich in allerlei toonaarden, bij verkiezingen, nationaal en Europees. En toen de Europese Unie zich aangordde voor een groot conflict met Rusland, groeide het besef dat het zonder de bevolking niet gaat.[194] In korte tijd bleek ook de Brusselse bestuurselite, net als de Nederlandse, een nieuwe vanzelfsprekendheid te kunnen uitdragen. De Europese verkiezingen van 2024 werden overtuigend gewonnen door de radicaal-rechtse partijen, waarna het oude midden krampachtig deed alsof er niets was gebeurd. Maar de Europese Raad – het machtige lichaam van de regeringsleiders – had voordien al een scherpe bocht genomen.

In het zogeheten werkprogramma van 2019 was het nog klimaat en biodiversiteit wat de klok sloeg, helemaal volgens de gedachte van de verstandigen. Vijf jaar later schreef de nieuwssite Politico dat 'de enige keer dat in het nieuwe werkprogramma het woord "klimaat" wordt genoemd, de belofte is van een "bedrijfsvriendelijk klimaat"'. Verder liep het programma over van verwijzingen naar Europese defensie, veiligheid en het bedwingen van migratie. 'Klimaatverandering wordt nauwelijks genoemd. Natuur en biodiversiteit helemaal niet.' De tekst was nog niet vastgesteld, maar over de andere richting kon geen misverstand bestaan, aldus Politico: 'Bullets, not bees.' Geen vogels maar kogels.[195]

Ruim tien jaar geleden interviewde ik de Engelse historicus Larry Siedentop.[196] Hij was toen al oud, geboren in 1936. We spraken in een luidruchtige bodega Keyzer in Amsterdam, waar zijn zachte stem ternauwernood boven het kletterende bestek uit kwam. Siedentop had gestudeerd aan de prestigieuze universiteit Harvard, filosofie en geschiedenis. Hij was een leerling van de grote Isaiah Berlin. 'Hij was mijn man: net als Berlin dat was, ben ik geïnteresseerd in de morele dimensie van de politiek. Mijn favorieten zijn Montesquieu en Tocqueville. Hun thema was: hoe voorkom je dat een land verzeild raakt in absolutisme of despotie? Dat is actueel, ook in Europa.'

Siedentop had een kritisch boek over de Europese Unie geschreven, dat veelvuldig was vertaald, maar – veelzeggend – niet in het Nederlands. In de tijd dat ik hem sprak, was Europa verwikkeld in de eurocrisis. Hij verzuchtte dat de euro veel te vroeg was ingevoerd, en dat achter de economische crisis een politieke crisis schuilging. Europa werd overheerst door wat hij het accountantsdenken noemde. Een politiek van optellen en aftrekken. Montesquieu en Tocqueville leerden daarentegen dat politieke cultuur niet bestaat uit persoonlijke behoeftenbevrediging, maar uit mentaliteiten, gedeelde zeden en gebruiken. Verandering daarvan gaat ontzettend langzaam. Maar daarvoor is in de Europese Unie nooit belangstelling voor geweest.

Mensen zijn geen atomen, voorzien van individuele rechten en vrijheden. Ze willen ergens bij horen, schreef Isaiah Berlin in zijn beroemde redevoering over vrijheid. Daarom is het niet alleen de vraag of ze goed dan wel slecht worden bestuurd, maar of ze worden bestuurd door een regering waarmee ze zich verbonden voelen en waarin ze zichzelf herkennen. Misschien worden ze wel slecht geleid, zoals in veel voormalige koloniën het geval is, maar ze hebben in elk geval het idee dat hun eigen mensen de macht uitoefenen.[197]

Het toonaangevende Fukuyama-liberalisme heeft zoals ik hierboven schreef een probleem met alles wat het individu overstijgt. Maar ook Fukuyama had al ingezien dat het leven na afloop van de geschiedenis geen pretje zou zijn. In de laatste zin van zijn beroemde boek spreekt hij van 'een trieste tijd – de strijd voor erkenning, de bereidheid om zijn leven te geven voor een puur abstracte zaak, de wereldwijde ideologische strijd die een beroep deed op durf, moed, verbeeldingskracht en idealisme, dat alles zal worden vervangen door economische berekening, de eindeloze zoektocht naar oplossingen voor technologische problemen, bezorgdheid over het milieu en het bevredigen van verfijnde consumentenbehoeften'.[198]

Alle liberale denkers van een oudere generatie, van Tocqueville tot Thorbecke, en van Aron tot Berlin, hebben zich niet alleen ingezet voor de persoonlijke vrijheid; allemaal meenden ze dat het zonder gemeenschapsgevoelens niet gaat. Aron pleitte voor een elite die niet cynisch is, niet laf, maar dapper, een elite die zijn eigen missie begrijpt, 'en ten slotte, en dat is het moeilijkste, we moeten in democratische regimes een minimum van geloof ofwel gemeenschappelijke wil herstellen'. Steeds was de slotsom dat er in dat opzicht niets beters is bedacht dan de nationale staat. Gevaarlijke natiestaat, dat heeft de geschiedenis wel aangetoond – maar wie hem verwaarloost of negeert, betaalt vroeger of later de prijs.

Ruim tien jaar na het gesprek met Larry Siedentop in Keyzer is die kwestie van het 'bezield verband' (Bolkestein) in de liberale democratie alleen maar urgenter geworden, met zo veel bedreigingen voor de deur. Siedentop zag het aankomen. 'Europa zal het Europa van de bevolking moeten worden, anders gaat het echt niet lukken. En dan ben ik nog een idealist. De mensen moeten het gevoel hebben dat ze weten wie wat besluit, en waarom. Ja, ze hebben het in Brussel over de *ever closer union*, maar daaraan heb ik altijd een hekel gehad. Dat is de taal van een slaapkamer, niet van een federatie.'

Ik vroeg Siedentop naar de voorwaarden waarop de Europese Unie wel bevredigend zou kunnen werken. Er moest, zei hij in het Engels, 'a culture of consent' ontstaan. Ik begreep eerst niet wat hij bedoelde. Consensus? Het was een veelzeggende vergissing, van iemand die is gemarineerd in de Nederlandse bestuurscultuur. 'Nee nee, niet consensus, dat is middelen, het midden zoeken,' zei Siedentop. Ruim tien jaar na het vraaggesprek met Siedentop drong het begrip consent ook in Nederland door, en het is even geestig als onthullend dat het een woord werd voor overheidsbemoeienis met de slaapkamer. Zo bedoelde Siedentop het uitdrukkelijk niet. 'Consent is een gedeelde opvatting. Zonder instemming van de bevolking gaat het in Europa echt niet.'

Noten

1 Isaiah Berlin, *Against the Current. Essays in the History of Ideas* (Princeton 1979), blz. ix.

2 Joel Kotkin, *The Coming of Neo-Feudalism. A Warning to the Global Middle Class* (New York 2020).

3 Stefan Zweig, *De wereld van gisteren. Herinneringen van een Europeaan* (Amsterdam 2022 (Zug 1944)), blz. 38.

4 AD, 23 september 2022, 'Wat is die puntige ballon om de nek van Willem van Oranje?'.

5 FD, 26 maart 2023, 'Jaap Smit: burgers zijn helemaal fed up met de manier waarop politiek functioneert'.

6 Ben Knapen, *De man en zijn staat. Johan van Oldenbarnevelt 1547-1619* (Amsterdam 2005), blz. 326.

7 Remieg Aerts, *Thorbecke wil het. Biografie van een staatsman* (Amsterdam 2018), blz. 432.

8 Rudy Andeweg en Jacques Thomassen, *Van afspiegelen naar afrekenen? De toekomst van de Nederlandse democratie* (Leiden 2011), blz. 58 e.v.: 'Van mandaat naar verantwoording achteraf?'

9 Paul 't Hart, *Verbroken verbindingen. Over de politisering van het verleden en de dreiging van een inquisitiedemocratie* (Amsterdam 2001). Een belangrijk boek, dat mijn blikrichting heeft veranderd en te weinig aandacht heeft gekregen. 't Hart liet zien hoe in het openbaar bestuur de 'sorrydemocratie' van de doofpot plaatsmaakte voor de zoektocht naar 'daders' en 'schurken' (blz. 66).

10 Blog Bernard ter Haar, 23 april 2021, 'De Nederlandse overheid heeft deze eeuw nog niets substantieels tot stand gebracht'.

11 Marcel Gauchet, *Religie in de democratie. Het traject van de laïciteit*, (Amsterdam 2006 (Parijs 1998)).

12 Nicolaas Beets, *Camera Obscura* (Amsterdam 1998 (1839)), blz. 115.

13 Willem van der Ham, *Reuzenarbeid. De bouw van het moderne Nederland in beeld 1861-1918* (Amsterdam 2021).

14 Andeweg en Thomassen, a.w., blz. 43. De uitspraak over stuifzand is van de socioloog Kees Schuyt.
15 Johan Rudolph Thorbecke, 'Over het hedendaagsche staatsburgerschap'. In: *Historische schetsen* (Den Haag 1872), blz. 84 e.v.
16 Alexis de Tocqueville, *Het ancien régime en de revolutie* (Amsterdam 2019 (Parijs 1856)), blz. 243.
17 Tocqueville, a.w., blz. 149.
18 Joris Luyendijk, *De zeven vinkjes. Hoe mannen zoals ik de baas spelen* (Amsterdam 2022).
19 Aerts, a.w., blz. 378.
20 Wim Voermans, *Onze constitutie. De geschreven en ongeschreven regels van het Nederlandse staatsbestel* (Amsterdam 2023), blz. 230.
21 Benjamin Barber, *Als burgemeesters zouden regeren. Haperende staten, opkomende steden* (Amsterdam 2014 (New Haven 2013)).
22 De verzwakking van de partijpolitiek gaat gelijk op met een geweldige proliferatie van andere vormen van verantwoording. De politicoloog Peter Mair wees daarop in zijn belangwekkende, postuum uitgegeven boek *Ruling the Void. The Hollowing of Western Democracy* (Londen, New York 2013). De verklaring van de verzwakking van de partijdemocratie was dat de staat via de partijen vertelde wat er moest gebeuren, in plaats van andersom, dat de kiezers via hun partij invloed uitoefenden op de koers van de staat. Zo werd 'de partij als het ware een spindoctor' van de staat (blz. 94).
23 *De Volkskrant*, 13 maart 2017, 'Waarom het kiezersvolk de elite niet meer volgt'.
24 Pieter Omtzigt, François Vrancken-lezing 2022.
25 Wim Voermans en Geerten Waling, *Gemeente in de genen. Traditie en toekomst van de lokale democratie in Nederland* (Amsterdam 2018).
26 Roger van Boxtel, Thom de Graaf e.a., *Redelijk radicaal. Vijftig jaar D66* (Amsterdam 2016).
27 Klaas Tammes, *Een verdwaalde intellectueel. Hans Gruijters, van kroegbaas tot eerste burgemeester van Lelystad* (Amsterdam 2020).
28 Alexander Pechtold, *Henk, Ingrid en Alexander* (Amsterdam 2012).
29 *Trouw*, 30 september 2018, 'Wees niet stil, onze stem is nodig'.
30 Hubert Smeets, *Een wonderbaarlijk politicus. Hans van Mierlo 1931-2010* (Amsterdam 2021).

31 Dennis Meadows e.a., *Grenzen aan de groei. Rapport van de Club van Rome* (Amsterdam (Cambridge Mass.) 1972)).
32 NRC *Handelsblad*, 31 augustus 1971, 'Ramp bedreigt wereld'.
33 *Science*, 13 december 1968, 'The Tragedy of the Commons'.
34 Memorie van toelichting 'Klimaatwet'. Kamerstuk 34534 nr. 3, vergaderjaar 2015-2016.
35 De Amerikaanse journalist Joel Kotkin wijst er in zijn boek over de nieuwe feodaliteit op dat 'een malthusiaanse benadering van demografie en economie in het voordeel uitpakt van de rijken, de "clerisy" nog meer macht bezorgt en in het algemeen de sociale hiërarchie versterkt'. Kotkin, a.w., blz. 163.
36 *De Volkskrant*, 1 maart 2023, 'Ook in deze complexe politieke tijd geniet de kracht van argumenten de voorkeur boven boosheid en geschreeuw'.
37 *De Volkskrant*, 9 augustus 2023, 'Tweede Kamer moet ruim baan geven aan klimaatpakket van demissionair kabinet'.
38 A.N.J. den Hollander, *Het démasqué in de samenleving. De journalistiek van de anti-schijn* (Amsterdam 1976), blz. 170 e.v.
39 M. Detienne, *Les maîtres de vérité dans la Grèce archaïque* (Parijs 1967, met voorwoord 1994), blz. 7.
40 Joel Kotkin, *The Coming of Neo-Feudalism. A Warning for the Global Middle Class* (New York 2020).
41 Elizabeth Currid-Halkett, *The Sum of Small Things. A Theory of the Aspirational Class* (Princeton 2017).
42 *De Volkskrant*, 16 september 2017, 'Hoe de quinoa-klasse de nieuwe elite werd'.
43 *Trouw*, 3 september 2017, 'De nieuwe elite vergroot de kloof'.
44 *De Volkskrant*, 4 augustus 2023, 'Moreel geïntimideerd door de havermelkelite? Dan mag u als troost eindeloos haten op deze groep'.
45 Het begrip 'sociaal kapitaal' is verbonden met de befaamde socioloog Pierre Bourdieu (1930-2002). Hij schreef het boek *La Distinction* (1979) over smaak en het goede oordeel. Consumptie is classificatie, en classificeert óók de classificeerder zelf. En het verschil tussen de hogere en de lagere cultuur is dat de eerste zichzelf beschouwt als belangeloos, ver verwijderd van de instincten, drager van morele excellentie – 'de sublimering die de ware mens kenmerkt'. De ontkenning van het lagere, brute, vulgaire plezier, onderstreept en legitimeert sociale verschillen. Bourdieu trekt een directe lijn tussen de zeventiende-eeuwse adel en de geestesadel van nu – allebei verwikkeld in dezelfde

cultuurstrijd om distinctie, niet voor niets een ander woord voor deftigheid.

46 *De Volkskrant*, 19 januari 2024, 'De ergste vorm van ongelijkheid: armere Nederlanders leven korter dan rijkere'.

47 J.A.A. van Doorn, *Duits socialisme. Het falen van de sociaal-democratie en de triomf van het nationaal-socialisme* (Amsterdam 2007), blz. 84.

48 *The New York Times*, 2 augustus 2023, 'What if We're the Bad Guys Here?'.

49 Mark Bovens en Anchrit Wille, *Diplomademocratie. Over de spanning tussen meritocratie en democratie* (Amsterdam 2013). Dit hoofdstuk is voor een belangrijk deel door Bovens en Wille geïnspireerd. Hun boek kreeg veel bijval, maar bleef zonder aanwijsbaar gevolg.

50 Centraal Bureau voor de Statistiek, 18 oktober 2022, 'Steeds meer hoogopgeleiden in Nederland: wat voor beroep hebben ze?'.

51 M. Young, *The Rise of the Meritocracy* (Londen 1958), blz. 123.

52 *De Volkskrant*, 23 juni 2023, 'Over de schrale publieke dienst: het ligt niet aan mij en er moet geld bij'.

53 Recenter maar met vergelijkbare waarnemingen en conclusies is: Maarten Huygen, *Nog wat geleerd vandaag?* (Amsterdam 2023)

54 Jaap Dronkers, *Ruggengraat van ongelijkheid. Beperkingen en mogelijkheden om ongelijke onderwijskansen te veranderen* (Amsterdam 2007).

55 Geciteerd bij Young, a.w., blz. 167.

56 Young, a.w., blz. 115.

57 Bovens en Wille, a.w., blz. 115.

58 Centraal Bureau voor de Statistiek, *Armoede en sociale uitsluiting 2023*: 'Risico op (langdurige) armoede sterk gedaald'.

59 Tocqueville, a.w., 'Alle hervormers willen de arm van de staat lenen', blz. 110.

60 *De Volkskrant*, 2 maart 2014, 'Niemand zit te wachten op ideologisering van lokaal bestuur'.

61 James C. Scott, *Seeing Like a State. How Certain Schemes to Improve the Human Condition Have Failed* (New Haven 1998), blz. 346 e.v.

62 Willem Witteveen, *De wet als kunstwerk. Een andere filosofie van het recht. Hoe de filosofen onze wetgevers de maat nemen* (Amsterdam 2014).

63 Young, a.w., blz. 166.

64 Jan Latten, *Zwanger van segregatie* (Den Haag 2005).

65 Young, a.w., blz. 175.

66 M. van der Plas en J. Roes, *De kerk gaat uit. Familiealbum van een halve eeuw katholiek leven in Nederland* (Bilthoven, 1973), blz. 9.

67 De historicus Marcel Gauchet spreekt van *la pensée en action* – het denken in actie: 'Het is waar dat we dat moeilijk kunnen grijpen in de geschiedenis, waar we meestal niet weten wat er in de hoofden omging, met als gevolg dat historici zich hebben ontwend om zich daarmee bezig te houden.' Marcel Gauchet, *Robespierre. L'homme qui nous divise le plus* (Parijs 2018), blz. 242.

68 M. Gauchet, *Religie in de democratie*, blz. 38: 'We verwaarlozen te veel de betekenis van wat verdwijnt.'

69 Gauchet, a.w., blz. 30.

70 Thomas Jefferson, *Notes on the State of Virginia* (1785), 'Query XVII, "Religion"'.

71 In een bespreking van artikel 6 van de Grondwet, godsdienstvrijheid, betoogt staatsrechtgeleerde Hans-Martien ten Napel dat het verdwijnen van de herinnering aan het christendom leidt tot het afnemen van de verdraagzaamheid, en daarmee de terugkeer van de situatie van vóór de opkomst van de godsdienstvrijheid. Er ontstaat een 'seculiere kerk' die de vrijheid van godsdienst en levensovertuiging kritiseert, en dus zelf knaagt aan het liberale idee van godsdienstvrijheid. Hans-Martien ten Napel, 'Artikel zes. Vrijheid van godsdienst', in: Afshin Ellian en Bastiaan Rijpkema (red.), *Een nieuw commentaar op de Grondwet* (Amsterdam 2022), blz. 138.

72 Gauchet, a.w., blz. 17.

73 Mark Lilla, *De doodgeboren god. Religie, politiek en het moderne Westen* (Amsterdam 2009 (New York 2007)), blz. 309.

74 Gauchet, a.w., blz. 64.

75 *De Volkskrant*, 2 september 2023, 'Langzaam maar zeker gelukkiger worden'.

76 Centraal Bureau voor de Statistiek, 3 augustus 2023, 'Regionale brede welvaart 2022'.

77 *De Volkskrant*, 12 mei 2009, 'Crisisvrij dankzij "bruto nationaal geluk"'.

78 NOS, 3 juni 2024, 'Bhutan streeft naar collectief geluk, maar jongeren willen geld'.

79 Tocqueville, a.w., blz. 116. En dan de volgende zin: 'Wat het bestuur in Frankrijk al kenmerkt, is de virulente haat die het zonder uitzondering koestert tegen diegenen, adel of burgerij, die zich buiten hem om willen bemoeien met de publieke zaak.'

80 Alexis de Tocqueville, *Over de democratie in Amerika* (Rotterdam 2011 (Parijs 1835/1840)), blz. 749.
81 Tocqueville, *Amerika*, blz. 744.
82 Paul Frissen, *Tussen staat en menselijke maat* (NSOB-rapport 2018).
83 *De Volkskrant*, 16 oktober 2017, 'Gewone man wil knuffel'.
84 Mona Ozouf, *Het feest van de Revolutie* (Amsterdam 1989 (Parijs 1976)).
85 *De Groene Amsterdammer*, 16 augustus 2017, 'Het einde van het gezin'.
86 *De Volkskrant*, 5 juli 2001, 'Alleen de domste mensen scheiden tegenwoordig nog'.
87 Jaap Dronkers, 'Scheiden zou niet zo normaal moeten zijn', in: *S&D* 11/12, 2011.
88 *De Volkskrant*, 1 september 2012, 'Een wereld van verschil'.
89 Pim Fortuyn, *De verweesde samenleving* (Rotterdam 2002), blz. 85.
90 *Trouw*, 6 december 2015, 'Nieuw bindmiddel patriottisme is een gevaarlijke weg'.
91 André Spoor, *De verheven boodschapper* (Rotterdam 1983).
92 Spoor, a.w., blz. 14.
93 Pieter Broertjes, *Media onder vuur. Verweer van een hoofdredacteur* (Amsterdam 2006).
94 H.J.A. Hofland, *Tegels lichten. Of ware verhalen over de autoriteiten in het land van de voldongen feiten* (Amsterdam 1972), blz. 7.
95 Martin van Amerongen e.a., *Luizen in de pels. 100 jaar journalistiek in Nederland* (Amsterdam 1984).
96 ROB, *Belichaming van de kundige overheid. Risico's en verantwoordelijkheden in politiek-bestuurlijk perspectief. Over openbaar bestuur, incidentreflexen en risicoaanvaarding* (Den Haag 2012).
97 A.N.J. den Hollander, a.w., blz. 159.
98 Joris Luyendijk, *Je hebt het niet van mij, maar... een maand aan het Binnenhof* (Amsterdam 2010).
99 H.J. Schoo, *Republiek van vrije burgers* (Amsterdam 2008), blz. 180.
100 Mary Douglas, *Purity and Danger. An Analysis of Concepts of Pollution and Taboo* (Londen, New York 1966), blz. 124.
101 Douglas, a.w., blz. 200.
102 Den Hollander, a.w., blz. 98.
103 Al Franken, *Lies and the Lying Liers Who Tell Them* (Londen 2004).

104 John Lloyd, *What the Media Are Doing to Our Politics* (Londen 2004.
105 Max Weber, *Wetenschap als beroep & Politiek als beroep* (Nijmegen 2012 (1919)), blz. 66-69.
106 H.J. Schoo, 'Een ongeregeld zootje', in: *Een ongeregeld zootje. Over journalisten en journalistiek* (Amsterdam 2009), blz. 119 e.v.
107 Douglas, a.w., blz. 162, 140.
108 *De Volkskrant*, 17 september 2023, 'In Bloemendaal werd integriteit een stok om de burgemeester mee te slaan'.
109 *De Volkskrant*, 11 februari 2022, 'Wat een goede politicus of journalist is, vang je niet in een protocol'.
110 *De Volkskrant*, 31 oktober 2018, 'Onderzoekscommissie: bemoeienis ministerie van Justitie met wetenschappelijke drugsrapporten "onbehoorlijk"'.
111 Douglas, a.w., blz. 49.
112 Michiel de Vries, *Kapot. Hoe vilein is de deugindustrie?* (Amsterdam 2023).
113 *De Volkskrant*, 21 maart 2024, 'Het onderwerp racisme ging me zo aan het hart dat het me ging beheersen'.
114 De Vries, a.w., blz. 143.
115 Onderzoekscommissie gedrag en cultuur omroepen, (1 februari 2024). *Niets gezien, niets gehoord, niets gedaan. De zoekgemaakte verantwoordelijkheid.*
116 *Wynia's week*, 21 februari 2024, 'Elke eerstejaars student zou zich schamen voor het malicieuze onderzoek naar NPO-misstanden'.
117 *De Volkskrant*, 22 oktober 2021, 'Hebben we de schrijfsters en de integriteit van de krant te veel beschermd?'.
118 *NRC*, 8/9 juni 2024, 'Onderzoek mislukt, sfeer voorgoed verpest'.
119 Voor het hele verhaal over de neergang van *The New York Times*, *The Economist*, 14 december 2023, 'When the New York Times Lost Its Way'.
120 Douglas, a.w., blz. 100.
121 Frank Furedi, *How Fear Works. Culture of Fear in the Twenty-First Century* (Londen 2018).
122 Douglas, a.w., blz. xvii.
123 Douglas, a.w., blz. xx.
124 *Re-generation*, 23 april 2024, 'Herman Wijffels: "Het idee dat wij het beter weten dan de natuur moeten we loslaten".' En: 'Met de kennis die we nu hebben moeten we weer intelligent gebruik gaan maken van de natuurlijke systemen van de Aarde. Dat is ook een mentaal-culturele stap: we moeten ons weer voegen in de impli-

ciete orde van de planeet en onze hoogmoed laten varen. Het idee dat wij het beter weten dan de natuur moeten we loslaten.'

125 Douglas, a.w., blz. xii.

126 Ulrich Beck, *Risikogesellschaft. Auf dem Weg in eine andere Moderne* (Frankfurt am Main 1986).

127 Beck, a.w., blz. 96.

128 Rijksuniversiteit Groningen, 'Statement Diversity and Inclusion'. Zie ook: 'Active Bystander Training'. *ScienceGuide*, 29 februari 2024, 'Academische vrijheid in Nederland verslechtert verder'.

129 Bijvoorbeeld *Trouw*, 7 maart 2019, 'De kunst van Michael Jackson. En van Céline en van beeldhouwer X.'; *de Volkskrant*, 18 september 2020, 'De nieuwe roman van J.K. Rowling is nog niet verschenen, maar roept nu al een stortvloed aan haat op'; *de Volkskrant*, 10 april 2019, 'Blijf gerust luisteren naar Michael Jackson'.

130 Douglas, a.w., blz. xiii.

131 Afshin Ellian en Bastiaan Rijpkema (red.), *Een nieuw commentaar op de Grondwet* (Amsterdam 2022).

132 *De Volkskrant*, 9 september 2019, 'Een grondwet laat jou je thuis voelen. Grondwetten zeggen "wij" tegen ons'.

133 Nationaal Comité 4 en 5 mei, *Breekbare dagen. 4 en 5 mei door de jaren heen* (Amsterdam 2012), blz. 21 e.v.

134 Boudewijn Smits, *Loe de Jong 1914-2005. Historicus met een missie* (Amsterdam 2014), blz. 508.

135 Chris van der Heijden, *Dat nooit meer. De nasleep van de Tweede Wereldoorlog in Nederland* (Amsterdam 2011), blz. 351.

136 Van der Heijden, a.w., blz. 295 e.v.

137 A. Baggerman en R. Dekker, 'Jacques Presser, egodocuments and the Personal Turn in Historiography', in: *The European Journal of Life Writing*, vol. VII (2018), blz. 90-110.

138 Gerard Reve, *Verzameld werk. Deel 3, Moeder en zoon* (Amsterdam 2000), blz. 494.

139 Van der Heijden, a.w., blz. 389.

140 Van der Heijden, a.w., blz. 356.

141 E.H. Kossmann, 'Tolerantie toen en nu', in: *Politieke theorie en geschiedenis. Verspreide opstellen en voordrachten* (Amsterdam 1987), blz. 45 e.v.

142 *De Volkskrant*, 2 februari 2018, 'Vicepremier Ollongren: populisme bedreigt kernwaarden Nederland, en Baudet gaat daarin verder dan Wilders'.

143 Ellian en Rijpkema, a.w., blz. 473.

144 Wim Voermans, *Onze constitutie. De geschreven en ongeschreven*

regels van het Nederlandse staatsbestel (Amsterdam 2023), blz. 91.

145 Zie hierover de inleiding in *Onze constitutie* van Voermans. De merkwaardige opkomst van de grondrechten, waarvoor tot voor kort nauwelijks belangstelling was, kun je aflezen aan de verschijning van twee turven over de Grondwet, en eveneens aan de toevoeging van een preambule aan de Grondwet, waarin nog eens wordt onderstreept dat Nederland een rechtsstaat is, voor het geval iemand dat was vergeten.

146 Herman Tjeenk Willink, *Kan de overheid crises aan? Waarom het belangrijk is om groter te denken en kleiner te doen* (Amsterdam 2021).

147 Ellian en Rijpkema, a.w., 'Gelijkheidsbeginsel', blz. 101. De auteur wijst op de verschuiving van rechtsgelijkheid naar sociale gelijkheid, en de opdracht van de overheid om 'ongelijkheden te compenseren'.

148 P. Frissen, *De integrale staat. Kritiek van de samenhang.* (Amsterdam 2023).

149 A.Th. van Deursen, *Willem van Oranje. Een biografisch portret* (Amsterdam 2016 (1984)).

150 A.Th. van Deursen, *De last van veel geluk. De geschiedenis van Nederland 1555-1702* (Amsterdam 2006), blz. 12.

151 'Arie van Deursen, historicus en essayist', in: H.L. Wesseling, *Van toen en nu* (Amsterdam 2014), blz. 217 e.v.

152 A.Th. van Deursen, 'Michiel de Ruyter: held onder de erflaters', in: A.Th. van Deursen e.a., *De Admiraal. De wereld van Michiel Adriaenszoon de Ruyter* (Franeker 2007), blz. 133.

153 H.L. Wesseling, *Daverende dingen dezer dagen* (Amsterdam 2018), blz. 9 e.v.

154 *De Volkskrant*, 31 mei 2023, 'Goed dat eenzijdig en vooringenomen beleid van musea wordt doorbroken door de politiek'.

155 *De Volkskrant*, 5 mei 2012, 'Alert zijn op onze zwarte kant'.

156 Wetenschappelijke Raad voor het Regeringsbeleid, *Nationale identiteit en meervoudig verleden* (Amsterdam 2007).

157 Zie hiervoor ook het hoofdstuk 'Grondrechten' in Ellian en Rijpkema, a.w., blz. 108.

158 *Het Parool*, 1 april 2017, 'Wanneer wordt kunst propaganda?'.

159 Frank van Vree, *De politiek van de geschiedenis. Een beschouwing over herinneringen, geschiedschrijving en multiperspectiviteit* (Amsterdam 2024).

160 OVT, 30 januari 2022, 'Nederlands "structureel en extreem geweld" in Indonesië'.

161 Scheepvaartmuseum, 18 januari 2024, 'Meet-up VOC-schip Amsterdam'.
162 *De Volkskrant*, 26 juni 2020, 'Niet racisme, maar juist gelijkheid is hier sinds jaar en dag de norm'.
163 *NRC*, 25 maart 2023, 'Gaat staal vergroenen of uit ons land ontsnappen?'.
164 S. van der Geest, *Hoe bestaat het!? Etnografie als 'magisch realisme' en de ontdekking van het alledaagse.* Afscheidsrede, Medische Antropologie, Universiteit Amsterdam (Amsterdam 2015). Roger Scruton, *Green Philosophy. How to Think Seriously About the Planet* (Londen 2012), blz. 263, 274.
165 *Vroege Vogels*, 15 januari 2023.
166 IKN, *Nederlandse Kankeratlas 2023*, 11 mei 2023, 'Kankeratlas toont impact van kanker per regio'.
167 *De Volkskrant*, 25 april 2023, 'De "ereschuld" inlossen aan Groningen, hoe moet dat? "Geld is niet meer dan een hulpmiddel"'.
168 RIVM, 18 maart 2023, 'Ook in najaar 2022 veel pak en metalen gevonden in IJmond'.
169 Tweede Kamer, vergaderjaar 2020-2021, 32813, nr. 881.
170 S. van der Geest, a.w.
171 Rijksoverheid, rapport van de Onderzoeksraad voor Veiligheid, 13 april 2023, 'Industrie en omwonenden'.
172 *De Telegraaf*, 13 april 2023, 'Snoeihard rapport OVV over Tata Steel volgens de Kamer gevolg van structureel wanbeleid'.
173 *De Volkskrant*, 21 december 2023, 'Van zware jongens naar de bescherming van natuur en de omgeving: Bénédicte Ficq volgde haar hart (en gaat er hard in)'.
174 Tweede Kamer, 17 april 2024, rondetafelgesprek 'Voortgang op de maatwerkafspraken'.
175 Scruton, a.w., blz. 108: 'If you think there may be a risk, then there is a risk; and if there is a risk, forbid it.'
176 Gemeente Amsterdam, 6 juni 2023, Uitvoeringsagenda uitstootvrije mobiliteit Amsterdam.
177 *De Volkskrant*, 19 februari 2023, 'Sinds wanneer besteden wij kritiek uit aan extreem-rechts?'.
178 Van Deursen, *De Admiraal*, a.w., blz. 133.
179 *ECFR*, 21 februari 2024, 'Wars and elections: How European leaders can maintain public support for Ukraine'.
180 *De Volkskrant*, 12 januari 2008, 'Weer werk maken van mensenrechten'.
181 *De Volkskrant*, 4 april 2024, 'De Russen hebben nog geen enkele

strategische doelstelling behaald, daarom gaan ze door'.

182 *De Volkskrant*, 7 oktober 2017, 'Links gaat ten onder aan identiteitspolitiek'.

183 *Het Parool*, 19 april 2024, 'Het herdenken van de oorlog is ook een beperkte blik geweest'.

184 R. Aron, *Liberté et égalité. Cours au Collège de France* (Parijs 2013).

185 *FD*, 2 november 2023, 'De huidige onrust, dat is het nieuwe normaal voor de komende vijftien jaar'.

186 *De Volkskrant*, 24 februari 2024, 'Minister Bruins Slot wil dat beide partijen in Gaza nu leveren'.

187 *NRC*, 17 februari 2024, 'Jullie Europeanen hebben met je kop in de wolken gezeten'.

188 VVD, 6 juni 2016, 'Tien vuistregels voor een realistisch buitenlands beleid'.

189 Luuk van Middelaar, *De Europese Unie en de gebeurtenissenpolitiek. Oratie* (Leiden 2016).

190 Geciteerd bij Mair, a.w., blz. 11, die er als zijn eigen samenvatting aan toevoegt: 'Ngo's plus rechters = democratie. [...] Verkiezingen als zodanig zijn niet de kern van de zaak.'

191 Kotkin, a.w., blz. 124: 'Het is tijd dat de elites opstaan tegen de onwetende massa.'

192 M. Elchardus, *Over grenzen* (Brussel 2024), blz. 53-54.

193 Frans Becker e.a., *Onszelf blijven. H.B. Wiardi Beckman, baanbreker van de moderne sociaaldemocratie* (Amsterdam 2011), blz. 136. Het citaat is van de Franse staatsman Jean Jaurès, door Wiardi Beckman met instemming aangehaald.

194 Clingendael, februari 2024, 'Tussen hoop en vrees. Van Ruslandschok naar Hamasschok – De verzuchting naar eigentijdse gemeenschapsafbakening'. Het onderzoek stelt vast dat onder de bevolking 'trends die op deze dreigingen een antwoord bieden, en afbakening en bescherming van de gemeenschap naderbij kunnen brengen, beschouwd worden als hoopvolle ontwikkelingen', blz. 5. *De Groene Amsterdammer*, 3 februari 2021, 'Speler of speelbal? Nederland en de wending naar Europese geopolitiek'. Zowel in het *Groene*-artikel als in het Clingendael-onderzoek schrijven de auteurs dat er op politiek niveau nog altijd weinig aandacht is voor geopolitieke verschuivingen.

195 Politico, 11 april 2024, 'Bullets not bees: EU ditches green focus ahead of June election'.

196 *De Volkskrant*, 20 april 2013, 'Europa is niet aan eenheid toe'.

197 Berlin, a.w., blz. 62 e.v.

198 Geciteerd uit: Monika Sie Dhian Ho, *Beschermerslezing 2018* – Stichting Beschermers Nationaal Monument Kamp Vught.

Persoonsnamenregister